Le suspect dans le procès pénal

Fabrice DEFFERRARD
Maître de conférences à l'Université de Reims
Directeur de l'Institut d'Études Judiciaires

Le suspect dans le procès pénal

L.G.D.J

31 rue Falguière, 75741 Paris Cedex 15
ISBN : 2-275-02624-X   ISSN : 0987-9927

SOMMAIRE

LISTE DES PRINCIPAUX SIGLES ET ABRÉVIATIONS UTILISÉS

AJDA	: Actualité Juridique, Droit Administratif
Annuaire Conv. EDH	: Annuaire de la Convention européenne des droits de l'homme
Bull.	: Bulletin civil
Bull. crim.	: Bulletin criminel
CEDH	: Cour européenne des droits de l'homme
CIC	: Code d'instruction criminelle
Conv. EDH	: Convention européenne de sauvegarde des droits de l'homme et des libertés fondamentales
chron.	: Chronique
comm.	: *Commentaire*
C. org. jud.	: Code de l'organisation judiciaire
C. pén.	: Code pénal
C. pr. pén.	: Code de procédure pénale
Crim.	: Chambre criminelle de la Cour de cassation
D. et DP	: Recueil Dalloz et Dalloz Périodique
JCP	: Semaine Juridique
JLD	: Juges des Libertés et de la Détention
LPF	: Livre des Procédures Fiscales
Op. cit.	: *Opere citato* (dans l'ouvrage cité)
PIDCP	: Pacte international relatif aux droits civils et politiques
Préc.	: *Précité*
RDP	: Revue de droit public
RFDA	: Revue française de droit administratif
RFD const.	: Revue française de droit constitutionnel
Rev. pénit.	: Revue pénitentiaire et de droit pénal
Rev. sc. crim.	: Revue de science criminelle et de droit pénal comparé
RTDH	: Revue trimestrielle des droits de l'homme
RTD civ.	: Revue trimestrielle de droit civil
RID pén.	: Revue internationale de droit pénal
RUDH	: Revue Universelle des Droits de l'Homme
somm.	: *Sommaire*
V.	: Voir

INTRODUCTION

« Un fait n'est rien par lui-même,
il ne vaut que par l'idée qui s'y rattache
ou par la preuve qu'il fournit ».

CLAUDE BERNARD,
Introduction à l'étude de la médecine expérimentale, 1865.

Dans toute espèce de procès répressif, il existe entre chacun de ceux qui en forment l'architecture humaine un *lien* singulier et un *déséquilibre fondamental.* Ces caractéristiques ne sont pas spécifiquement juridiques, mais s'étendent au-delà, dans une approche bien plus vaste du processus judiciaire, qui comprend aussi bien des considérations économiques que politiques, sociologiques ou encore historiques. Le procès pénal, en effet, peut être compris comme une réalité métajuridique avant d'être seulement réduit, ainsi qu'il l'est la plupart du temps, à une institution particulière ou bien encore à un processus plus ou moins long ayant une origine, un déroulement et une fin, l'essentiel étant réglé par le droit.

Un lien résultant du « fait justiciable ». Lorsqu'un crime ou un délit est commis et qu'il fait l'objet d'une attention judiciaire, de nombreux personnages interviennent à des moments divers : enquêteurs, juges, suspects, victimes, témoins, experts. Les voici liés les uns aux autres par des forces événementielles puissantes : le délit ou le crime d'abord, son appréhension par l'autorité judiciaire ensuite, auxquelles s'attachent d'innombrables conséquences individuelles ou collectives. On peut ainsi voir, d'un côté, les tenants d'un ordre social et juridique préalablement admis qui se proposent de le préserver dans ces principes essentiels (les forces de l'ordre, les juges, les victimes). De l'autre, on rencontre celui qui, pour s'être éventuellement soustrait un temps à cet ordre, s'expose à une censure officielle, publiquement exprimée, par ailleurs plus ou moins sévère et durable (le suspect). Les divers protagonistes de ce procès qui vient de naître et qui les soudent les uns aux autres adoptent ainsi des postures séparées. D'un côté, un groupe de personnes actives (le ministère public, la partie civile, la juridiction d'instruction, la juridiction de jugement), alliés objectifs, tendues chacune vers un but similaire – l'application recherchée d'une règle de droit –, même si ce but connaît des variantes et des déclinaisons selon les personnes, et que la place de chacun dans le processus pénal est différente et d'inégale importance. De l'autre, un individu tour à tour offensif ou attentiste, en tous les cas isolé de ses semblables par les faits même qu'on lui reproche, les dénominations qui l'identifient dans les procès-verbaux (personne soupçonnée ou suspectée, personne mise en examen, prévenu, accusé), les règles qui s'appliquent spécialement à lui, les lieux où il est retenu selon les moments de la procédure (local de garde à vue, cellule de la maison d'arrêt, box des prévenus ou des accusés) et le sort qui finalement l'attend.

Les deux ensembles ainsi décrits se font face constamment et, la plupart du temps, s'affrontent, les premiers pour obtenir une sanctification judiciaire des faits soumis à la poursuite pénale, le second pour sauver sa liberté ou gagner sa cause, en fonction de la stratégie de défense qu'il aura choisi[1].

Mais ce qui à la fois unit ces protagonistes et les place pourtant dans des perspectives séparées, ce lien singulier en quelques sortes qui n'est évidemment pas le seul lien juridique d'instance incarné par l'existence d'une poursuite répressive, c'est, pour reprendre le mot d'Herman Kantorowicz, la « justiciabilité »[2] des faits. C'est l'aptitude que ces faits ont à entrer dans un univers de type juridique (qualification, instance), servant ainsi de prétexte et de matière à cet affrontement dont une issue juridictionnelle est également et mutuellement attendue (innocence, responsabilité atténuée, culpabilité). Car pour chacune des personnes concernées, il est question de mettre un terme à un défi imposé par ces mêmes faits : celui de déterminer le caractère éventuellement transgressif et répréhensible d'une action personnelle, puis d'y attacher un certain nombre de conséquences préétablies (par exemple, une peine d'emprisonnement ou la remise en liberté). Toute la procédure pénale est imprégnée de cette exigence, et si cette procédure pénale a une signification, c'est justement parce qu'elle fournit, à travers un code, les règles permettant d'y parvenir avec un minimum de cohérence.

---

(1) J. Verges, *De la stratégie judiciaire*, Éd. de Minuit, 1968.
(2) H. Kantorowicz, *The definition of law*, Éd. Cambridge UP, 1958, p. 78. V. aussi « Justiciabilité » par Ch. Atias, *in Dictionnaire de la Justice*, sous la dir. de L. Cadiet, PUF, 2004, p. 798 et J. Carbonnier, *Sociologie juridique*, Quadrige/PUF, 1994, p. 320.

Un déséquilibre fondamental. Cette cohérence est-elle cependant conforme à l'intérêt qu'a chacune des parties au procès à voir triompher la conviction qu'elle fait entendre ? Précisément, depuis que sous les lumières de Beccaria et de tant d'autres avec lui, la procédure pénale est entrée dans sa phase moderne, la loi parvient-elle à satisfaire le besoin et l'exigence d'équilibre procédural inhérent au procès pénal équitable, au sens que lui assignent en particulier l'article préliminaire du Code de procédure pénale[3] et l'article 6 § 1 de la Convention européenne des droits de l'homme ? L'accusation dispose-t-elle de prérogatives identiques, sinon similaires, à la défense ? La défense bénéficie-t-elle des moyens lui permettant de s'opposer de manière efficace aux mesures de l'accusation ? À ces questions, il convient d'en ajouter une autre. Cette quête d'un équilibre, patiemment, mais obstinément construit depuis d'innombrables législatures, est-elle perturbée par le rôle que peut tenir la partie civile dans l'intimité du procès et par celle, à l'extérieur des salles d'audience, que se donne l'opinion publique et que permet la liberté de la presse ?

La réponse appelle des nuances de vues.

Qu'un déséquilibre des positions existe entre l'accusation et la défense dans le procès criminel français, il faut peu pour s'en convaincre. Et d'abord, le suspect est situé dans un rapport de soumission avec le système qui l'appréhende. Une place lui est assignée et il n'est guère question d'en choisir une autre[4]. Le caractère essentiellement inquisitorial de la procédure, qui confie l'administration de toutes les preuves, celles de la culpabilité comme de l'innocence, à l'organe judiciaire, invite à une telle conclusion. Il y a déséquilibre fondamental parce que la justice (pour l'essentiel, le ministère public, la juridiction d'instruction) dispose de prérogatives d'investigation considérables qu'elle peut mettre en œuvre par la force, sur sa seule initiative et avec une grande économie de justifications. Or, la personne soupçonnée ne se voit jamais confiée directement de tels moyens. Sa participation personnelle à l'administration de la preuve est réduite, souvent passive, l'aveu étant toujours recherché. Si, comme le permettent les articles 81, alinéa 9 et 82-1 du Code de procédure pénale, elle peut provoquer des actes qui lui « paraissent nécessaires à la manifestation de la vérité », c'est à la condition qu'une information judiciaire soit ouverte, ce qui est tout à fait exceptionnel en pratique[5], et

(3) Sur la valeur emblématique et programmatique de l'article préliminaire du C. pr. pén., v. A. Giudicelli, « Principes directeurs du procès pénal », *Rev. sc. crim.* 2003, p. 124 et G. Rouhette, « L'article premier des lois », *in Les mots de la loi*, sous la dir. de N. Molfessis, Economica, coll. Études juridiques, n° 5, 1999, p. 37, n°s 13 et s.

(4) A. Garapon, *Bien juger – Essai sur le rituel judiciaire*, Coll. Opus, Éd. O. Jacob, 1997, p. 101.

(5) Moins de 10 % des infractions poursuivies donnent lieu à l'ouverture d'une instruction préparatoire.

que le juge d'instruction y consente, ce qui n'est jamais acquis et reste en définitive peu censuré[6]. Par ailleurs, il est courant d'observer que dans certains procès, notamment au cours de l'audience de jugement, la partie civile adopte l'attitude et s'attribue les fonctions d'un second parquet, accusateur privé s'agrégeant à l'accusation publique. Il n'y a jamais d'équilibre admissible lorsque deux accusations sont permises et qu'une seule défense est autorisée.

Sans doute n'y a-t-il pas de fatalité dans ce domaine. Les procédures criminelles qui se sont succédées sous l'Ancien régime, par exemple, en dépit de leur rudesse toute particulière, n'en admettaient pas moins d'importantes limites aux pouvoirs des juges, tandis qu'elles accordaient certains droits et des garanties au bénéfice de l'accusé[7]. On sait avec quelle régularité ont progressé les dispositions qui le protègent, de sorte que peu à peu, la personne soupçonnée a fait irruption dans son propre procès pour y jouer un rôle actif et visible. À cela, il faut ajouter que la victime, partie civile, a toujours tenu un rôle mesuré dans la phase de recherche et d'établissement des preuves.

Pour autant, la procédure pénale a vu assez tardivement croître l'ampleur possible des moyens de défense accordés au suspect. Il faudra attendre la loi *Constans* du 8 décembre 1897 pour voir s'assouplir les rigueurs du Code d'instruction criminelle à son égard. Il faudra ensuite patienter jusqu'au Code de procédure pénale de 1958 et aux dernières avancées législatives depuis la loi du 15 juin 2000 pour que le suspect, si l'on veut bien admettre cette métaphore, se transfigure peu à peu en acteur, puis, par une nouvelle étape, en metteur en scène de son procès.

Car le procès répressif n'appartient ni à l'institution judiciaire, ni à la victime. Son centre de gravité et, dans un certain sens, son propriétaire, c'est l'individu que l'on soupçonne. Ce n'est pas tant la singularité du rôle d'acteur que joue celui-ci dans l'affaire qui généralement porte son nom, pour peu qu'elle attire le regard des gazettes[8]. Il a toujours en effet pu adopter cette attitude s'il le souhaitait, singulièrement dans les procès politiques. Socrate et Jésus, Landru et le docteur Petiot, voilà de formidables comédiens de la scénographie judiciaire qui ont su en imposer le climat et peut-être le dénouement. Même Pétain, d'une certaine manière,

(6) Cass. crim., 19 sept. 1995, *Bull. crim.*, n° 272 : « […] la cassation n'est pas encourue, dès lors que l'appréciation d'une demande d'actes d'instruction complémentaires, laquelle relève d'une question de pur fait, échappe au contrôle de la Cour de cassation […] ».

(7) A. Astaing, *Droits et garanties de l'accusé dans le procès criminel (XVIe–XVIIIe siècle) : Audace et pusillanimité de la doctrine pénale française*, PUAM, 1999 ; A. Esmein, *Histoire de la procédure criminelle en France*, Verlag Sauer & Auvermann KG, 1969.

(8) *Voir note page suivante.*

lorsqu'il déclara au premier jour de son procès devant la Haute Cour de justice qu'il ne répondrait à aucune question et garderait le silence, a fixé certaines règles auxquelles tous les autres intervenants ont dû se soumettre[9].

C'est celui de metteur en scène, en revanche, qui frappe par sa relative nouveauté. Jusqu'aux réformes les plus récentes et jusqu'à l'audience de jugement, la procédure, qu'elle se situe au stade policier ou judiciaire, se déroulait largement en dehors du suspect, selon un rituel bien défini, sans qu'il y participe autrement que par l'entremise des interrogatoires, des confrontations, des reconstitutions et, bien souvent, d'un aveu. Il ne disposait guère de moyens juridiques d'action pour peser véritablement sur le cœur du procès que représente la preuve, et qui déterminera, au bout du compte, l'innocence ou la culpabilité. Tout ceci était du domaine réservé des enquêteurs et des juges. Si le suspect pouvait être acteur, ce n'était justement que pour déclamer un texte rédigé par d'autres.

Or, désormais, la possession qu'il peut avoir du procès, de son orientation et de son rythme, s'affirme d'une réforme à l'autre. On l'a déjà souligné[10] et c'est là une progression d'une vue plus accusatoire du procès qui semble irréversible. Le suspect a de plus en plus le pouvoir de s'immiscer personnellement dans la marche du dossier, dès l'instant où il fait l'objet d'une mesure de garde à vue jusqu'à ce qu'une décision définitive règle son sort. De nombreuses garanties lui sont octroyées, des droits toujours plus abondants lui sont conférés. Le suspect peut ainsi demander que certaines garanties soient effectives (par exemple, la présomption d'innocence, l'impartialité de ses juges) ; que certains actes d'investigation soient accomplis ou, au contraire, annulés ; que certaines preuves soient admises ou, au contraire, écartées. Jusqu'à un certain point, presque à égalité avec l'autorité de poursuite, il peut intervenir dans les modalités

(8) Le mot « affaire(s) », qui se rapporte souvent au droit (le droit des affaires, le juge aux affaires familiales, la gestion d'affaires, par exemple), a par ailleurs une signification proprement judiciaire. Il désigne le procès dont il est question (on saisit le juge d'une affaire, d'une cause). Il permet également de lui conférer une appellation d'usage, à la fois fonctionnelle et publique, au même titre qu'une marque de fabrique ou une dénomination sociale. Il y en a de célèbres (pour de multiples raisons) qui visent principalement le suspect : l'affaire *Callas*, l'affaire *Dreyfus*, les affaires *Seznec*, *Dominici*, *Papon*. Mais on note quelques exceptions : l'affaire du *Courrier de Lyon* (l'objet du litige), l'affaire de *Bruay-en-Artois* (le lieu du crime), l'affaire *Grégory* (la victime). Il y aurait une étude à mener sur cette question.

(9) V. Décl. Ph. Pétain, *in* Compte rendu *in extenso* des audiences de la Haute Cour de justice, Audience du 23 juill. 1945, Imp. des *Journaux Officiels*, 1945, p. 9, 2e col. : « [...] La Haute Cour, telle qu'elle est constituée, ne représente pas le peuple français, et c'est à lui seul que s'adresse le Maréchal de France, chef de l'État. Je ne ferai pas d'autre déclaration. Je ne répondrai à aucune question [...] ».

(10) J. PRADEL, « La montée des droits du délinquant au cours de son procès – Essai d'un bilan », *Mélanges J. Larguier*, PUG, 1993, p. 223.

procédurales de son jugement (le « plaider coupable » en est une illustration saisissante), au point qu'on a pu parler, notamment à son égard, de privatisation du procès pénal[11].

Cette place interventionniste accordée au suspect dans la procédure pénale participe de la recherche d'un équilibre procédural qui ne voudrait privilégier de façon excessive ni l'intérêt de la répression ni l'impunité d'un coupable. Une telle quête a d'ailleurs de nos jours quelque chose d'un peu obsessionnel. Notre temps y porte une attention si grande et un empressement à ce point considérable qu'elle peut expliquer, au moins en partie, la valse des réformes qui martyrisent la procédure pénale depuis le début des années 1990. Et le caractère d'un procès qui serait en tous points équitables appartient presque à une sorte de mythologie de la Terre promise. Elle se traduit, en pratique, par l'accession du suspect à un rôle de véritable contre-feu probatoire venant se dresser devant ceux qui ont le monopole de l'administration de la preuve (police, ministère public, juridiction d'instruction). Mais on constatera également que cette tendance n'influence guère le résultat final : condamnation ou décision d'innocence. La montée des droits et des garanties accordées au suspect n'a pas et n'aura pas pour conséquence d'affaiblir la fonction répressive assignée traditionnellement au procès pénal. En revanche, elle en transfigure peu à peu la physionomie traditionnelle en France.

Lorsque l'on s'interroge sur l'existence et la justification d'un ouvrage spécialement consacré aux droits et aux garanties du suspect, plusieurs remarques viennent à l'esprit.

En général, la manière dont les règles de la procédure pénale française sont exposées répond à un *principe chronologique*. Que l'on ouvre un Code de procédure pénale, et c'est immédiatement ce qui frappe le lecteur. Les dispositions législatives ou réglementaires suivent un cours linéaire qui naît avec l'action publique et son exercice, se poursuit avec les enquêtes, c'est-à-dire avec la recherche des preuves, continue avec la phase de jugement auxquelles succèdent les voies de recours, et s'achève avec l'exécution de la peine éventuellement prononcée. Tous les manuels et les traités consacrés à la discipline adoptent une construction similaire. Le procès est d'abord étudié dans sa période préparatoire avant d'être considéré dans sa phase décisoire. La vision pénaliste du procès, quelle qu'en soient les auteurs, est dominée par une logique presque filmique conduisant à rendre compte de l'enchaînement, scène après scène, du processus répressif. Dans une telle configuration, le suspect se contente de suivre le déroulement de l'affaire.

(11) X. Pin, « La privatisation du procès pénal », *Rev. sc. crim.* 2002, p. 245.

On observe ensuite que l'orientation donnée au mode d'exposé des règles satisfait à une *logique institutionnelle*. Dans le code, la procédure pénale est essentiellement vue sous le regard des organes policiers et judiciaires chargés de la recherche des preuves et des auteurs de l'infraction, avant d'avoir à juger et à faire exécuter la décision. La place qui est accordée aux autres protagonistes – suspect, victime, témoins, etc. –, même si elle n'est pas minime, vient après, dans une lecture secondaire du code. Dans l'ensemble, les ouvrages et les manuels retiennent ce même angle d'exposé, les dispositions spécifiques à la personne suspectée, par exemple, étant diluées au milieu d'autres par l'effet d'une présentation dynamique de la procédure[12].

Enfin, il apparaît que chacun des personnages du procès, notamment lorsqu'il accède à la qualité de partie, bénéficie d'une audience scientifique variable. De nombreuses publications sont ainsi consacrées aux organes d'enquête, de poursuite et de jugement (police, gendarmerie, ministère public, juge d'instruction, cour d'assises, etc.). D'autres, toutes aussi riches, s'attachent à la victime, à sa condition et à ses droits. L'attention particulière qui est accordée à cette dernière s'exprime, du reste, par l'existence d'une discipline juridique et d'une science médicale et sociale assez récente, mais qui lui est propre – la victimologie[13] – , discipline que l'on enseigne par ailleurs dans les facultés.

Or, curieusement, l'auteur possible de l'infraction demeure à l'écart. Il n'est en effet spécifiquement étudié que sous l'angle du crime, à travers une science humaine aujourd'hui plus que centenaire : la criminologie. Dans ce domaine, la littérature et les théories explicatives abondent, la criminologie ayant ses fondateurs et une géographie. Selon un auteur, « on date généralement la naissance de la criminologie des travaux accomplis par trois savants italiens dans le dernier quart du XIXe siècle : Lombroso, Ferri et Garofalo »[14]. On y étudie le phénomène criminel, en tant qu'acte individuel et en tant que fait social, à travers son auteur et ses causes, ce qui a fait assez naturellement déborder la matière pour la conduire vers de nombreuses autres (sociologie, économie, anthropologie, psychiatrie, etc.).

Mais de la place du suspect et du rôle qu'il tient dans son propre procès, il n'en est pas beaucoup question. Plus généralement, le Code de procédure pénale et les ouvrages spécialisés ne lui accordent qu'une place finalement limitée au regard de ce qu'il représente. Il règne ainsi un cer-

(12) V. cependant, S. Guinchard et J. Buisson, *Procédure pénale*, 2e éd., Litec, 2002, ouvrage qui adopte une structure plus thématique.

(13) On a coutume de faire remonter l'apparition de la victimologie à la fin des années trente et son essor après la Seconde Guerre mondiale, avec les travaux de Mendelsohn et de Von Hentig (V. G. Lopez, *Victimologie*, Précis Dalloz, 1997, n° 23).

(14) R. Gassin, *Criminologie*, 5e éd., Précis Dalloz, 2003, n° 1. V. aussi, L. Négrier-Dormont, *Criminologie*, Litec, 1992.

tain vide induit par la perception chronologique et institutionnelle du procès. Sans doute trouve-t-on une présentation des droits et des garanties accordées au suspect dans les matières consacrées aux libertés et aux droits fondamentaux de la personne. Mais c'est pour encore n'embrasser qu'un aspect de ces libertés ou de ces droits (par exemple, la présomption d'innocence) ou, en raison de leur caractère très général, pour n'exposer le cas du suspect que parmi un ensemble bien plus vaste de bénéficiaires (par exemple, le droit à la dignité ou le droit à la sûreté que tout citoyen, quel qu'il soit, peut revendiquer à son profit).

Le suspect se présente pourtant comme le personnage principal du processus répressif. À défaut d'individu susceptible d'avoir participé à la commission d'un délit ou d'un crime, la procédure pénale n'a en effet aucune raison d'exister. Il y a procédure pénale parce qu'il y a crime, que l'on a d'ailleurs formalisé dans un code ; mais s'il y a crime, au moins au sens juridique, c'est parce qu'il existe avant tout quelqu'un auquel on peut le rattacher. Et si des règles particulières s'appliquent en l'absence d'auteur identifié, c'est encore en raison de sa filiation possible, sinon probable, avec une personne. Voilà une évidence qui ne se discute pas, mais que les diverses dispositions pénales n'accueillent pas pour autant.

De l'ensemble de ces considérations est apparu l'idée que la personne du « suspect » pouvait faire l'objet d'une étude qui se montrerait détachée des principes chronologiques et institutionnels pour n'être envisagé qu'en lui-même, à travers les dispositions dont elle bénéficie à l'égard des institutions policières au sens large, et judiciaires. L'angle d'approche serait, cette fois, *thématique*. Quels seraient ainsi les droits et les garanties que la loi accorde à cette personne, dans le cercle délimité du procès pénal, à partir du moment où une infraction est susceptible de lui être reprochée ?

De ce point de vue, quelques précisions apparaissent indispensables.

Le suspect. Il convient avant toute chose de s'entendre sur le terme de « suspect », auquel de plus amples développements seront d'ailleurs consacrés plus loin[15]. Une terminologie très abondante, parfois confuse, sert à désigner dans le Code de procédure pénale la personne impliquée dans une infraction. Retenons les appellations les plus usuelles et les plus connues : personne suspectée, personne soupçonnée, personne mise en examen, prévenu, accusé.

(15) V. *infra* p. 13 et s.

On peut noter que l'emploi d'un terme plutôt que d'un autre dépend du moment de la procédure. Ainsi, on a l'habitude de viser la « personne soupçonnée » au stade de l'enquête de police tandis que la qualité de « personne mise en examen » appartient au temps de l'instruction préparatoire et que les mots « prévenu » ou « accusé » apparaissent lors de la phase de jugement. Mais pour autant, ces désignations chronologiquement variables d'une même personne ont toutes un point commun fondamental : elles visent chaque fois un individu sur qui pèse une probabilité, elle-même plus ou moins forte, de participation à une contravention, un délit ou un crime. Sous cet angle de vue, le suspect peut être considéré comme incarnant cette personne. En choisissant un terme générique et neutre – le suspect –, par ailleurs absent sous cette forme dans le Code de procédure pénale, et donc sans signification technique particulière, il devient alors possible de désigner cet individu à n'importe quel moment du processus pénal, de son commencement jusqu'à son achèvement définitif. Le suspect est cette personne qui se place entre, d'un côté, la personne innocente à laquelle on ne reproche aucun fait pénalement incriminé et, de l'autre, l'individu déclaré coupable d'une infraction par une juridiction de jugement. Sans doute sa situation va-t-elle évoluer pendant ce processus. Mais à partir de ce terme, s'il est admis, il devient alors possible de décliner tous les droits et les garanties que la loi reconnaît à ceux qui sont impliqués dans une infraction.

Les droits et garanties. Lorsqu'il est question de « droits » et de « garanties », que faut-il comprendre dans le propos qui va suivre ? Il est assez généralement admis que la matière pénale se situe à la croisée du droit public et du droit privé, se propageant dans l'une et l'autre division, leur empruntant certaines de leurs particularités. Le procès répressif traduit cette double appartenance : à l'égard du droit public en tant qu'il formalise le pouvoir qu'a l'État de punir les agissements contraires aux règles de la vie sociale ; à l'égard du droit privé car il vise à protéger les personnes physiques et morales contre les atteintes dont elles peuvent devenir les victimes.

Dans ces conditions, vu sous l'éclairage du suspect, l'idée de garantie se rapporte aux diverses obligations pesant sur les pouvoirs publics, et plus spécialement sur l'autorité judiciaire dans le cadre du procès. Parce qu'il est dans une position d'accusé, l'individu doit pouvoir être assuré qu'un certain nombre de dispositions favorables lui seront appliquées de façon automatique, indépendamment de lui, dans la perspective très générale du procès équitable auquel il a droit[16]. Par exemple, le droit d'être jugé sur la base de preuve obtenue loyalement ou encore celui de pouvoir soumettre les décisions qui le concernent à une juridiction supérieure pour

(16) Oppetit, *Philosophie du droit*, Dalloz, 1999, n° 109.

nouvel examen[17]. Si le débiteur de ces obligations est une personne privée – un journaliste par exemple, tenu de se soumettre au droit qu'a le suspect d'être présumé innocent –, c'est encore le juge qui peut être chargé d'en conduire la sanction. Les garanties sont ainsi conçues pour prémunir l'individu contre les excès ou les abus des autorités publiques ou de toute autre personne, dans le cercle étroit du procès. Elles se présentent comme des dispositions tendant à protéger certains droits reconnus au suspect et, partant, à protéger le suspect lui-même.

L'idée de droits, quant à elle, très liée à celle de garanties, se rattache ici à la définition classique de droit subjectif, autrement dit, et vue de façon très générale, à une prérogative individuelle « reconnue et sanctionnée par le Droit objectif qui permet à son titulaire de faire, d'exiger ou d'interdire quelque chose dans son propre intérêt [...] »[18]. Ainsi, le suspect placé en garde à vue a, dès le début de la mesure, le droit de s'entretenir pendant trente minutes avec un avocat[19] ; s'il est mis en examen, puis placé en détention provisoire, il peut à tout moment demander sa mise en liberté[20]. Ces facultés, que le suspect exerce s'il les croit dans son intérêt, sont précisément garanties par la sanction juridictionnelle qui menace leur éventuelle violation. On a fort justement évoqué une arborescence de « *droits à...* », droits parfois qualifiés de libertés publiques ou de droits fondamentaux, aussi bien signe des temps que découlant de certaines qualités tendues vers une certaine idée de la personne humaine[21]. Le suspect, parce qu'il est mis en cause, est l'un de ceux-là. Les droits qui lui sont reconnus ne sont guère nombreux, mais ils sont à maints égards fondamentaux – droit à l'innocence et droit à la liberté ; droit de se défendre et droit à la vérité judiciaire –, comme nous le verrons.

Dans le cours du processus pénal, le suspect est donc le créancier d'une série de « droits-garanties » destinée à faire du procès dont il est le sujet un événement admissible. Parce qu'un suspect convenable fait parfois un mauvais coupable, il apparaît indispensable de s'assurer qu'il n'y a eu ni erreur ni abus.

Plan. Les droits et les garanties reconnues au suspect peuvent être envisagés successivement sous deux aspects.

(17) Par exemple, la très grande majorité des actes du juge d'instruction ou du juge des libertés et de la détention visant la personne mise en examen sont susceptibles d'appel.

(18) V° *Droit* (4), *in* G. CORNU, *Vocabulaire juridique H. Capitant*, 6e éd., PUF/Quadrige, 2004, p. 328.

(19) Art. 63-4 C. pr. pén.

(20) Art. 148 C. pr. pén.

(21) D. COHEN, « Le droit à... », *in L'avenir du droit, Mélanges F. Terré*, Dalloz-PUF-Éd. Juris-Classeur, 1999, p. 393.

Il est possible, en premier lieu, d'étudier ceux qui s'appliquent en considération de la personne du suspect, *in personam* si l'on préfère. Tout au long de la procédure, soupçonné de participation à un délit ou à un crime et sujet alors possible de mesures coercitives émanant de l'autorité policière ou judiciaire, l'individu bénéficie de deux garanties fondamentales et précieuses dont il peut demander la sanction en justice. Il s'agit de la présomption d'innocence et de la liberté. Ces droits et ces garanties découlent ainsi de la simple reconnaissance de ce que des soupçons pèsent sur une personne (*Titre I – Les droits et garanties liés à la personne du suspect*).

La mise en cause de l'individu, en second lieu, conduit en général à mettre en œuvre des investigations de toutes natures destinées à obtenir « la manifestation de la vérité », à alimenter un dossier dont le contenu servira de support principal à une décision juridictionnelle décidant de son innocence ou de sa culpabilité. Les faits sont-ils matériellement établis de façon satisfaisante ? Sont-ils susceptibles de recevoir une qualification pénale prévue par la loi ? Peuvent-ils, enfin, être regardés comme fautifs et imputés au suspect au point que sa responsabilité pénale puisse être retenue ? Dans ce processus dont l'enjeu se cristallise avant tout sur la preuve, l'individu soupçonné dispose du droit de faire entendre sa voix, mais à l'égard cette fois de « l'infraction » qu'on lui reproche : celle d'abord de se défendre ; celle ensuite de connaître la vérité (*Titre II – Les droits et garanties liés à la qualité de suspect*).

Il n'en demeure pas moins que le suspect ne se laisse pas si aisément appréhender. Ainsi qu'il sera exposé plus loin[22], et comme il arrive bien souvent en pratique, la qualité de suspect ne se confond pas toujours avec celle de partie au procès. Un suspect ne fera pas obligatoirement l'objet de poursuites pénales, de sorte qu'une suspicion légitime d'infraction peut exister sans lien juridique d'instance. Tel sera le cas, par exemple, de l'individu placé en garde à vue, interrogé pendant quelques heures, puis remis en liberté sans autre suite judiciaire. L'identification du suspect parmi les divers protagonistes d'une procédure pénale ne peut ainsi s'effectuer par seule référence à des parties. À cela, il convient d'ajouter que le Code de procédure pénale, ainsi que d'autres dispositions complémentaires[23], s'ingénient à désigner le suspect par un nombre presque indéfini de vocables originaux et d'expressions différentes[24] auxquels s'attachent des conséquences juridiques elles-mêmes diverses. Cette difficulté se renforce par le fait que la loi n'est pas toujours capable de séparer clairement le suspect des autres protagonistes du procès. La catégorie hybride dite du « témoin assisté » en constitue l'illustration caractéristique.

---

(22) V. *infra* p. 20 et s.

(23) Par ex. : C. douanes ou D. 20 mai 1903, *portant règlement sur l'organisation et le service de la gendarmerie*.

(24) V. *infra* p. 14 et s.

Il paraît donc utile d'accorder quelques développements préliminaires sur la notion même dont il sera question ici (*Chapitre préliminaire – La notion de suspect*).

CHAPITRE PRÉLIMINAIRE
LA NOTION DE SUSPECT

Le suspect souffre d'emblée d'un handicap juridique important. Ni la loi interne ni la jurisprudence et pas davantage les instruments internationaux les plus importants qui lui sont applicables en France[1] ne proposent en effet de le définir. Il est difficile, dans ces conditions, d'embrasser un personnage qui se dérobe, dans son principe, à l'appréhension scientifique du droit. Cela ne signifie nullement que le suspect serait inexistant ou inconsistant. On trouve dans la loi d'innombrables appellations et une succession de périphrases désignant la « personne suspecte » d'une infraction dans le cadre d'une procédure pénale. Cependant, il s'agit toujours, non pas de le définir, mais de simplement caractériser un individu aux divers stades du procès.

L'affirmation se vérifie en particulier sur le terrain de la preuve. On observe que les noms successifs conférés à l'individu inquiété par la police et la justice traduisent l'accumulation des éléments qui l'accablent. Par exemple, entre la qualité de « personne mise en examen » dans le cadre d'une information judiciaire et celle de « prévenu » renvoyé devant un tribunal correctionnel pour y être jugé, s'agissant néanmoins de la même personne et d'une même poursuite, la différence en matière de preuves est significative. Afin d'identifier avec précision le suspect dans le processus répressif, il paraît ainsi utile de tenter de le définir (section 1), avant de le distinguer de ceux avec lesquels il peut entretenir une certaine parenté (section 2).

(1) Convention européenne de sauvegarde des droits de l'homme et des libertés fondamentales du 4 nov. 1950 (Conv. EDH) ; Pacte international relatif aux droits civils et politiques du 19 déc. 1966 (PIDCP). Nous adopterons ces sigles pour désigner respectivement ces deux textes.

Section 1 La qualité de suspect

L'activité de suspicion, en tant qu'elle relève pour l'essentiel du travail des fonctionnaires de police, des militaires de la gendarmerie, des agents de l'Administration des douanes, ainsi que des magistrats, est consubstantielle à la recherche des auteurs d'une infraction et aux preuves qui peuvent les y relier[2]. À cet égard, la loi mentionne très fréquemment ce personnage, en faisant référence à de nombreux mots ou à des locutions différentes pour permettre de le signaler à l'enquêteur ou au juge. Les procédés syntaxiques employés sont assez abondants, ce qui n'encourage guère à la clarté (§ 1). Pour autant, on constatera que la qualité juridique de suspect, quoique changeante, est parfaitement uniforme du commencement du processus pénal jusqu'à son terme (§ 2).

§ 1. DES DÉSIGNATIONS MULTIPLES DANS LE PROCÈS PÉNAL

Afin d'identifier juridiquement un suspect, le législateur utilise toujours, à quelques exceptions près, le mot « personne » en l'unissant à un certain ensemble qualificatif qui indique l'existence d'une suspicion d'origine policière ou judiciaire. Deux méthodes sont retenues : dans certains cas, le suspect est directement mentionné par une expression ou un mot signalant la suspicion : par exemple, la *personne soupçonnée* (A). Dans d'autres, par référence aux preuves recueillies à l'encontre du suspect, une expression ou une périphrase plus ou moins complexe, à chaque fois différentes selon le stade de la procédure, est employée par la loi. Par exemple, la *personne à l'encontre de laquelle il existe une ou plusieurs raisons plausibles de soupçonner* un agissement illicite. La désignation du suspect s'effectue alors de manière indirecte (B).

(2) Nous choisissons de n'envisager dans cet ouvrage que les suspects, personnes physiques, à l'exclusion des personnes morales. On sait que celles-ci peuvent être pénalement poursuivies et condamnées (art. 121-2 C. pén.) ; elles sont donc susceptibles de revêtir la qualité juridique de personne suspecte. Envisager la personne morale suspecte n'est cependant pas utile à la compréhension de notre propos. La plupart des règles qui seront évoquées s'appliquent à elles, tandis que d'autres n'ont pas de sens (le droit à la liberté, par exemple). Une transposition est donc aisément possible, sous réserve des dispositions spécifiques au suspect, personne physique. Le caractère résiduel, enfin, des poursuites exercées contre les personnes morales limite l'intérêt d'une prise en considération. Une étude particulière est sans doute souhaitable.

A. LES DÉSIGNATIONS DIRECTES

En général, lorsque l'on rencontre le terme « personne », celui-ci est suivi d'un participe passé, d'un adjectif qualificatif ou d'une locution (1°). Parallèlement, quelques mots sont employés en tant que synonyme pur et simple de suspect (2°).

1. *Les expressions*

Ce mode d'identification du suspect au sein de la procédure pénale n'est pas le plus employé. Il se rencontre néanmoins, de façon régulière, du début jusqu'au terme du procès et dans un nombre important de dispositions.

Ainsi, la formule *personne suspectée* apparaît dès l'article préliminaire du Code de procédure pénale : *« Toute personne suspectée ou poursuivie est présumée innocente tant que sa culpabilité n'a pas été établie »*[3]. Si l'on veut bien se placer ensuite au moment de l'enquête de flagrant délit[4], ou bien au stade des attributions du procureur de la République[5], ou encore de celles du juge d'instruction[6], le législateur fait cette fois référence à la *personne soupçonnée*, soupçonné étant un adjectif parfaitement synonyme de suspecté. Est notamment compétent, nous dit l'article 52 du Code de procédure pénale, *« le juge d'instruction du lieu* [...] *de la résidence de l'une des personnes soupçonnées d'avoir participé à l'infraction* [...] *»*.

Il est fait par ailleurs un usage courant d'autres expressions ayant une signification absolument identique, dès l'instant où l'on considère le suspect comme étant l'individu sur qui pèse une probabilité plus ou moins forte d'implication dans un délit ou un crime. En déroulant le fil du Code de procédure pénale, on rencontre ainsi :

– La *personne mise en cause*, quoique la formule soit rarement usitée[7].

– La *personne poursuivie*, c'est-à-dire l'individu à l'encontre de qui l'action publique a été déclenchée. La formule est présente à tous les stades de la procédure, de l'article préliminaire du Code de procédure

(3) Art. prélim., § III, al. 1er C. pr. pén. V. aussi, art. 706-81 al. 2 C. pr. pén., au titre de l'infiltration.
(4) Art. 53, al. 1er C. pr. pén. V. aussi, art. 111, al. 5, D. 20 mai 1903 et *anc.* art. 70, al. 1er C. pr. pén. (abrogé sous cette forme par la loi du 9 mars 2004).
(5) Art. 43, al. 1er C. pr. pén.
(6) Art. 52 C. pr. pén.
(7) V. art. 11, al. 3 (information du public par le Parquet), 48-1, al. 3, 4° (bureau d'ordre national automatisé des procédures judiciaires) et 113-2, al. 2 (témoin assisté) C. pr. pén. V. aussi, V. VALETTE, *La personne mise en cause en matière pénale*, PU Clermont-Ferrand-LGDJ-Fondation Varenne, 2002.

pénale en passant par l'instruction préparatoire jusqu'à la phase de jugement, que cette dernière se déroule devant une juridiction correctionnelle ou une cour d'assises[8]. On a ici l'illustration textuelle de ce que l'exercice de poursuites n'affecte pas la qualité juridique de l'intéressé, qui n'est pas un témoin (innocent) ni un condamné (coupable), mais précisément un suspect.

– La *personne mise en examen*. D'après les articles 80-1 et 105 combinés du Code de procédure pénale, dans le cadre d'une information judiciaire, il s'agit de l'individu à l'encontre duquel il existe des indices grave ou/et concordants de participation aux faits dont le juge d'instruction est saisi. L'expression, avec la loi du 4 janvier 1993, a succédée au terme d'*inculpé*, que le législateur n'avait pas non plus clarifié, mais que la doctrine s'accordait à définir comme le résultat de l'« imputation officielle, à une *personne suspecte*, des faits délictueux aux sujets desquels le juge d'instruction conduit son information »[9]. Dans le registre des désignations directes, on observe que c'est l'expression « personne mise en examen » qui revient le plus souvent. Elle est citée plus de cent fois dans le Code de procédure pénale, aussi bien au titre de l'exercice de l'action publique et de l'instruction[10] que des voies de recours[11] ou des procédures dites « particulières »[12]. On ne la retrouve pas, en revanche, au stade du jugement, celle-ci disparaissant au profit d'autres appellations – prévenu ou accusé[13]. Il n'est guère douteux que la mise en examen constitue une étape importante de la procédure. L'acte pris dans ce sens par le juge d'instruction fixe en effet le moment à partir duquel le suspect, en devenant partie au procès, acquiert un certain nombre de droits lui permettant d'organiser sa défense dans des conditions plus efficaces que celles qui avaient pu être les siennes jusque-là.

Il existe enfin deux autres expressions : *personne recherchée* (au titre d'un mandat d'amener, par exemple, ou d'un mandat d'arrêt européen)[14] et *personne réclamée* (au titre, par exemple, d'une procédure d'extradition)[15]. Nous ne les mentionnons que pour simple mémoire en raison de leur ambiguïté, car elles peuvent toutes deux désigner aussi bien un suspect qu'une personne définitivement condamnée.

---

(8) V. respectivement, art. prélim., § III, al. 1er, 99-2, 306, al. 6, 392-1, al. 2 et 400, al. 4 C. pr. pén. V. aussi, art. 800-2, al. 2, 800-4, R. 51-1, R. 117, R. 249-2 et D. 490 C. pr. pén.

(9) R. Merle et R. Vitu, *Traité de droit criminel – Procédure pénale*, 3e éd., Cujas, 1979, t. 2, n° 1175, p. 437 (c'est nous qui soulignons).

(10) Art. 58, 81, 82, 82-1, 91 à 223 C. pr. pén.

(11) Art. 567-2 C. pr. pén.

(12) Par ex., art. 664, 669, 698-5, 706-24-2, 706-30, 706-60, 706-103 C. pr. pén.

(13) V. *infra* p. 17.

(14) V. respectivement, art. 127, al. 1er C. pr. pén. et art. 695-11 à 695-48 C. pr. pén.

(15) Art. 696-3, 6° à 696-4 C. pr. pén.

2. *Les termes synonymes*

On peut relever deux vocables ayant la même signification que celle de « suspect », mais employés à une fonction et à un moment précis à l'intérieur de la procédure.

Ainsi en est-il du *prévenu*, que l'article 111, alinéa 2, du décret du 20 mai 1903 défini comme « celui qui est traduit devant un tribunal [de police ou correctionnel] ». En principe, le prévenu est un suspect auquel est reproché la participation à un délit ou à une contravention[16] et, de fait, le terme n'apparaît que dans les dispositions où l'intéressé fait l'objet d'un renvoi ou est cité devant la juridiction matériellement compétente pour y être jugé. Il est mentionné près de deux cents fois dans le Code de procédure pénale, de façon très disséminée, mais presque toujours pour identifier le suspect d'une contravention ou d'un délit en passe d'être jugé[17]. Cela n'empêche pas les utilisations disparates, même si elles demeurent rarissimes : à l'article 6 du Code de procédure pénale, par exemple, on apprend que « l'action publique pour l'application de la peine s'éteint par la mort du prévenu [...] ». À l'évidence, il est conféré ici au mot « prévenu » une signification générique visant toute espèce de suspect, objet de poursuites pénales, quelle que soit par ailleurs l'infraction (contravention, délit, crime) et le stade de la procédure (policier ou judiciaire)[18].

Le prévenu se distingue enfin de l'*accusé,* qui est « la personne soupçonnée d'avoir commis un crime et traduite devant la cour d'assises pour y être jugée »[19]. Comme pour le prévenu, le terme « accusé » n'apparaît qu'au début de la phase de jugement, avec un emploi réservé aux seules personnes renvoyées pour des agissements qualifiés de crime. On le rencontre un peu partout, et notamment plus d'une centaine de fois dans la seule partie législative du Code de procédure pénale[20].

---

(16) Le Code des douanes (art. 369) et le Code de procédure pénale (art. 78-6) parlent également de « contrevenant », mais le terme est peu usité.

(17) Par ex., au titre de l'action publique et de l'instruction (art. 6, 142, 148-1, 179, 202 C. pr. pén.), des juridictions de jugement (art. 382 à 417, 423, 425, 432, 442 à 560 C. pr. pén.), des voies de recours (art. 568, 569, 574, 599 et 622 C. pr. pén.), de quelques procédures particulières (art. 664, 706-20, 706-71, 706-106 C. pr. pén.) et dans les procédures d'exécution (art. 714, 716, 727, 747-3, 747-4 C. pr. pén.).

(18) Dans le même sens, le Code de procédure pénale utilise parfois le mot prévenu pour désigner une personne condamnée, mais bénéficiant d'un ajournement du prononcé de la peine (art. 747-3 et 747-4 C. pr. pén.).

(19) S. BISSARDON, *Guide du langage juridique*, Litec, 2002, p. 8.

(20) Par ex., au titre de l'action publique et de l'instruction (art. 114, 141-2, 148-1, 181, 215, 215-2 C. pr. pén.), des juridictions de jugement (art. 239, 253, 269 à 380-11C. pr. pén.), des voies de recours (art. 596, 599, 611, 522, 625 C. pr. pén.), de quelques procédures particulières (art. 627-21, 628, 630, 669, 706-25, 706-27 C. pr. pén.) et dans les procédures d'exécution (art. 714 et 716 C. pr. pén.).

B. LES DÉSIGNATIONS INDIRECTES

Il est fait un usage massif de périphrases ou de formules ayant pour objet de *caractériser* le suspect à un certain stade de la procédure, en considération du nombre et de la force probante des éléments de preuves recueillis à son encontre. On en a dénombré pas moins de sept. Il s'agit d'une liste compliquée, d'un raffinement logique et d'un maniement peu compatible avec la réalité du processus pénal, c'est-à-dire avec la conduite d'une enquête ou d'une instruction et l'appréciation généralement donnée aux preuves par les enquêteurs ou les magistrats.

Ainsi :

1) La *personne à l'encontre de laquelle il existe une ou plusieurs raisons plausibles de soupçonner* qu'elle a commis ou tenté de commettre une infraction permet, par exemple, l'ouverture d'une enquête préliminaire ou de flagrant délit[21]. Elle autorise par ailleurs que le suspect soit placé en garde à vue[22], qu'il fasse l'objet d'un mandat de recherche délivré par un juge d'instruction[23] ou d'un rapprochement d'empreintes génétiques avec le fichier national automatisé[24]. Cette formule est récente et tend à mettre les textes en conformité avec la rédaction de l'article 5 § 1 c de la Convention EDH[25].

2) Les *personnes qui paraissent avoir participé* au crime, en cas d'infraction flagrante, peuvent se voir présentées les objets saisis sur les lieux, pour reconnaissance[26].

3) La *personne à l'encontre desquelles il existe des indices faisant présumer* qu'elle a commis ou tenté de commettre une infraction fait l'objet d'une information au procureur de la République (enquête préliminaire)[27]. Selon l'article 60, alinéa 2, du Code de procédure pénale, c'est également à ces personnes que l'officier de police judiciaire, sur instruction du procureur de la République, donne connaissance des résultats des examens techniques et scientifiques éventuellement pratiqués au cours d'une enquête de flagrant délit.

4) La *personne [...] contre laquelle il existe des indices rendant vraisemblable* qu'elle ait pu participer, comme auteur ou complice, à la

(21) Respectivement, art. 77 C. pr. pén. et art. 55-1, 70, al. 1er C. pr. pén.
(22) Art. 63, al. 1er C. pr. pén.
(23) Art. 122, al. 2 C. pr. pén.
(24) Art. 706-54, al. 3 C. pr. pén.
(25) Art. 5 § 1 *c)* Conv. EDH : « [...] Nul ne peut être privé de sa liberté, sauf [...] s'il a été arrêté et détenu en vue d'être conduit devant l'autorité judiciaire compétente, lorsqu'il y a des raisons plausibles de soupçonner qu'il a commis une infraction [...] ».
(26) Art. 54 al. 3 C. pr. pén. V. aussi, une formulation presque identique à l'art. 111, al. 5 D. 20 mai 1903 (« paraissant » au lieu de « qui paraissent »).
(27) Art. 75-2 C. pr. pén.

commission des infractions dont le juge d'instruction est saisi ne peut être entendu comme témoin assisté[28].

5) Les *personnes à l'encontre desquelles il existe des indices graves ou concordants rendant vraisemblable* qu'elles aient pu participer, comme auteur ou complice, à la commission des infractions dont le juge d'instruction est saisi peuvent, par exemple, être mises en examen, faire l'objet d'un mandat de comparution, d'amener ou d'arrêt[29] ou, encore, pour certaines infractions graves, être incluses dans le fichier des empreintes génétiques[30].

6) Les *personnes à l'encontre desquelles il existe des indices graves et concordants* d'avoir participé aux faits dont le juge d'instruction est saisi ne peuvent être entendues comme témoin et doivent être mises en examen[31].

7) Les *personnes à l'encontre desquelles les éléments recueillis sont de nature à motiver l'exercice de poursuites* sont, à l'issue de la garde à vue, soit remises en liberté, soit déférées devant le procureur de la République[32].

Toutes ces périphrases s'appliquent à la phase préparatoire du procès pénal et désignent une seule et même personne : le suspect. Et si l'on effectue un comptage de l'ensemble terminologique destiné à cet unique personnage, on en relève près de quinze différentes, ce qui est une balkanisation terminologique extraordinaire et tout à fait unique dans le droit avec, pour accompagner ces formulations, des subtilités si minimes en termes de preuve que l'intention du législateur est impossible à découvrir, sinon à mettre en lumière un certain embarras. Dans la pratique, on sait en outre que ces désignations ne sont ni opérationnelles ni efficaces les unes envers les autres, faute de lisibilité. Sur la base de quels éléments ayant un minimum de précision objective et au nom de quelle sorte de probabilité distingue-t-on, par exemple, les « raisons plausibles de soupçonner » des « indices faisant présumer » ? Comment distinguer les indices entre eux, selon qu'ils seront graves *ou* concordants ou graves *et* concordants ? Quelle finesse technique sépare celui qui *paraît* avoir participé à une infraction de celui dont la participation est *vraisemblable* ? Il existe tant d'expressions différentes pour ne viser qu'une seule et même personne que dans une certaine mesure, elles s'annulent entre elles.

---

(28) Art. 113-2, al. 2 C. pr. pén. De notre point de vue, le témoin assisté est un suspect, v. *infra* p. 26 et s.
(29) V. respectivement, art. 80-1, al. 1er et 122, al. 3 C. pr. pén.
(30) V. respectivement, art. 706-55 et 706-54, al. 2 C. pr. pén.
(31) Art. 105 C. pr. pén.
(32) Art. 63, al. 3 (enquête de flagrant délit) et art. 77 C. pr. pén. (enquête préliminaire).

On constate, en revanche, que les autres protagonistes du processus pénal (le procureur de la République, la partie civile, le témoin, etc.) sont, quant à eux, clairement identifiés et définis. Ils sont d'ailleurs, en général, désignés dans la loi sous un seul vocable, comme d'ailleurs dans la jurisprudence. De ce point de vue, le choix d'une appellation uniforme du suspect, qui mettrait un terme à un embrouillamini textuel qui ne convainc personne, imposerait aux enquêteurs et aux juges une appréhension plus nette et davantage prévisible de sa situation, laquelle serait par ailleurs plus conforme à ses intérêts. Il faut bien considérer, en effet, que la rédaction actuellement adoptée par le Code de procédure pénale est incompréhensible pour le profane. Elle l'est donc, dans la grande majorité des cas de figure, pour le suspect lui-même.

L'ensemble mérite ainsi d'être vu d'une manière qui soit à la fois plus claire et synthétique.

§ 2. UNE DÉFINITION UNIFORME DANS LE PROCÈS PÉNAL

Un individu soupçonné de délit ou de crime est un personnage permanent du processus pénal, dont la situation évolue avec plus ou moins de régularité aux cours des investigations policières et judiciaires, de sorte qu'il se caractérise par sa totale unité conceptuelle (A). Le suspect n'en demeure pas moins enfermé dans l'espace clos du procès, ce qui fait également de lui un personnage à caractère intermédiaire et temporaire (B).

A. UN PERSONNAGE À CARACTÈRE GÉNÉRAL

Si l'on veut donc envisager le suspect dans sa plénitude et dans sa complexité, une distinction doit avoir lieu, d'un point de vue juridique, entre la qualité de suspect (1°) et la condition du suspect (2°).

1. *La qualité juridique de suspect*

On désigne parfois le suspect comme étant la « personne soupçonnée d'avoir participé à la commission d'une infraction sans que l'action publique ait été encore déclenchée »[33]. Comme dans les romans noirs, le suspect serait cantonné à la phase purement policière de la procédure

(33) V° Suspect *in Dictionnaire du vocabulaire juridique*, sous la dir. de R. Cabrillac, Litec, 2002, p. 361. V. aussi, V° *Prévenu in* G. Cornu, *Vocabulaire juridique H. Capitant, op. cit.*, p. 643.

pénale. Il disparaîtrait si l'action publique venait à être déclenchée et qu'on diligentait des poursuites répressives à son encontre.

L'assertion n'est pas inexacte : dès l'instant où une infraction peut lui être rattachée d'une façon quelconque, la personne quitte la situation de citoyen ordinaire pour se voir immédiatement revêtue de la qualité de suspect. Elle débute donc, par exemple, dès le plus banal contrôle d'identité sur la voie publique, celui-ci étant justifié, par exemple, lorsque la personne interpellée « se prépare à commettre un crime ou un délit » (contrôle de police judiciaire) ou qu'il existe une menace d'atteinte à l'ordre public, notamment à la sécurité des personnes et des biens » (contrôle de police administrative)[34]. On observe qu'à ce stade, aucune infraction n'a encore été commise ni même tentée. Il n'en demeure pas moins que le contrôle et, éventuellement, la vérification ultérieure de l'identité, doivent être motivés par référence à des indices rendant suspecte la personne, sous peine de nullité des deux opérations[35].

Pour autant si l'assertion est exacte, elle n'en demeure pas moins incomplète, car elle ne rend pas compte de l'étendue de cette qualité dans le processus répressif. Et d'abord, au risque de sembler un peu prosaïque, quel que soit le stade de la procédure – policier ou judiciaire –, il s'agit toujours de la même *personne*. On ne change pas physiquement d'individu entre le moment où il est interpellé et placé en garde à vue, celui où il est mis en examen, celui où il est placé éventuellement sous contrôle judiciaire ou en détention provisoire et celui où il est renvoyé devant un tribunal ou une cour pour y être jugé.

Ensuite, il faut comprendre qu'indépendamment du stade de la procédure, c'est toujours d'une *personne suspecte* qu'il s'agit, c'est-à-dire, et toujours, d'une personne à l'encontre de qui pèse simplement une probabilité d'agissements infractionnels. Il n'est pas question d'adopter une vue différente au regard, en particulier, de sa responsabilité pénale.

On constate ainsi que non seulement la qualité de suspect existe et demeure constante à tous les moments du procès, mais qu'elle est, d'une certaine façon, monolithique. Elle correspond à l'existence d'éléments de preuve permettant d'estimer, au terme d'un raisonnement, que la per-

(34) Respectivement, art. 78-2, al. 3 et al. 7 C. pr. pén. Pour des développements, v. E. Picard, *La notion de police administrative*, coll. LGDJ, *Bibl. dr. public*, 1984, n° 84 et s. V. aussi, D. Mayer, « Prévention et répression en matière de contrôle d'identité : une distinction trompeuse », *D.* 1993, *chron.*, 272 ; J. Moreau, « Police administrative et police judiciaire : recherche d'un critère de distinction », *AJDA* 1963, I, p. 68.

(35) Art. 78-3, al. 7 C. pr. pén. : « L'officier de police judiciaire mentionne, dans un procès-verbal, les motifs qui justifient le contrôle, ainsi que la vérification d'identité [...] ». Art. 78-3, al. 12 C. pr. pén. : « Les prescriptions énumérées au présent article sont imposées à peine de nullité ».

sonne, selon un certain niveau de probabilités, a tenu un rôle dans une infraction. La qualification juridique possible des faits, le rôle tenu par l'individu, le circuit judiciaire le mieux adapté, viennent ensuite. Un suspect ne se divise pas ni ne s'additionne. Il disparaît si la preuve de cette probabilité d'implication disparaît elle-même[36]. Il se maintient dans le cas contraire. Selon l'explication saisissante de Garraud, « le procès pénal a pour point de départ un *soupçon* sur lequel se fonde l'accusation, et toute l'œuvre de la procédure tend à transformer ce *soupçon* en *certitude*. Si ce résultat n'est pas atteint, la poursuite ne peut aboutir à une *condamnation* »[37].

2. La condition juridique du suspect

À l'inverse de ce qui vient d'être dit, la condition juridique du suspect est, par essence, la proie d'une évolution permanente. Elle va dépendre des éléments de preuve qui vont peu à peu alimenter le dossier. Généralement limités au point de départ de l'enquête, ils vont s'enrichir, en qualité et en quantité, de telle sorte que le suspect se verra appliquer un certain nombre de conséquences qui en tiennent compte. Par exemple, une interpellation en flagrant délit après une enquête de plusieurs semaines, suivi d'un placement en garde à vue[38] ; le renvoi devant un tribunal correctionnel par la voie de la comparution immédiate si le ministère public estime que les charges réunies sont suffisantes[39] ; ou encore l'ouverture d'une information judiciaire et le placement sous contrôle judiciaire après mise en examen[40]. Mais ce peut être également une décision de classement sans suite, faute d'éléments[41]. Le choix d'une action policière ou d'une orientation judiciaire dépend d'abord des éléments de preuves connus, donc du degré de suspicion qui s'attache à la personne mise en cause. De ce point de vue, on se rend compte que les nombreuses dénominations employées dans la loi sont en grande partie artificielles. Quelle différence, en termes probatoires, entre un prévenu et un accusé, sinon la juridiction matériellement compétente ? Lorsque l'on considère, par exemple, le « gardé à vue », le « mis en examen » ou l'« accusé », on voit bien que ces appellations ne visent pas, *proprio motu*, la personne physique elle-même, mais plutôt sa *condition juridique* dans le processus pénal. Plus précisément encore, ces dénominations stigmatisent la nature et l'ampleur des preuves recueillies qui tendent à établir une relation

(36) Pour des développements, v. notre thèse, *La suspicion légitime*, « Bibl. droit privé », LGDJ, 2000, n°s 42 et s. et n°s 285 et s.
(37) R. Garraud, *Précis de droit criminel*, 15e éd., par P. Garraud, Sirey, 1934, n° 378 (c'est nous qui soulignons).
(38) Art. 53 et 63 C. pr. pén.
(39) Art. 395 C. pr. pén.
(40) Art. 80-1 et 137 C. pr. pén.
(41) Art. 40 et 40-1, 3° C. pr. pén.

causale vraisemblable avec une infraction, et donnent un nom à un régime juridique.

L'enquête judiciaire ayant un caractère dynamique, la condition juridique du suspect est donc soumise à la fluctuation des preuves, quelles soient à charge ou à décharge. Elle peut connaître des avancées fulgurantes et des coups d'arrêt tenaces. La situation personnelle du suspect va alors témoigner de ces évolutions, jusqu'à ce qu'une décision juridictionnelle définitive y mette un terme – déclaration d'innocence ou condamnation.

Et encore, il ne faut pas perdre de vue que devant la juridiction de jugement, pour autant que le suspect comparaisse devant elle, toutes les preuves amassées au cours des recherches subissent un nouvel examen, et il n'est pas du tout certain qu'un suspect, même si des preuves l'accablent, soit mécaniquement déclaré coupable, en particulier devant une cour d'assises. On a vu des meurtriers juridiques incontestables finalement déclarés innocents. Raoul Villain, l'assassin de Jean Jaurès, fut acquitté à Paris le 28 mars 1919. Il n'y avait pourtant aucun doute sur sa culpabilité au regard de la loi pénale. La véracité de la preuve peut donc céder devant la vérité du jugement. L'un et l'autre ne se sont jamais confondus, le premier parce qu'il envisage des faits, des événements, de la technique, le second parce qu'il est affaire de morale et d'adhésion de l'esprit.

Ainsi, le suspect se présente comme un terme générique qui désigne un état juridique stable tout au long du procès. Mais à l'intérieur de cet état, puisque celui-ci est fondé sur une vraisemblance de comportement illicite, on rencontre une variété pour ainsi dire infinie de nuances en termes de preuves qui va personnaliser l'affaire et la définir en considération de toutes les autres.

B. UN PERSONNAGE À CARACTÈRE INTERMÉDIAIRE ET TEMPORAIRE

Techniquement, le suspect se faufile, comme on l'a dit, dans la fenêtre de temps ouverte par le procès entre l'innocent et le coupable, c'est-à-dire, pour adopter la terminologie du Code de procédure pénale, entre le témoin et le condamné. Il constitue *un état juridique intermédiaire*[42]. Le témoin est en effet celui à l'encontre duquel il n'existe aucune raison plausible de soupçonner qu'il a commis ou tenté de commettre une infraction[43]. Il n'est pas un suspect[44]. De l'autre côté, le condamné se pré-

(42) V. sur ce point, L. Remplon, « La rétention du “suspect” », *JCP*, 1978, I, n° 2916.

(43) Art. 62, al. 5, 78 al. 2 et 706-57 al. 1er C. pr. pén.

(44) Sur les « non-suspects », v. *infra* p. 29 et s.

sente comme étant le suspect reconnu coupable d'une infraction à la suite d'une décision de justice ayant l'autorité de la chose jugée (qui n'est donc pas nécessairement définitive). C'est parce qu'on reproche à une personne un agissement contraire au droit qu'elle devient « suspecte », de la même façon qu'une personne est dite « innocente » parce que cette accusation n'existe pas (ou plus) ou qu'elle est dite « coupable » parce que l'agissement en question a pu lui être rattaché par un lien de causalité suffisamment probable pour emporter la conviction au-delà de tout doute raisonnable, selon la formule bien connue. Ainsi, le suspect oscille en permanence entre ces deux qualités – ni innocent, ni coupable – selon le degré de son implication.

On en déduit enfin que l'état de suspect est nécessairement un *état temporaire*. Du point de vue judiciaire, un suspect ne le restera pas indéfiniment puisqu'à un moment ou à un autre une décision interviendra qui mettra un terme à la suspicion. En droit, nul ne peut demeurer suspect.

Au cours de l'enquête de police, il est ainsi fréquent que les premiers soupçons, qui auront justifié une mesure coercitive (contrôle de l'identité, placement en garde à vue, perquisition, par exemple), se révèlent en définitive dépourvus de substance et que le suspect n'a rien à se reprocher. La personne redevient alors un citoyen ordinaire ou un témoin.

Au stade judiciaire, le suspect peut perdre cette qualité à n'importe quel moment. Le procureur de la République peut ainsi décider d'un classement sans suite, en l'absence d'indices de participation aux faits[45].

En cas d'ouverture d'une information judiciaire, le juge d'instruction peut rendre un certain nombre d'ordonnances qui vont faire cesser toute suspicion, et donc ôter à la personne mise en cause sa qualité de suspect.

Tel est le cas de l'ordonnance de refus d'informer[46]. À la suite d'un réquisitoire introductif (ou supplétif) émanant du ministère public ou d'une plainte avec constitution de partie civile, il peut apparaître assez rapidement que la personne visée n'a pris aucune part aux faits dont le magistrat instructeur est saisi, ou que ces mêmes faits ne sont pas pénalement qualifiables[47]. Il peut également arriver que l'action publique soit éteinte au moment où le juge est saisi.

Tel est également le cas de l'ordonnance de non-lieu, qui peut être rendue à tout moment « si le juge d'instruction estime que les faits ne constituent ni crime, ni délit, ni contravention [...], ou s'il n'existe pas de

(45) Art. 40 et 40-1 3° C. pr. pén.

(46) Art 86, al. 3 C. pr. pén. La décision est susceptible d'appel devant la chambre de l'instruction (art. 186 al. 2 C. pr. pén.).

(47) Dans le cas où l'action publique est mise en mouvement par la victime, le ministère public peut avoir pris, dans ce sens, des réquisitions de non-informer (art. 86 al. 4 C. pr. pén.).

charges suffisantes contre la personne mise en examen [...] »[48]. On voit que la décision peut être fondée sur des considérations de fait (par exemple, il n'existe pas de charges suffisantes) ou sur des motifs de droit (par exemple, il est établi une cause de non-imputabilité). Quelles que soient les raisons, la qualité de suspect s'efface, ainsi que toutes les conséquences juridiques ayant découlé de cet état, même si un doute subsiste[49]. Il en résulte, par exemple, que l'individu doit être mis en liberté s'il avait été placé en détention provisoire[50]. L'article 188 du Code de procédure pénale ajoute qu'il « ne peut plus être recherché à l'occasion du même fait [celui qui a donné lieu à poursuites] »[51]. Et afin de faire connaître dans l'opinion publique sa qualité de personne innocentée, le « suspect » peut demander au magistrat instructeur qu'il ordonne « soit la publication intégrale ou partielle de sa décision de non-lieu, soit l'insertion d'un communiqué informant le public des motifs et du dispositif de celle-ci, dans un ou plusieurs journaux, écrits périodiques ou services de communication audiovisuelle qu'il désigne »[52].

Personnage total et central du procès répressif, personnage à la situation juridique mouvante, on peut donc définir le suspect comme étant celui *à l'encontre de qui est établi le caractère vraisemblable de sa participation à une entreprise infractionnelle en qualité d'auteur, de coauteur ou de complice.*

Cette approche volontairement globale, soucieuse d'unité et de cohérence, place la situation du suspect au cœur des probabilités, c'est-à-dire du « probable comme mesure du possible »[53], selon cette infinité de variations propres au réel qui seule peut rendre compte, sans artifice technique, d'un délit ou d'un crime, figure passée et révolue dont on cherche à reconstituer le déroulement avec la plus grande exactitude qui soit. Elle permet en outre de comparer la situation juridique du suspect à celle d'autres personnages du procès pénal qui peuvent susciter, en les comparant, une certaine confusion.

(48) Art. 177, al. 1er C. pr. pén.
(49) La règle *In dubio pro reo* (le doute profite à l'accusé) doit bénéficier au suspect à tous les moments de la procédure, donc au stade de l'instruction préparatoire.
(50) Art. 177, al. 3 C. pr. pén. L'ordonnance de non-lieu met également fin au contrôle judiciaire (même disposition).
(51) Dans ce sens, v. Cass. crim., 24 juill. 1967, *Bull. crim.*, n° 234 ; Cass. crim., 17 janv. 1983, *JCP*, 1984, II, n° 20232, note W. Jeandidier. Si le Ministère public décide de la réouverture d'une information judiciaire, il ne le pourra que s'il fait état de charges nouvelles (art. 189 et 190 C. pr. pén.).
(52) Art. 177-1 C. pr. pén. Pour des précisions, v. *infra* p. 76 et 77.
(53) G.-G. GRANGER, *Le probable, le possible et le virtuel. Essai sur le rôle du non-actuel dans la pensée objective*, Éd. O. Jacob, 1995, p. 139 et s.

Section 2 Les protagonistes voisins du suspect

Avec la loi du 30 décembre 1987, le législateur invente une catégorie jusque-là inconnue de la procédure pénale et censée répondre, à l'époque, aux dangers d'une inculpation tardive de la personne mise en cause. Le témoin assisté faisait son entrée dans la panoplie des personnages du procès, après l'étude duquel on constate néanmoins que le statut est finalement assez proche de celui du suspect (§ 1). À côté, le Code de procédure pénale identifie avec clarté d'autres protagonistes qui, en général, se distinguent nettement du suspect de par le rôle qu'ils ont tenu dans l'infraction ou tiendront jusqu'au terme du processus (§ 2).

§ 1. UN PARA-SUSPECT : LE TÉMOIN ASSISTÉ

L'irruption du témoin assisté dans une affaire pénale suppose qu'ait été ouverte une information judiciaire. En dehors de ce cadre, il est impossible d'en rencontrer. L'adjectif « assisté » n'a fait l'objet d'aucune précision, mais on devine qu'une référence est implicitement faite à l'assistance d'un avocat, ce que prévoit d'ailleurs l'article 113-3 du Code de procédure pénale dans des conditions, au demeurant, tout à fait similaire à celle du suspect[54].

Le Code de procédure pénale consacre au témoin assisté une sous-section entière, dans laquelle il détermine notamment les cas de figure où le magistrat instructeur a l'*obligation* ou bien seulement la *faculté* d'entendre une personne en qualité de témoin assisté.

Ainsi, lorsque la personne est nommément visée par un réquisitoire introductif ou supplétif émanant du procureur de la République, mais n'est pas mise en examen, elle acquiert le statut de témoin assisté et doit par conséquent être entendue à ce titre par le juge d'instruction[55]. De même, dans l'hypothèse où la personne est nommément mise en cause par la victime d'une infraction ou visée par une plainte, y compris lorsqu'elle est accompagnée d'une constitution de partie civile, elle sera obligatoirement entendue comme témoin assisté si elle en fait la demande[56].

(54) Art. 113-3, al. 1er C. pr. pén. : « Le témoin assisté bénéficie du droit d'être assisté par un avocat qui est avisé préalablement des auditions et a accès au dossier de la procédure, conformément aux dispositions des articles 114 et 114-1. Cet avocat est choisi par le témoin assisté ou désigné d'office par le bâtonnier si l'intéressé en fait la demande ».
(55) Art. 113-1 C. pr. pén.
(56) Art. 113-2, al. 1er C. pr. pén.

En revanche, le recours à ce statut devient facultatif, et est donc abandonné à l'appréciation du juge d'instruction, lorsque l'individu ne demande pas à en bénéficier[57]. La même possibilité appartient au magistrat lorsque la personne est mise en cause dans l'affaire par un témoin, ou lorsqu'il « existe à son encontre des indices rendant vraisemblables qu'elle ait pu participer, comme auteur ou complice, à la commission des infractions »[58]. On note que cette dernière formule, au regard des preuves, désigne purement et simplement le témoin assisté en qualité de suspect, mais sans le dire.

Le législateur a voulu faire du témoin assisté un personnage essentiel de l'instruction préparatoire. Il n'y est pas parvenu, en dépit d'une bonne intention à l'origine. Il s'agissait en effet, en instituant une « situation intermédiaire entre celle de l'inculpé [mis en examen] et celle du témoin ordinaire »[59], de protéger les personnes mises en cause contre le danger des constitutions de partie civile abusives ou dilatoires émanant de « victimes prétendues »[60]. Cependant, trop d'ambiguïtés dominent, et même gangrènent, la logique de son statut. Le témoin assisté n'est pas un témoin car il ne prête pas serment de dire la vérité[61], devenant alors parfaitement libre de ses propos, c'est-à-dire de sa défense. Car un témoin assisté ne dépose pas ni ne rapporte ce qu'il a vu ou entendu ; il se défend. On pourra employer toutes les périphrases offertes à l'imaginaire, distinguer, par exemple, entre « l'audition » du témoin assisté et « l'interrogatoire » du mis en examen, la perspective, en termes d'implication possible ou vraisemblable dans l'infraction et, partant, en termes de preuve, demeure la même. Le témoin assisté est une personne que l'autorité judiciaire soupçonne d'avoir tenu un rôle – auteur, coauteur ou complice – dans le délit ou le crime sur lequel elle est chargée de faire toute la lumière. Mais en créant le témoin assisté, le législateur lui offre le choix d'adopter un certain flottement.

Le témoin assisté, par ailleurs, n'est pas non plus partie au procès, comme le serait une partie civile ou le mis en examen[62]. À cet égard, la circulaire d'application du 20 décembre 2000 indique que le témoin assisté « peut être considéré comme une *quasi-partie* à la procédure d'instruction »[63]. Quasi-partie ? L'affirmation n'est pas sérieuse. S'il s'agissait

(57) Le juge doit informer le témoin assisté de cette possibilité (Cass. crim., 30 janv. 1989, *Bull. crim.*, n° 34).
(58) Art. 113-2, al. 2 C. pr. pén.
(59) R. Merle et A. Vitu, *Traité de droit criminel – Procédure pénale*, 3e éd., Cujas, 1979, t. 2, n° 1181, p. 445.
(60) J. Pradel, note sous CA Bordeaux, 29 avr. 1980, *D.* 1981, p. 232.
(61) Art. 113-7 C. pr. pén.
(62) Cass. crim., 30 oct. 1990, *Bull. crim.*, n° 361 ; *D.* 1991, somm., p. 213, obs. J. Pradel ; Cass. crim., 27 nov. 1990, *Bull. crim.*, n° 407.
(63) Art. 1.1.2.2. Circ. CRIM 00-16 F1, 20 déc. 2000. C'est nous qui soulignons.

d'une quasi-partie, et quand bien même une telle assertion aurait un sens en procédure, dans quelle proportion serait-elle témoin (non-partie) et dans quelle autre devrait-on la considérer comme partie ? Selon, finalement, quel pourcentage, au moyen de quel savant dosage ? Et de quelle partie serait-il alors question ? D'une personne mise en examen ? D'une autre ? Le témoin assisté serait en quelque sorte une partie de fait, ou une partie qui s'ignore ou bien encore, pour reprendre l'expression fleurie de M. Pradel, « une partie-croupion »[64]. La confusion devient véritablement totale si l'on considère que le témoin assisté, à la différence du mis en examen, ne peut être placé sous contrôle judiciaire ni en détention provisoire. Il ne peut non plus « faire l'objet d'une ordonnance de renvoi ou de mise en accusation »[65]. En revanche, il peut demander au juge d'instruction à être confronté aux personnes qui l'accusent ou former des requêtes en annulation, comme n'importe quelle partie, en saisissant la chambre de l'instruction[66]. Il peut en outre demander à être mis en examen à tout moment de la procédure[67]. Quel statut choisir ou préférer dans ces conditions ?

Il existe, en réalité, un seul point commun unissant témoin assisté et mis en examen : la vraisemblance, à leur encontre, d'un comportement infractionnel. Tout comme la personne mise examen, le témoin assisté est un suspect, mais un suspect que la procédure ne saurait voir, un hybride[68]. Nous le désignons comme étant un « para-suspect », c'est-à-dire un suspect, comme tout individu impliqué à un certain degré dans un délit ou un crime, mais volontairement placé par le législateur dans la périphérie de la suspicion exercée par le magistrat instructeur.

La situation de témoin assisté est en principe temporaire : les investigations ordonnées par le juge d'instruction doivent en effet conduire à mettre rapidement le témoin assisté hors de cause, afin qu'il redevienne un témoin ordinaire ou, au contraire, à le mettre en examen et à le faire alors entrer très officiellement à l'intérieur de la procédure et dans le vêtement du suspect[69]. Toutefois, dans le dispositif du témoin assisté, il existe

---

(64) J. Pradel, « Les personnes suspectes ou poursuivies après la loi du 15 juin 2000 », *D.* 2001, chron., p. 1039. Un « parti croupion » se définit comme « un organisme politique qui n'est plus que le résidu d'un autre qui était réellement représentatif » (V° *Croupion* (B) in *Grand Robert de la langue française*, 2e éd., 2001, p. 854).

(65) Art. 113-5 C. pr. pén.

(66) Art. 113-3 al. 2 C. pr. pén.

(67) Art. 113-6 C. pr. pén. À l'occasion de son audition par le juge ou par lettre recommandée avec demande d'avis de réception.

(68) H. Matsopoulou, *Les enquêtes de police*, coll. LGDJ, *Bibl. sc. crim.*, 1996, n° 282, p. 240.

(69) La limite fixée par la loi, en matière de preuve, est celle de l'existence d'indices graves et concordants de participation aux faits, au terme desquels la mise en examen devient obligatoire (art. 105, al. 1er C. pr. pén.).

une logique de la mise en examen, en tant que continuité de la suspicion[70]. La pratique enseigne qu'un témoin assisté a pour ainsi dire vocation à être mis en examen, ainsi que le suggère au demeurant l'article 113-8, alinéa 1er, du Code de procédure pénale[71]. Le témoin assisté est donc tout banalement un suspect, et c'est ainsi en réalité qu'il est considéré par l'autorité judiciaire. En le créant, le législateur a cédé à une logique trop complexe et obscure, aux contours trop lâches, dont l'efficacité, au regard notamment de la présomption d'innocence, reste encore à démontrer.

§ 2. LES NON-SUSPECTS : LE TÉMOIN, LA VICTIME ET LE CIVILEMENT RESPONSABLE

En principe, le témoin (A) et la victime (B) ne sont pas des suspects. On verra qu'il en est de même de la personne déclarée civilement responsable des conséquences dommageables de l'infraction (C). Cette répartition des rôles dans le procès pénal n'est cependant pas aussi nette et demande quelques explications.

A. LE TÉMOIN

Le Code de procédure pénale donne une définition particulière du témoin dans son article 62, alinéa 5 : il s'agit de la personne à l'encontre de laquelle il n'existe aucune raison plausible de soupçonner qu'elle a commis ou tenté de commettre une infraction. Par contre-type de l'article 63 du même code qui, en terme de preuves, caractérise le suspect pouvant être placé en garde à vue[72], le témoin est littéralement un non-suspect. Il se trouve qu'il a connaissance d'éléments susceptibles d'intéresser le dénouement des investigations (il a assisté à l'infraction, il a surpris telle conversation, etc.). À n'importe quel moment de la procédure, les policiers ou les gendarmes agissant dans le cadre d'une enquête préliminaire, de flagrant délit ou sur commission rogatoire, ainsi que le juge d'instruction et la juridiction de jugement, ont par conséquent toute liberté pour

---

(70) Dans ce sens, v. A. Giudicelli, « Le témoin assisté et la personne mise en examen : vers un nouvel équilibre ? », *Rev. sc. crim.* 2001, p. 43.

(71) Art. 113-1 C. pr. pén. : « S'il estime que sont apparus au cours de la procédure des indices graves ou concordants justifiant la mise en examen du témoin assisté, le juge d'instruction procède à cette mise en examen [...] ».

(72) Art. 63, al. 1er C. pr. pén. : « L'officier de police judiciaire peut, pour les nécessités de l'enquête, placer en garde à vue tout personne à l'encontre de laquelle il existe une ou plusieurs raisons plausibles de soupçonner qu'elle a commis ou tenté de commettre une infraction ».

entendre un témoin. Le suspect lui-même, dans le cadre de sa défense, peut solliciter une audition ou une confrontation auprès du magistrat instructeur[73] ou faire connaître la liste des témoins qu'il entend voir déposer devant la juridiction de jugement[74].

Le témoin a pour obligation de répondre aux convocations tendant à son audition. Toutefois, le régime du témoignage varie selon que l'on se place au stade policier ou judiciaire de la procédure.

Devant les officiers ou les agents de police judiciaire, toute personne considérée comme témoin peut être entendue. En cas de flagrant délit, il doit d'ailleurs être compté au nombre de ceux que l'OPJ peut « défendre de s'éloigner du lieu de l'infraction jusqu'à la clôture de ses opérations »[75]. Si le témoin est récalcitrant, il peut être contraint à comparaître par la force publique, sur décision du procureur de la République. Dans ce cas, il est possible de le retenir, c'est-à-dire de le priver par contrainte de sa liberté, en général dans les locaux des enquêteurs, mais il ne pourra l'être « que le temps strictement nécessaire à [son] audition »[76]. On observe qu'en toute hypothèse, il n'est pas tenu de déposer – il peut donc garder le silence – et il ne prête pas le serment de dire la vérité. Ce témoin, en effet, peut fort bien être l'auteur ou le complice de l'infraction et se transformer rapidement en suspect. Le fait qu'il ne prête pas serment et ne soit pas tenu à déposition, aux premiers moments de l'enquête qui suivent l'infraction, réserve à l'évidence cette qualité de suspect.

Devant le juge d'instruction, la situation du témoin est plus strictement appréciée. Non seulement il doit comparaître, au besoin après recours à la force publique[77], mais il est tenu « de prêter serment et de déposer »[78]. Il en est de même devant la juridiction de jugement, sous la limite que certains témoins sont dispensés de prestation de serment en raison des liens qui les unissent au suspect (parent, allié, conjoint)[79]. En outre, le témoin récalcitrant peut être pénalement sanctionné[80].

(73) Art. 82-1 C. pr. pén.

(74) Art. 281 C. pr. pén. (cour d'assises) et 435 C. pr. pén. (tribunal correctionnel et, sur renvoi de l'art. 536 C. pr. pén., tribunal de police).

(75) Art. 62 C. pr. pén.

(76) Art. 62 *in fine* C. pr. pén.

(77) Art. 109, al. 3 C. pr. pén. La décision du recours à la force publique appartient au juge d'instruction, sur réquisitions du procureur de la République.

(78) Si le témoin est mineur, il ne prête pas serment (art. 108 C. pr. pén.). L'obligation de témoigner est entendue sous réserve des limites découlant du secret professionnel. Il existe par ailleurs un régime particulier au bénéfice des journalistes, qui sont libres de ne pas révéler l'origine des informations qu'ils détiennent si elles ont été recueillies dans l'exercice de leur activité (art. 109 al. 2 C. pr. pén.).

(79) Art. 335 C. pr. pén. (devant la cour d'assises) et 448 C. pr. pén. (devant le tribunal correctionnel et, sur renvoi de l'art. 536 C. pr. pén., devant le tribunal de police).

(80) *Voir note page suivante.*

Le témoin n'est donc pas un suspect, même s'il peut toujours le devenir. Sa qualité peut au demeurant subir des changements selon le tour que prend la procédure, autrement dit selon le nombre et la valeur de preuves qui s'accumulent. De ce point de vue, le témoin n'acquiert pas cette qualité, ou bien la perd, s'il est cité comme personne civilement responsable devant la juridiction[81] ou s'il s'est constitué partie civile en tant que victime de l'infraction[82].

B. LA VICTIME

Elle est celle qui a souffert personnellement et parfois souffre encore des conséquences de l'infraction. Dans le schéma classique de la délinquance ou de la criminalité dans lequel une ou plusieurs victimes sont identifiées, il y a polarisation des rôles : d'un côté, le suspect, objet de poursuites, de l'autre la victime qui demande réparation pécuniaire, tous deux figés dans un face-à-face qui s'ajoute à celui que forme par ailleurs le ministère public et la personne soupçonnée. Les postures adoptées par chacun ou imposées par les circonstances n'ont alors pas vocation à se confondre.

Il faut toutefois introduire quelques nuances.

Et tout d'abord, la place de la victime dans l'affaire qui la concerne peut connaître des variations. Bien souvent, elle souhaite une implication judiciaire : elle y parviendra en se constituant partie civile, ce qui lui permettra de devenir partie au procès pénal, d'être informée de son déroulement, d'intervenir dans sa conduite et de solliciter l'indemnisation de son préjudice. Mais il ne s'agit nullement d'une obligation. De nombreuses victimes d'une infraction préfèrent demeurer à l'écart du processus judiciaire et ne se constituent jamais partie civile, se limitant à une présence discrète à l'audience de jugement ou choisissant même de s'en désintéresser.

Ensuite, la qualité de victime et de suspect ne sont pas incompatibles entre elles et peuvent se cumuler. Deux agresseurs, par exemple, se blessent mutuellement dans un échange de coups. Les deux protagonistes sont bien les victimes de violences qu'ils se sont infligés l'un et l'autre. Ils peuvent donc fort bien être poursuivis de ces chefs – en tant que suspect – et demander réparation – en tant que victime. C'est à l'enquête qu'il incombera de démêler l'écheveau.

---

(80) Art. 438 C. pr. pén. : « Le témoin qui ne comparaît pas ou qui refuse, soit de prêter serment, soit de faire sa déposition, peut être, sur réquisition du ministère public, condamné par le tribunal à une amende de 3 750 € ».
(81) Dans ce sens, v. Cass. crim., 20 oct. 1971, *Bull. crim.*, n° 275.
(82) Art. 422 al. 1er C. pr. pén.

Enfin, il existe des victimes qui ne sont pas juridiquement victimes, ce qui peut arriver lorsqu'il y a dissymétrie entre les faits (la personne souffre effectivement d'un dommage lié aux agissements du suspect) et la qualification pénale de ces mêmes faits. Il en est ainsi de la personne qui a donné son consentement à l'infraction. Le cas de figure est peu fréquent car la loi répressive étant d'ordre public, il est de principe que le consentement de la victime n'efface pas l'infraction ni la responsabilité pénale[83]. En d'autres termes, la victime seule ne peut pas relever une personne de sa qualité de suspect[84]. En revanche, la loi ou la coutume admette parfois que le consentement libre et éclairé de la victime ôte aux faits leur enveloppe infractionnelle. Par exemple, le prélèvement d'organe sur une personne vivante majeure, qui constitue en soi des violences volontaires, n'est pas punissable si son consentement a été recueilli au préalable[85]. Dans ce cas, la qualité de victime – victime de fait – neutralise la possibilité, sinon de soupçonner, du moins de condamner celui qui en est à l'origine, l'infraction ayant juridiquement disparue.

C. LA PERSONNE CIVILEMENT RESPONSABLE

En général, l'infraction pénale, outre qu'elle crée un trouble à l'ordre public, est parallèlement génératrice d'un préjudice dont la victime peut demander la réparation en justice. Celle-ci dispose d'une option pour agir : saisir la juridiction civile compétente d'une action en responsabilité de droit commun[86] ou bien exercer l'action civile devant la juridiction répressive qui va connaître de la poursuite exercée contre le suspect. Toute personne qui prétend souffrir ou avoir souffert personnellement du dommage causé directement par une contravention, un délit ou un crime peut ainsi associer sa demande à l'instance répressive[87]. Par ailleurs, un ensemble varié de personnes morales de droit public ou privé ont la faculté d'exercer l'action civile lorsqu'elles peuvent justifier d'un préjudice personnel et direct découlant de ce que l'infraction reprochée au suspect a lésé un intérêt collectif qu'elle s'est donnée pour tâche de défendre

(83) F. Desportes et F. Le Gunehec *Droit pénal général*, 12e éd., Economica, 2005, nos 713 et s. ; G. Stefani, G. Levasseur et B. Bouloc, *Droit pénal général*, 17e éd., Précis Dalloz, 2000, nos 409 et s.

(84) Nous réservons ici l'hypothèse où la poursuite pénale est subordonnée à une plainte de la victime, comme en matière d'infraction de presse par exemple.

(85) Art. 511-3 C. pén.

(86) Art. 2 et 4 C. pr. pén.

(87) Art. 2 et 3 C. pr. pén. Pour des développements, v. notamment, Ph. Bonfils, *L'action civile. Essai sur la nature juridique d'une institution*, PUAM, 2000. V. aussi, M.-L. Rassat, *Traité de procédure pénale*, PUF, coll. Droit fondamental, 2001, nos 166 et s., nos 312 et s. ; G. Stefani, G. Levasseur et B. Bouloc, *Procédure pénale*, 19e éd., Précis Dalloz, 2004, nos 225 et s.

et de protéger. Ainsi en est-il de l'association régulièrement déclarée depuis au moins cinq ans qui se propose, dans ses statuts, de combattre le racisme[88], les crimes contre l'humanité[89] ou les infractions commises contre les élus municipaux à raison de leurs fonctions[90].

En général également, la responsabilité civile du suspect peut être engagée par la victime elle-même. Il y a identité de personne. La victime pourra ainsi déposer une plainte et se constituer partie civile devant la juridiction d'instruction[91] ou bien se constituer devant la juridiction de jugement. Mais si la responsabilité civile du suspect est susceptible d'être recherchée, elle ne pourrait être retenue qu'autant qu'une décision définitive aurait, ou bien déclaré le suspect *coupable*, ou bien, dans certaines hypothèses, l'aurait jugé *non coupable* des faits de la poursuite. Dans le premier cas de figure, en vertu du principe d'unité des fautes civile et pénale dégagé par la Cour de cassation en 1912[92], la responsabilité civile suppose une déclaration de culpabilité. Dans le second, on sait que la responsabilité civile peut parfois être retenue, même si en définitive le suspect n'a pas été déclaré coupable. Par exemple, la jurisprudence considère depuis fort longtemps que la relaxe du gardien de la chose à l'origine du dommage n'interdit pas qu'il soit jugé responsable en application de l'article 1384, alinéa 1er, du Code civil[93]. Dans le même sens, la personne dont la responsabilité pénale n'est pas retenue en raison de son aliénation mentale au moment des faits n'en demeure pas moins tenue à réparation s'il a causé un dommage à la victime[94]. On sait également que l'article 4-1 du Code de procédure pénale, qui dissocie la faute pénale non intentionnelle de la faute civile, permet de rechercher la responsabilité civile de celui qu'une juridiction pénale aurait néanmoins déclaré non coupable des faits à l'origine du dommage[95].

D'autre part, la personne civilement responsable peut être un tiers à l'infraction et donc une personne parfaitement étrangère, sur le plan juridique, du délit ou du crime reproché au suspect. Elle n'en va pas moins

(88) Art. 2-4 C. pr. pén.
(89) Art. 2-1 C. pr. pén.
(90) Art. 2-19 C. pr. pén.
(91) Art. 85 C. pr. pén.
(92) Cass. civ., 18 déc. 1912 et 12 juin 1914, *DP* 1915, 1, p. 17, note L. Sarrut ; *S*. 1914, p. 249, note R.-L. Morel ; Cass. crim., 6 juill. 1934, *DH* 1934, p. 446.
(93) Req., 16 juill. 1928, *DP* 1929, 1, p. 33, note R. Savatier ; Cass. civ. 2e, 1er mars 1961, *D*. 1961, p. 455.
(94) Art. 489-2 C. civ : « Celui qui a causé un dommage à autrui alors qu'il était sous l'empire d'un trouble mental, n'en est pas moins obligé à réparation ».
(95) Responsabilité civile recherchée sur le fondement de l'art. 1383 C. civ. (imprudence ou négligence) ou de l'art. L. 452-1 CSS (faute inexcusable de l'employeur). V. aussi, art. 470-1 C. pr. pén. et Cass. civ. 2e, 16 sept. 2003, *Bull. civ.* II, n° 263 ; *D*. 2004, 721, note Ph. Bonfils (faute civile et faute pénale non intentionnelle).

garantir la créance d'indemnisation due à la victime. Il en est ainsi des personnes visées à l'article 1384 du Code civil, c'est-à-dire des père et mère, des artisans, des maîtres et des commettants. Sauf hypothèses, d'ailleurs très restreintes, où ils pourront s'exonérer de leur responsabilité, ils devront répondre des préjudices causés par l'infraction[96]. Cette liste de l'article 1384 du Code civil n'est d'ailleurs pas exhaustive, la jurisprudence ayant étendu le domaine des personnes, tiers à l'affaire pénale, dont la responsabilité civile est cependant susceptible d'être retenue[97].

On peut ainsi considérer que le suspect n'est pas, à proprement parler, responsable d'un point de vue civil. C'est la qualité de *coupable* ou parfois de *personne innocentée* qui ouvrira la porte de la responsabilité civile. Il n'y a pas de lien juridique entre celui qui n'est encore qu'un suspect et la problématique de la responsabilité civile, soit que la reconnaissance de la responsabilité civile implique la disparition de l'état de suspect, soit que cette responsabilité incombe finalement à un tiers.

Ainsi défini et localisé à l'intérieur du processus répressif, le suspect peut alors prendre toute sa mesure. Devant les reproches et face aux accusations d'où qu'elles viennent – enquêteur, victime, témoin, procureur de la République, juge d'instruction, magistrat de jugement – il se trouve doté par la loi d'un ensemble de prérogatives destinées à permettre un certain équilibre procédural et, partant, de faire en sorte que le procès soit équitable. Ces droits se décomposent en deux groupes qui se différencient selon qu'ils sont attachés à sa personne (Titre 1) ou sa qualité juridique (Titre 2).

---

(96) G. Stefani, G. Levasseur et B. Bouloc, *Procédure pénale*, *op. cit.*, n°s 217 et s.

(97) Pour un adulte handicapé mental (Cass. crim., 4 janv. 1995, *Bull. crim.*, n° 3) ; pour un moniteur d'auto-école (Cass. crim., 29 févr. 2000, *Bull. crim.*, n° 94).

TITRE 1
LES DROITS ET GARANTIES LIÉS À LA PERSONNE DU SUSPECT

La suspicion de délit ou de crime fait entrer celui qui en est le sujet dans une catégorie juridique particulière qui dépasse la seule qualité de partie, ainsi qu'on l'a exposé[1]. À cet égard, deux conséquences essentielles menacent la personne du suspect dans son intégrité *morale* et *physique*.

L'implication dans un comportement infractionnel, quels qu'en soient par ailleurs le degré (auteur, coauteur, complice) et la gravité (contravention, délit, crime), expose d'abord à une suspension de l'innocence pendant un certain temps. Il arrive que l'individu seulement soupçonné soit regardé comme un participant très hautement probable à l'infraction, voire, par anticipation, désigné comme étant le véritable coupable. En particulier, une mise en cause diffuse et généralisée peut avoir lieu par la publicité donnée à l'affaire au sein de l'opinion publique. Les médias véhiculent la suspicion dans des conditions qui, parfois, détruisent l'éventualité de l'innocence avant tout jugement judiciaire définitif. Pour donner à la procédure pénale une certaine orientation qui lui soit favorable, le suspect bénéficie d'une disposition qui se présente à la fois comme un principe de procédure dont l'État est le garant et un droit subjectif : la présomption d'innocence[2]. Dès l'instant où il est soupçonné d'un comportement illicite, le suspect dispose d'un véritable droit à l'innocence (Chapitre 1).

Parallèlement, l'une des conséquences habituelles et légalement prévues découlant de la suspicion consiste en une atteinte plus ou moins durable à l'un des aspects les plus inestimables de l'intégrité physique : la liberté d'aller et de venir. Le placement en garde à vue ou en détention provisoire sont des mesures qui traduisent, entre autres choses, le pouvoir

(1) V. *supra* p. 14 et s.
(2) J. Sygut, *La présomption d'innocence : du principe au droit*, Thèse Metz, 2004. V. aussi, M. J. Rached, *La présomption d'innocence*, Thèse Paris, 1969.

coercitif accordé par la loi aux forces de l'ordre et à l'autorité judiciaire pour lutter contre la délinquance et la criminalité. La privation de liberté est cependant regardée comme une mesure exceptionnelle, aussi bien dans son principe que dans sa durée. Sans doute y est-il fréquemment fait recours (garde à vue et détention provisoire), en dépit des critiques, parfois vives, dont elle fait l'objet[3]. Toutefois, cette privation doit se limiter à ce qui est strictement nécessaire et toujours faire l'objet d'une motivation, ces deux caractéristiques étant susceptibles d'un contrôle juridictionnel à n'importe quel stade de la procédure. Ainsi, tant qu'il n'est pas condamné à une peine définitive d'emprisonnement, le suspect dispose d'un droit à la liberté – liberté provisoire – dont il peut demander le bénéfice à tout moment (Chapitre 2).

(3) V. les développements de F. Desportes et F. Le Gunehec *in Droit pénal général*, 12e éd., Economica, 2005, nos 800 et s.

CHAPITRE 1
LE DROIT À L'INNOCENCE

Le droit qu'a tout suspect d'être considéré comme innocent aussi longtemps qu'une condamnation devenue irrévocable et dégagée de toute remise en cause ultérieure n'a pas décidé du contraire se décline en deux temps. Le premier trouve son terrain principal d'application dans la phase du procès : la loi prévoit que l'innocence doit toujours être présumée, de sorte qu'il existe un droit à l'innocence provisoire (Section 1).

Mais ce droit est de nature à être balayé par un jugement déclarant la culpabilité. Pour autant, le suspect peut contester le résultat retenu par le tribunal ou la cour. De personne condamnée pour avoir participé à certains faits, elle peut décider de redevenir une personne poursuivie, simplement soupçonnée de participation à ces mêmes faits. La loi admet en effet qu'une personne puisse toujours clamer son innocence en exerçant une voie de droit contre la condamnation, de sorte qu'elle bénéficie à cet égard d'un droit à l'innocence définitive (Section 2).

Section 1 Le droit à l'innocence provisoire

L'article préliminaire du Code de procédure pénale énonce dans son premier alinéa (III) que « Toute personne suspectée ou poursuivie est présumée innocente tant que sa culpabilité n'a pas été établie ». La règle très générale de la présomption d'innocence, principe de procédure, est ainsi posé dans notre droit procédural interne, après l'avoir été dans d'importantes dispositions nationales et supranationales (§ 1).

L'abstraction, la solennité et l'intellectualisme un peu utopique de cette règle, comme l'ont été les déclarations révolutionnaires françaises[1],

(1) J. Robert et J. Duffar, *Droits de l'homme et libertés fondamentales*, 7e éd., Domat Monchrestien, 1999, p. 47 et s.

sont toutefois compensés par un second alinéa de conception plus opérationnelle : « Les atteintes à la présomption d'innocence sont prévenues, réparées et réprimées dans les conditions prévues par la loi ». Il en résulte que le suspect est le créancier d'un droit subjectif dont la source se situe à l'article 9-1 du Code civil, depuis la loi du 4 janvier 1993. Il n'a pas seulement la garantie d'être présumé innocent s'il vient à faire l'objet d'une suspicion de délit ou de crime ; il dispose du droit de le faire respecter à l'égard de tous, au besoin en saisissant le juge (§ 2).

§ 1. LES GARANTIES LIÉES À LA PRÉSOMPTION D'INNOCENCE

La présomption d'innocence est un concept de portée générale dans le processus répressif (A) qui place le suspect, en ce qui concerne la preuve des éléments susceptibles de conclure à sa responsabilité pénale, dans une situation *a priori* favorable (B).

A. LA NOTION DE PRÉSOMPTION D'INNOCENCE

Les sources de la présomption d'innocence sont à ce point nombreuses que la règle apparaît, dans l'idée du procès équitable, comme un principe d'ampleur et de portée universelles qui transcende à elle seule les systèmes juridiques, qu'ils soient d'obédience romano-germanique, de *common law* ou socialiste, comme en République populaire de Chine[2].

La règle existe en France depuis le XIIIe siècle. Elle se présentait à l'époque comme « l'un des principes fondamentaux de l'ancienne procédure savante, qui en avait déduit tout son système probatoire et en particulier l'exigence de la preuve « pleine » avant toute déclaration de culpabilité »[3]. On la fait remonter à Beccaria, qui l'expose dans son célèbre ouvrage *Des délits et des peines*. On en prête l'affirmation à Louis XVI, dans une déclaration du 1er mai 1788 qui accompagne un édit du même jour, annonciateur d'une réforme de l'Ordonnance criminelle de 1670, véritable Code de procédure pénale de l'époque, jugée alors trop humiliante et cruelle à l'égard du suspect[4]. Parfois aussi, elle a pu apparaître à

(2) J. PRADEL, *Droit pénal comparé*, 2e éd., Précis Dalloz, 2002, n° 299 ; *La présomption d'innocence en droit comparé*, Actes du colloque du 16 janv. 1998, Soc. législ. comparée, 1998. Au cas particulier de la Chine, v. G. Z. CHEN, « La réforme du droit de la procédure pénale en Chine », *Rev. sc. crim.* 1998, p. 1.

(3) J.-M. CARBASSE, *Introduction historique au droit pénal*, PUF, coll. Droit fondamental, 1990, n° 191.

(4) R. BADINTER, « La présomption d'innocence, histoire et modernité », *in Études P. CATALA*, Litec, 2001, p. 133.

la suite d'une proclamation jurisprudentielle, comme ce fut le cas en Angleterre avec l'arrêt *Woolmington* de 1935[5]. De nos jours, la présomption d'innocence est énoncée dans des textes nationaux ou internationaux, d'horizons d'ailleurs très divers, mais selon des rédactions très similaires. Ainsi, en droit interne français, outre à l'article préliminaire (III) du Code de procédure pénale, elle figure à l'article 9 de la Déclaration des droits de l'homme et du citoyen (« Tout homme est présumé innocent jusqu'à ce qu'il ait été déclaré coupable »), disposition elle-même insérée dans le Préambule de la Constitution du 4 octobre 1958 et faisant partie du « bloc de constitutionnalité ». En droit supra-national, elle est exposée dans plusieurs textes : par exemple, à l'article 11-1 de la Déclaration universelle des droits de l'homme du 10 décembre 1948 ; à l'article 14 § 2 du Pacte international relatif aux droits civils et politiques du 19 décembre 1966 ; à l'article 8 § 2 de la Convention interaméricaine des droits de l'homme adoptée en 1969 ; à l'article 48 de la Charte des droits fondamentaux de l'Union européenne du 7 décembre 2000[6]. Enfin, elle trouve à l'article 6 § 2 de la Convention européenne des droits de l'homme et des libertés fondamentales l'une de ses formulations les plus décisives : *« Toute personne accusée d'une infraction est présumée innocente jusqu'à ce que sa culpabilité ait été légalement établie »*.

Dans la procédure pénale française, la présomption d'innocence est une présomption légale. Elle indique un postulat selon lequel *la personne, bien qu'objet de suspicion, se trouve néanmoins, et d'emblée, dans une situation de conformité au droit.* C'est le souffle de l'altruisme et de l'honnêteté dont on veut créditer l'homme sur sa propre noirceur, pensée empruntant à l'optimiste hérité du siècle des Lumières et de l'esprit Encyclopédiste. La règle est également inspirée par un grand pragmatisme social et politique. Estimer le contraire, c'est-à-dire parier sur la culpabilité, serait en effet insoutenable. Il serait assez déprimant de considérer que l'être humain devrait *a priori* être vu comme mauvais ou moralement blâmable. Par ailleurs, il n'y aurait sans doute pas de structure sociale possible, en tous les cas pas celle que nous connaissons, car celle-ci repose avant tout sur la confiance que les individus s'accordent mutuellement, et non la suspicion ou une culpabilité quelconques.

Du point de vue de la logique formelle, toute présomption repose sur une probabilité. À partir d'éléments prouvés, il est affirmé une situation inconnue, le raisonnement retenu par celui qui présume tenant compte de ce qui arrive habituellement ou le plus souvent en pareil cas. Présumer

(5) V. J. Spencer, « La preuve en procédure pénale comparée, Le droit anglais », *RID pén.* 1992, p. 85.

(6) Charte insérée dans le projet de traité établissant une Constitution pour l'Europe, adopté les 13 juin et 10 juill. 2003 à Rome.

permet d'établir, avec un degré satisfaisant de vraisemblance, un fait ou une situation qui ne peut être prouvé de façon directe ou littérale. Au titre des modes de preuve, l'article 1349 du Code civil indique d'ailleurs que « les présomptions sont des conséquences que la loi ou le magistrat tire d'un fait connu à un fait inconnu ».

Mais, à proprement parler, la présomption d'innocence n'est pas un mode de preuve. Elle se présente comme une règle de fond destinée, pour l'essentiel, à tenir l'innocence pour établie et à distribuer la charge de la preuve éventuellement contraire à celui qui la conteste. Cela ne signifie nullement que les probabilités n'interviennent pas dans l'élaboration de la règle, ni que ce qui est tenu pour véridique ne correspond pas à la réalité. Mais ce n'est pas le plus important parce que l'objectif poursuivi par la règle, en l'occurrence, n'est pas la vérité.

Cette particularité fait dire à certains auteurs que la présomption d'innocence est une présomption antéjudiciaire[7], qui ne serait donc pas fondée sur des probabilités, n'ayant pas pour fonction immédiate de prouver. D'autres estiment que l'on a plutôt affaire à une véritable fiction juridique, l'affirmation brute de l'innocence contredisant à la fois certaines dispositions du Code de procédure pénale et la réalité selon laquelle la plupart des personnes soupçonnées seraient bien coupables[8].

Il n'empêche : dès le premier moment où la personne est soupçonnée jusqu'à ce qu'une décision mette un terme à la suspicion, l'innocence est tenue pour véridique. Le suspect en tire d'importants avantages qui influencent la conduite du procès.

B. L'INTÉRÊT DE LA PRÉSOMPTION D'INNOCENCE À L'ÉGARD DU SUSPECT

Pour le suspect, quelle que soit par ailleurs la stratégie de défense qu'il emprunte, la présomption d'innocence constitue une double garantie tenant à l'administration de la preuve pendant le processus pénal et à la solution juridictionnelle que le juge devra adopter si, au terme des investigations judiciaires, un doute subsiste sur la culpabilité. Ce n'est pas au suspect, en effet, de démontrer qu'il est innocent (1°) ni de supporter judiciairement le risque, consubstantiel à toute recherche de preuve, que sa culpabilité ne soit pas établie avec certitude, c'est-à-dire, dans un système fondé sur l'intime conviction du juge, au-delà de tout doute raisonnable (2°).

---

(7) J. Ghestin, G. Goubeaux, M. Fabre-Magnan, *Traité de droit civil – Introduction générale*, 4e éd., LGDJ, 1994, n° 717 ; Ph. Merle, *Les présomptions légales en droit pénal*, LGDJ, coll. Bibl. sc. crim., 1970, n° 4.

(8) J. Le Calvez, « L'inculpation et la présomption d'innocence », *Gaz. Pal.* 1987, 2, doctr., p. 681 ; J. Sygut, *op. cit.*, nos 456 et s.

1. L'absence de fardeau probatoire

La disposition de principe en la matière (a) doit être entourée de nuances et n'est pas, au surplus, d'une absolue rigidité, la charge de la preuve étant parfois renversée au détriment du suspect (b).

a) Le principe

Parce qu'il est présumé innocent, le suspect n'est pas tenu de prouver qu'il n'est en rien impliqué dans l'infraction et, dans le principe, il n'a pas à collaborer au processus de recherche de preuves susceptibles de mettre en lumière sa culpabilité. C'est, au contraire, à celui qui accuse, poursuit ou instruit d'établir les trois éléments constitutifs de l'infraction (légal, matériel et moral).

La règle vaut en toutes circonstances et à tout moment, que l'action publique ait été ou non déclenchée (par exemple, au cours de la garde à vue). En l'absence d'instruction préparatoire, la charge de la preuve incombe aux officiers, fonctionnaires et agents de la police judiciaire, sous la direction du procureur de la République, l'ensemble étant placé sous la surveillance du procureur général et de la chambre de l'instruction[9]. Elle pèse par ailleurs sur la victime dans le cas où elle s'est constituée partie civile par voie d'action.

Lorsque le ministère public requiert l'ouverture d'une information judiciaire, l'administration de la preuve est confiée à un ou plusieurs magistrats[10], les actes d'instruction jugés « utiles à la manifestation de la vérité » pouvant être accomplis par un officier de police judiciaire (OPJ) au moyen d'une commission rogatoire[11].

De ce point de vue, il ne faut pas confondre l'obligation de prouver incombant au juge d'instruction et la règle, rappelée à l'article 81, alinéa 1er, *in fine* du Code de procédure pénale, selon laquelle ce même juge instruit « à charge et à décharge ». La première relève d'une application ordinaire du principe *Actori incumbit probatio* exprimé à l'article 1315 du Code civil, dont on reconnaît la portée générale (elle vaut également à l'égard du ministère public et de la partie civile)[12]. Étant défendeur à l'instance pénale et la procédure étant, à ce stade, d'essence inquisitoriale, le suspect peut donc se contenter de tenir un rôle passif consistant à rejeter les éléments qui l'accusent. La seconde – instruction *à charge et à décharge* – consacre les exigences de neutralité et d'impartialité qui

---

(9) Comb. art. 14, 12 et 13 C. pr. pén.

(10) Art. 83, al. 2 C. pr. pén.

(11) Art. 81, C. pr. pén. La chambre de l'instruction dispose des mêmes pouvoirs (art. 201 C. pr. pén.).

(12) V. par ex., J. GHESTIN, G. GOUBEAUX, M. FABRE-MAGNAN, *op. cit.*, n° 644 ; S. GUINCHARD et J. BUISSON, *Procédure pénale*, 2e éd., Litec, 2002, nos 417 et s.

doivent occuper en permanence l'esprit du magistrat instructeur. Elle se présente en outre comme une conséquence procédurale de la présomption d'innocence. Le mot « charge », réservé à la phase de l'information judiciaire, doit être considéré comme un synonyme de preuve. Instruire à charge et à décharge consiste donc à rechercher indistinctement la vérité judiciaire qui se trouve au cœur du dossier, aussi bien les éléments qui accablent que ceux conduisant à l'innocence.

Enfin, devant la juridiction de jugement où une nouvelle instruction a lieu au cours des débats d'audience, l'obligation de prouver n'est pas déplacée vers le suspect, le caractère cette fois principalement accusatoire de la procédure n'ayant pas d'incidence : elle a pour débiteurs le ministère public, ainsi que la partie civile s'il en existe et qu'elle s'est valablement constituée dans ce but.

b) Les assouplissements au principe

Le principe énoncé n'est cependant pas d'une absolue rigidité, de sorte que le suspect peut, à des degrés divers, être conduit à s'immiscer dans l'administration de la preuve.

En premier lieu, rien n'interdit au suspect d'être un sujet actif dans son propre procès et d'agir pour contredire les éléments allégués à son encontre, attitude qu'il adoptera souvent en pratique car il est de son intérêt de s'y prêter, et qu'organise d'ailleurs le Code de procédure pénale[13]. C'est, est-on tenté de dire, un droit à la riposte, voire à la contre-attaque, résultant de ce que tous les éléments de preuve doivent pouvoir être discutés contradictoirement. L'adage *Actori incombit probatio* est généralement associé à un autre : *Reus in excipiendo fit actor* (en excipant, le défendeur devient demandeur). Souvent, dans le cadre de sa défense, le suspect soulève des exceptions de fin de non-recevoir (par exemple, la prescription de la condamnation définitive prononcée par une juridiction étrangère)[14] ou des moyens de défense attachés au fond de l'affaire : par exemple, l'absence de l'un des éléments constitutifs de l'infraction[15], un fait justificatif (la légitime défense, l'ordre de la loi, le commandement de l'autorité légitime), une cause de non-imputabilité (le trouble psychique ou neuro-psychique, la contrainte, l'erreur de droit). Au cas particulier, le journaliste ou l'organe de presse poursuivi devant une juridiction correc-

(13) V. *infra* p. 160 et s.

(14) Art. 113-9 C. pén. : « Dans les cas prévus aux articles 113-6 et 113-7 [infractions commises hors du territoire de la République], aucune poursuite ne peut être exercée contre une personne justifiant qu'elle a été jugée définitivement à l'étranger pour les mêmes faits et, en cas de condamnation, que la peine a été subie ou prescrite ».

(15) Par ex., l'élément matériel dans le vol. Le suspect peut démontrer qu'il n'y a pas soustraction frauduleuse en démontrant qu'il est propriétaire de la chose.

tionnelle pour diffamation pourra opposer l'*exceptio veritatis*, ce qui lui permettra, dans certains cas légalement définis, de s'exonérer de sa responsabilité pénale s'il démontre « la vérité des faits diffamatoires »[16]. Se comportant alors comme demandeur, le suspect doit établir le fait susceptible de le faire échapper à sa responsabilité pénale ou, à tout le moins, il doit en faire la proposition au juge (ministère public, juge d'instruction), qui pourrait alors ordonner des investigations dans ce sens, s'il n'y a pas déjà procédé d'office. Pour autant, si l'on considère, du point de vue des principes, que c'est à la partie poursuivante de tout prouver, la culpabilité comme l'innocence, ce déplacement de la charge probatoire contredit la présomption d'innocence.

En second lieu, parce que la preuve de certains éléments constitutifs de l'infraction est difficile, sinon impossible à rapporter, et qu'une certaine prééminence est réservée en outre à l'impératif de répression, le législateur a parfois institué des présomptions favorables à l'accusation, en l'occurrence des présomptions de culpabilité[17].

Certaines d'entre elles établissent l'élément matériel de l'infraction et l'imputation au suspect. L'article 225-6, 3° du Code pénal, par exemple, répute proxénète celui qui ne peut « justifier de ressources correspondant à son train de vie tout en vivant avec une personne qui se livre habituellement à la prostitution ou tout en étant en relations habituelles avec une ou plusieurs personnes se livrant à la prostitution ».

D'autres tiennent pour acquis l'élément moral : c'est le cas de l'article 399 du Code des douanes qui dresse une liste de personnes sur lesquels pèse une présomption d'intérêt à la fraude lorsqu'elles sont impliquées, par exemple, dans une opération de contrebande[18].

Ces présomptions légales heurtent frontalement la présomption d'innocence, elle-même d'origine légale. Deux vérités probables, en effet, s'affrontent, l'avantage étant donné à l'accusation par l'effet d'une anticipation sur la culpabilité. Pour échapper aux poursuites ou à une condamnation, le suspect devra démontrer que l'un ou l'autre des éléments de l'infraction fait défaut. Si une telle preuve contraire n'est pas rapportée, l'*a priori* favorable au suspect qu'institue la présomption d'innocence

(16) Art. 35, loi 29 juill. 1881, *sur la liberté de la presse*.

(17) Ph. MERLE, *op. cit.*, n°s 43 et s.

(18) Sont exclus du champ des présomptions de culpabilité les infractions que la doctrine nommait « délits matériels », constitués en l'absence de tout élément moral (faute intentionnelle, faute d'imprudence ou de négligence). Ces infractions ont disparu du Code pénal avec les lois du 16 déc. 1992 et du 13 mai 1996. L'article 121-3, alinéa 1er, prévoit en effet qu'il « n'y a point de crime ou de délit sans intention de le commettre ». Cependant, les contraventions demeurent des infractions « matérielles », au sens où la répression s'exerce sans qu'il soit nécessaire d'établir un élément moral.

s'effacera. Ni les juges de Strasbourg[19] ni ceux de la Cour de cassation[20] ou du Conseil constitutionnel[21] ne les ont jugées contraires à l'article 6 § 2 de la Convention EDH. Cependant, il faut que la dérogation soit justifiée par la gravité des enjeux, que les droits de la défense soient préservés et que le suspect puisse toujours apporter une preuve contraire, ce qui suppose que la présomption ait un caractère réfragable. Dans la pratique législative, les présomptions de culpabilité sont donc peu nombreuses.

2. *Le bénéfice du risque probatoire*

Si nul, en droit, ne peut demeurer suspect, il est indispensable que la suspicion, pour être et demeurer légitime tout au long de la procédure, repose sur des éléments qui la justifient. On en déduit que l'altération ou la disparition de telles preuves doit conduire à la disparition de la qualité de suspect, en tant que catégorie juridique susceptible d'accueillir un individu.

L'officier de police judiciaire et le procureur de la République qui soupçonnent doivent être assurés de leurs soupçons lorsqu'ils diligentent une enquête. Mais il est également indispensable qu'ils doutent. Ils doivent, dans leur raisonnement, toujours admettre que leurs soupçons puissent fort bien n'être pas fondés. Si la suspicion, finalement, s'effondre parce que les faits qui la soutenaient jusque-là sont erronés ou insuffisants (par exemple, au cours d'une garde à vue, tel individu soupçonné est en définitive étranger à l'affaire), la suspicion doit également cesser en droit. S'ils persistent, l'OPJ et le Ministère public s'exposent à une censure juridictionnelle ultérieure (par exemple, l'annulation du contrôle d'identité ou de la mesure de garde à vue ; une ordonnance de refus d'informer ou de non-lieu émanant du juge d'instruction ; une décision de relaxe rendue par le tribunal correctionnel).

Dans le même sens, le magistrat amené à rendre une décision juridictionnelle doit douter, sous peine d'apparaître lui-même comme étant suspect de partialité[22]. Il en va ainsi pour tous les magistrats du siège, au stade de l'instruction préparatoire (juge d'instruction, juge des libertés et de la détention, chambre de l'instruction) comme à l'audience de jugement. Mais cet empire du doute est cantonné au seul processus d'établissement de la preuve qui, au moins théoriquement, va de la suspicion initiale jusqu'à l'instant de statuer sur le point soumis aux lumières du

(19) CEDH, 7 oct. 1988, *Salabiaku c/ France*, *Rev. sc. crim.* 1989, p. 167, obs. L.-E. Pettiti ; CEDH, 25 sept. 1992, *Pham Hoang c/ France*, *JCP* G 1993, I, n° 3654, § 15, obs. F. Sudre.

(20) Cass. crim., 10 févr. 1992, *Bull. crim.*, n° 62 ; Cass. crim., 3 déc. 1998, *Bull. crim.*, n° 332.

(21) Déc. n° 99-411 DC, 16 juin 1999, *JO* 19 juin 1999, p. 9018.

(22) Sur ce point, v. *infra* p. 161 et s.

magistrat. Au moment de trancher, le doute doit en revanche s'effacer derrière une parole qui expose les faits tels qu'ils sont admis par la juridiction, dit le droit qui lui est alors appliqué et en tire un certain nombre de conséquences. La suspicion se transforme alors en certitude que traduit la solution juridictionnelle adoptée.

Que décider, cependant, lorsqu'au moment de prendre une décision affectant le suspect, la suspicion prend l'aspect et la consistance d'un doute ? Dans quel sens se prononcer si, pour reprendre la formule d'un auteur, le doute est devenu le « stade supérieur de la connaissance » ?[23] Le doute est ainsi le résultat auquel celui qui soupçonne aboutit, qu'il soit policier ou magistrat. Au regard de la participation du suspect aux faits, il lui est impossible de se déterminer dans un sens plutôt que dans un autre.

De ce point de vue, le doute doit être considéré de façon très étendue. Au stade policier de la procédure, l'OPJ ou le procureur de la République peut hésiter entre deux qualités : celle de suspect ou d'innocent ; il doute ainsi de son soupçon. Au stade de l'information judiciaire, s'il en existe une, le juge peut hésiter pareillement. Au stade du jugement, une interrogation de même nature, dans la recherche de l'intime conviction, est susceptible de surgir[24] : le suspect est-il innocent ou bien coupable ?

Ainsi, au niveau qui est le sien, la réponse du policier ou du magistrat est : « Je ne sais pas ; je ne suis pas certain de mes soupçons ». Très certainement est-il toujours possible d'ordonner ou de se livrer à des recherches supplémentaires pour dissiper ce doute. Mais imaginons que toutes les investigations possibles ont eu lieu. De même, parce que la procédure pénale est immergée dans un système de preuve morale laissant toute place à une appréciation intime et souveraine des éléments constitutifs de l'infraction[25], le doute est difficile à quantifier et donc délicat à mettre en évidence. Mais imaginons que soit atteint un point d'équilibre des preuves ? Que faire si, néanmoins, un doute sur la suspicion ou la culpabilité subsiste, et qu'il est devenu irréductible ?

Il est impératif que le doute soit vaincu. Ne pas statuer et laisser le doute en suspens est impossible. Pour le juge de jugement, une telle attitude est même interdite, sous peine de commettre un déni de justice[26]. La solution, toutefois, découle assez naturellement des règles régissant l'administration de la preuve. Celui sur qui pèse la charge de prouver ne

(23) L'expression est de A. Supiot, cité par D. de la Garanderie, *Le doute collectif des conseillers prud'hommes ou « le doute du doute »* in *Le doute et le droit*, Actes du colloque du 12 avril 1991, Dalloz, 1994, p. 107.

(24) Sauf que l'on ne se trouve pas dans les mêmes conditions de preuve, ce qui ne change rien au raisonnement.

(25) Pour une illustration, v. Cass. crim., 1er avril 1965, *Bull. crim.*, n° 103.

(26) Art. 4 C. civ., applicable en matière pénale.

doit pas aboutir dans sa prétention s'il ne parvient pas à convaincre, de sorte que le doute fait naître un profit probatoire pour le suspect. Le risque de la preuve pèse ainsi sur celui qui a le devoir de prouver[27]. On en trouve une affirmation très nette avec la maxime *In dubio pro reo* (le doute profite à l'accusé). Elle est explicitement rappelée à l'article 304 du Code de procédure pénale relatif au serment des jurés de la cour d'assises[28], ainsi que dans la jurisprudence française[29] comme dans celle de la Cour européenne des droits de l'homme[30].

Le domaine d'application de cet adage doit cependant être précisé.

On observe, d'une part, que seuls les éléments de fait se trouvant dans le dossier peuvent être objet de doute. En revanche, tel n'est pas le cas du droit qui, par principe, échappe à l'hypothèse. En dépit de quelques décisions contraires, mais très anciennes, et de l'opinion de certains auteurs[31], la Cour de cassation censure systématiquement les décisions pour violation de l'article 4 du Code civil lorsque le juge du fond accorde le bénéfice du doute en raison de l'obscurité ou de l'incertitude de la loi ou encore du règlement[32].

D'autre part, l'adage *In dubio pro reo* doit être envisagé comme étant d'application générale, ce que rappellent plusieurs auteurs : « c'est à l'accusation d'apporter la preuve de la culpabilité et le doute doit profiter au *suspect* »[33]. La personne mise en cause en profite ainsi à n'importe quelle période du processus répressif.

La règle du doute se présente comme une conséquence logique de la présomption d'innocence. Si donc aucun élément de fait ne permet de renverser définitivement l'*a priori* de l'innocence, celui-ci doit triompher. Techniquement, la probabilité de participation aux faits du suspect n'a pas permis de détruire la probabilité attachée à la présomption d'innocence. Le suspect doit bénéficier en pratique d'un abandon des poursuites (clas-

---

(27) C'est une conséquence classique et de portée générale en droit processuel, tirée de l'art. 1315 C. civ.

(28) Art. 304 C. pr. pén. : « [...] de vous rappeler que l'accusé est présumé innocent et que le doute doit lui profiter [...] ».

(29) Par ex., Cass. crim., 3 févr. 1976, *Grands arrêts de la procédure pénale*, 3e éd., Dalloz, 2001, n° 45, p. 378 ; *D.* 1976, p. 441, note M. Contamine-Raynaud.

(30) Par ex., v. CEDH, 6 déc. 1988, *Barberà, Messegué et Jabardo*, *Annuaire Conv. EDH*, 1988, p. 176.

(31) M. Daury-Fauveau, « Déni de justice (au sens de l'article 4 du Code civil) et juge pénal », in *Le titre préliminaire du Code civil*, sous la dir. G. Fauré et G. Koubi, Economica, p. 159, n° 5, et les auteurs cités.

(32) V. par ex., Cass. crim., 10 nov. 1959, *JCP* G 1960, II, n° 11384, note R. Rodière ; Cass. crim., 12 mars 1984, *D.* 1985, p. 1, note F. Warembourg-Auque.

(33) J. Robert et J. Duffar, *op. cit.*, p. 260 (c'est nous qui soulignons). Pour des développements, v. M.-C. Nagouas-Guerin, *Le doute en matière pénale*, Dalloz, coll. Nouv. Bibl. Thèses, 2002, nos 518 et s.

sement sans suite, par exemple[34]), d'une ordonnance ou d'un arrêt de non-lieu en cas d'information judiciaire (pour insuffisance de charges, par exemple[35]) ou d'une décision de relaxe ou d'acquittement. Il faut souligner que si une telle décision n'est pas contestée par la suite (recours hiérarchique contre le classement sans suite, exercice d'une voie de recours, réouverture de l'information sur charges nouvelles), la présomption d'innocence disparaîtra également au profit de l'innocence pure et simple de la personne. Le domaine de cette présomption, en effet, se limite à la suspicion dont elle constitue le pendant juridique permis en sa faveur. Elle postule l'existence d'une procédure pénale.

§ 2. LE DROIT AU RESPECT DE LA PRÉSOMPTION D'INNOCENCE

Le principe de la présomption se double d'un droit de la personnalité que proclame l'article 9-1 alinéa 1er du Code civil : « Chacun a droit au respect de la présomption d'innocence », auquel renvoie l'article préliminaire du Code de procédure pénale. À première vue, la disposition semble pouvoir s'appliquer à tout citoyen et en toutes circonstances (« chacun »), quelle que soit en particulier sa situation au regard de la loi pénale. La rédaction très générale de l'article 9-1 alinéa 1er du Code civil admet en effet que la protection joue pour tous, y compris au bénéfice de ceux qui ne sont pas soupçonnés par l'autorité policière ou judiciaire et qui ne le seront peut-être jamais (par exemple, un témoin entendu dans l'enquête). Il suffit, comme l'indique le second alinéa de l'article 9-1, que la personne (et donc n'importe laquelle) soit présentée publiquement comme *coupable des faits* faisant l'objet d'une enquête ou d'une instruction judiciaire. Le texte vise l'infraction, et pas celui qui pourrait en être l'auteur aux yeux des policiers, des juges ou de quiconque.

Il reste que dans la très grande majorité des cas, si une personne revendique le droit d'être présumée innocente, c'est en raison d'une suspicion de délit ou de crime pesant sur elle. L'article préliminaire du Code de procédure pénale limite d'ailleurs le bénéfice de la présomption d'innocence, en tant que principe de procédure, aux seules personnes suspectées ou poursuivies, et si l'on s'en tient à l'article 6 § 2 de la Convention EDH, c'est de « personne accusée » qu'il s'agit. Il faudrait en effet une mise en cause publique particulièrement imprudente ou abusive pour qu'un individu, qui ne fait l'objet d'aucune suspicion légitime dont il aurait connais-

(34) Le classement sans suite n'est pas considéré comme un déni de justice : Cass. crim., 6 juill. 1982, *Gaz. Pal.* 1983, 1, p. 32, note J.-P. Doucet.
(35) Art. 177 et 212 C. pr. pén.

sance, clame le droit d'être néanmoins présumé innocent. L'atteinte, du reste, relèverait davantage des textes réprimant la diffamation. On peut ainsi soutenir que *stricto sensu*, « *tout suspect* » a droit au respect de la présomption d'innocence, parce que c'est à lui que le texte se destine naturellement.

L'analyse du champ de la protection doit cependant être complétée, et ce par un effet de la vocation très générale du texte. Aux personnes physiques, le droit s'applique indépendamment du rang social, de la nationalité, des origines ethniques et de toutes les opinions ou croyances possibles. Celui-ci vaut aussi bien, et selon la même intensité, pour l'anonyme que pour le chef de l'État. La capacité juridique est également indifférente : on retient le droit au profit des personnes dotées de la capacité juridique, y compris lorsqu'elles sont placées sous sauvegarde de justice ; le même bénéfice profite à ceux dont la capacité est absente, enlevée ou diminuée en raison de l'âge (mineur, émancipé ou non) ou d'un besoin de protection (personnes placées sous curatelle ou sous tutelle, quelles qu'en soient les modalités). La seule réserve est que la personne doit être en vie. On ne présume pas l'innocence d'un mort, le droit subjectif attaché au patrimoine s'éteignant avec la vie, comme la poursuite pénale[36], et ne se transmettant pas aux héritiers[37].

Les atteintes à l'innocence présumée sont généralement commises par voie de presse, qu'elle soit écrite ou audiovisuelle, et s'accompagnent parfois d'une violation du secret de l'instruction. Les médias constituent à l'évidence les destinataires privilégiés, sans pour autant être les seuls, des règles destinées à protéger l'honneur et la considération du suspect face à la vraisemblance d'une transgression sociale que l'autorité judiciaire lui reproche. Le droit au respect de la présomption d'innocence est ainsi garantie par un ensemble de dispositions destinées à faire en sorte que ne puisse se propager dans l'opinion publique une croyance en la culpabilité du suspect (A). Mais au-delà, le suspect peut agir de sa propre initiative, afin que la suspicion dont il est l'objet ne dégénère en réquisitoire public (B).

(36) Art. 6 C. pr. pén., qui rappelle que l'action publique s'éteint avec le décès du prévenu. Plus généralement, indépendamment de toute poursuite, la suspicion cesse au décès du suspect.

(37) CA Paris, 21 sept. 1993, *D.* 1993, IR, p. 224 ; *RTD civ.* 1994, p. 75, obs. J. Hauser. Mais si le suspect avait engagé avant sa mort une action visant à protéger son droit au respect de la présomption d'innocence, celle-ci se transmet et peut donc être poursuivie par les héritiers.

A. LES DISPOSITIONS FAVORABLES AU SUSPECT

Il s'agit de prévenir, autant que possible, les atteintes à la présomption d'innocence. Plusieurs dispositions figurant dans le Code civil, la loi du 29 juillet 1881 sur la liberté de la presse et le Code de procédure pénale prévoient un ensemble de prohibitions permettant d'atteindre cet objectif (1°), tout en aménageant des fenêtres d'information du public sur les affaires en cours (2°).

1. *Les prohibitions*

On les trouve exposées dans le Code civil (article 9-1), sous le renfort de la Convention EDH (article 10 § 2), en tant que dispositions de droit commun (a), ainsi qu'à l'article 35 *ter* de la loi du 29 juillet 1881, s'agissant plus spécialement de la presse (b).

a) Le droit commun

Une lecture inversée de l'article 9-1 alinéa 2 du Code civil interdit, avant toute condamnation, de présenter une personne (un suspect) « publiquement comme coupable de faits faisant l'objet d'une enquête ou d'une instruction judiciaire ». La liberté d'expression et de l'information cède devant le droit d'être considéré publiquement comme innocent aussi longtemps qu'une décision juridictionnelle définitive n'affirme pas le contraire. Ce tempérament est souligné à l'article 10 § 2 de la Convention EDH. Des restrictions aux libertés d'expression et d'information peuvent être décidées par le législateur lorsqu'elles « [...] constituent des mesures nécessaires, dans une société démocratique, [...] à la protection des droits et libertés d'autrui », ce qui inclue le droit au respect de la présomption d'innocence[38].

L'interdiction, comme on l'a vu, s'adresse au premier chef à l'ensemble de la presse écrite et audiovisuelle en tant qu'elle entretient des relations directes avec le public et qu'elle est en mesure, par sa plume ou sa voix, de conférer une apparence sensible à la culpabilité.

L'atteinte est caractérisée lorsque le suspect est présenté comme étant le coupable des faits avant condamnation, ce que rappelle la juris-

(38) Naturellement, un tel droit disparaît lorsque le suspect, disposant alors de son droit subjectif, avoue en public être l'auteur de faits pénalement punissables (par exemple, des terroristes revendiquant un plasticage ou des militants *altermondialistes* s'accusant d'avoir détruit des plans d'organismes génétiquement modifiés). Les intéressés seraient mal venus de reprocher ensuite à un organe de presse d'en avoir exactement relaté le contenu.
Suite note page suivante

prudence de façon constante[39]. C'est la dissymétrie entre la qualité de suspect et celle de coupable, anticipée par l'auteur dans ses propos, qui institue la violation du droit à la présomption d'innocence. L'attitude que l'article 9-1 du Code civil prohibe et sanctionne, est celle, en divulguant l'information, d'« usurper la place du juge en condamnant l'intéressé hors procès, sous les vivats du peuple médiatique »[40]. En revanche, s'il y a cantonnement des faits rapportés au public au seul niveau de la suspicion, il n'y a pas atteinte. Tel est le cas de l'individu présenté comme « soupçonnée » des faits de la poursuite[41] ou de l'indication qu'une personne est « fichée au grand banditisme », s'agissant en l'occurrence d'« une simple relation des faits [évoquant] la suspicion dans laquelle [la personne] est tenue par les enquêteurs »[42].

Tout semble bien être affaire de source et de tonalité, car l'article 9-1 du Code civil n'a pas pour finalité d'interdire à la presse de rendre compte des affaires pénales en cours, de leur commencement (enquête policière et judiciaire) jusqu'à leur terme (jugement). La cohabitation entre la qualité de personne suspecte et droit au respect de la présomption d'innocence semble assurée lorsque le journaliste, un peu comme un relayeur de fond, se limite à rapporter des faits exposés par des protagonistes de l'affaire (policier, juge, avocat, victime, témoin, expert et suspect lui-même) et qu'il utilise par ailleurs un langage prudent (emploi du mode conditionnel, commentaires assortis de périphrases neutres et prudentes, ne comportant « aucune appréciation d'ordre moral ou juridique, désobligeante ou tendancieuse »[43] et dépourvues de toute extrapolation sur le sort judiciaire du suspect). Si peu que l'article ou le reportage incriminé fasse une place à l'ensemble des plaignants et à leur cause, par une application d'ailleurs

---

Suite note 38

De même, parce que la défense est libre et que la vérité de l'affaire est parfois à ce prix, un vent immunitaire souffle sur les audiences de jugement (auxquelles il faut joindre les audiences devant le juge des libertés et de la détention et la chambre de l'instruction, lorsque, par exception, celles-ci peuvent être publiques – v. respectivement, art. 145, al. 4, 199, al. 1er et 199-1 C. pr. pén.) et le compte rendu des débats judiciaires. L'art. 41, al. 3 de la loi de 1881 prévoit que « ne donneront lieu à aucune action en diffamation, injure ou outrage, ni le compte rendu fidèle fait de bonne foi des débats judiciaires, ni les discours prononcés ou les écrits produits devant le tribunaux ». Le Ministère public, la partie civile, les témoins, les enquêteurs, les experts et les chroniqueurs judiciaires peuvent s'exprimer et rapporter ce qu'ils ont vu, lu ou entendu sans encourir de poursuites, en particulier sur le fondement de l'article 9-1 du Code civil (V. sur ce point, E. Derieux, *Les comptes rendus d'audience*, *in Liberté de la presse et Droit pénal*, PUAM, 1994, p. 269).

(39) Par ex., Cass. civ. 1re, 6 mars 1996, *Bull. civ.* I, n° 123.

(40) E. Garaud, note sous Cass. civ. 2e, 20 juin 2002, *JCP* G 2003, II, n° 10101.

(41) Cass. civ. 2e, 8 janv. 1992, *JCP* G 1992, IV, n° 700 (la diffamation n'a pas été retenue en l'espèce. *A fortiori* n'y avait-il pas violation de l'article 9-1 C. civ.).

(42) Cass. civ. 2e, 13 nov. 2003, *Bull. civ.* II, n° 335.

(43) Cass. civ. 2e, 20 juin 2002, *JCP* G 2003, II, n° 10101, note E. Garaud.

assez étrange du principe de la contradiction et de l'égalité des armes, ce qui donne alors à l'exercice l'apparence d'un spectacle embryonnaire de procès, toute velléité d'atteinte est écartée.

Pour autant, en dépit de la réserve faite au droit à l'innocence, il n'en demeure pas moins que le sentiment, une fois l'information livrée au public, même prudemment, reste défavorable. Cette impression est maintenue par l'emploi d'un vocabulaire encore trop allusif en direction de la culpabilité et par des confusions de langages. On évoque volontiers l'assassin, le violeur ou le terroriste « présumé », mais jamais le suspect « présumé » innocent, vices de formulation que la jurisprudence ne condamne pas[44]. Le terme présomption, consubstantiel à l'innocence d'un point de vue juridique, reste ainsi associé, aux yeux du public, à la culpabilité. Et l'on ne peut pas méconnaître cette constante un peu obstinée que la suspicion, lorsqu'elle est une croyance, a des parentés bien plus intimes et tenaces avec la culpabilité qu'avec l'innocence (« il n'y a pas de fumée sans feu »).

La presse et les journalistes ne sont pas les seuls destinataires de l'article 9-1 du Code civil.

On y englobe d'abord toute personne ou tout organe qui, en raison de ses fonctions, est susceptible d'exprimer une pré-condamnation dont les mass média se contenteront alors de faire écho. Les personnes attachées à une autorité publique sont les premières concernées (membres des pouvoirs exécutifs et législatifs, policiers, magistrats). Elles ont un devoir de prudence, de nuance et de réserve lorsqu'elles tiennent des propos publics relatifs à des affaires en cours et aux personnes impliquées, ce qui ressort en particulier de l'arrêt *Allenet de Ribemont c/ France* rendu le 10 février 1995 par la Cour EDH[45]. La présomption d'innocence doit toujours apparaître en filigrane et, d'une certaine manière, guider la nature et le sens du propos.

---

(44) CA Aix-en-Provence, 26 mars 2002, *Légipresse* juin 2002, n° 192, I, p. 75.

(45) CEDH, 10 févr. 1995, *Allenet de Ribemont c/ France*, Série A, n° 308. En l'espèce, après l'assassinat le 24 décembre 1976 de Jean de Broglie, député de l'Eure, ami du président Valéry Giscard d'Estaing et proche du pouvoir, il avait été fait état au cours d'une conférence de presse télévisée tenue conjointement par le ministre de l'Intérieur, Michel Poniatowski, le directeur de la police judiciaire de la préfecture de police de Paris et le chef de la Brigade criminelle de l'arrestation de plusieurs suspects, dont l'un d'entre eux, M. Allenet de Ribemont, était présenté comme l'un des instigateurs du crime. Or, celui-ci bénéficia d'une ordonnance de non-lieu. La Cour de Strasbourg estima qu'il y avait eu violation de l'art. 6 § 2 car il s'agissait, « à l'évidence, d'une déclaration de culpabilité qui, d'une part, incitait le public à croire à celle-ci et, de l'autre, préjugeait de l'appréciation des faits par les juges compétents ».

Il convient de préciser, ensuite, que l'atteinte n'implique pas obligatoirement l'intervention d'un organe de presse. Tout va dépendre de à nouveau de l'auteur de l'atteinte et des fonctions qu'il exerce. Ainsi en est-il des juges saisis pour connaître des poursuites. Dans une affaire *Minelli c/ Suisse*, la Cour européenne a considéré que la présomption d'innocence est méconnue si, « sans établissement légal préalable de la culpabilité d'un prévenu, [...] une décision judiciaire le concernant reflète le sentiment qu'il est coupable »[46]. Dans ce cas de figure, non seulement l'atteinte au droit qu'a le suspect d'être considéré comme innocent est causée par ceux-là même qui vont le juger, mais elle se double d'une suspicion de partialité.

Sous l'angle de l'innocence ou de la culpabilité qu'il appartient au seul juge de retenir, le pré-jugement livré au public, qu'on l'admette ou non, est de nature à influencer par avance le sort du suspect, avant tout débats d'audience et avant tout exercice des droits de la défense. Et si les magistrats professionnels sont aptes à résister à de telles influences, il n'en est pas de même des jurés appelés à siéger dans une cour d'assises, et donc à juger les infractions les plus graves. Le retentissement parfois démesuré que la presse accorde à une affaire, à tort ou à raison, n'est jamais sans répercussions, d'ailleurs impossibles à évaluer ou à quantifier, sur l'issue du procès. On voit que la problématique du droit à la présomption d'innocence aboutit à une interrogation plus large : celle de cet autre droit fondamental, que vise l'article 6 § 1 de la Convention EDH, à un tribunal impartial[47].

b) *Les dispositions spécifiques à la presse*

L'atteinte à la présomption d'innocence cause un préjudice moral au suspect et institue à ses dépens une menace d'ordre judiciaire.

D'un point de vue moral, le suspect est frappé, parfois durablement, dans sa dignité, ainsi que dans son honneur et sa réputation. Il arrive qu'il le soit aussi dans son image, lorsque celle-ci fait l'objet d'une diffusion dans le public. Certaines des dispositions restrictives à la liberté d'expression de la presse tendent à préserver ces valeurs intimement liées à la personnalité.

---

(46) CEDH, 25 mars 1983, *Minelli c/ Suisse*, Série A, n° 62. Dans le même sens, v. CEDH, 10 févr. 1995, *Allenet de Ribemont c/ France*, préc.

(47) Sur le droit à un juge ou à un tribunal impartial, v. *infra* p. 169 et s. V. aussi, J.-P. Marguenaud, « Médiatisation du procès pénal et impartialité du juge », note sous CA Paris, ord. prem. prés., *D.* 2001, chron., p. 1646.

L'interdiction de l'image du suspect menotté, entravé ou placé en détention provisoire. La diffusion de l'image d'un suspect portant des menottes ou des entraves, ou placé en détention provisoire, le désigne aux yeux de l'opinion publique, sinon comme le coupable des faits rapportés, du moins comme gravement impliqué ou dangereux. Il existe un lien psychologique puissant entre l'apparence physique du suspect, telle qu'elle est montrée, et la conviction selon laquelle il est coupable d'un délit ou d'un crime. On sait bien que les menottes ou la prison constituent des signes habituels, socialement convenus, de la culpabilité. Le préjudice que subi le suspect dans cette posture n'est donc pas contestable, et il est rarissime qu'il la revendique à son profit[48].

L'article 803 alinéa 1er du Code de procédure pénale dispose que le suspect[49] ne peut être « soumis au port de menottes ou d'entraves que s'il est considéré soit comme dangereux pour autrui ou pour lui-même, soit comme susceptible de tenter de prendre la fuite ». La Cour européenne des droits de l'homme admet l'usage des menottes ou des entraves « lorsqu'il est lié à une détention légale et n'entraîne pas l'usage de la force, ni l'exposition publique au-delà de ce qui est raisonnablement considéré comme nécessaire »[50], à défaut de quoi, la mesure pourrait être qualifiée de traitement inhumain ou dégradant, au sens de l'article 3 de la Convention européenne des droits de l'homme[51].

La mesure est donc censée être exceptionnelle, ce que rappelle la circulaire d'application du 4 décembre 2000[52]. Ce caractère exceptionnel est renforcé à l'égard des mineurs et des personnes dont l'âge ou l'état de santé réduisent les capacités de mouvement. Parallèlement, pour détourner toute assimilation spontanée à un état de coupable, l'article 802 alinéa 2 du Code de procédure pénale garantit au suspect, lorsqu'il est menotté ou entravé, que toutes mesures seront prises pour éviter qu'il ne soit photographié dans cette situation, par exemple, à la descente d'un fourgon cellulaire, à l'entrée du palais de justice ou au cours d'une reconstitution dans un lieu public. Il s'exerce ainsi un certain contrôle sur le contenu, c'est-à-dire sur la signification et la force persuasive du message susceptible d'être délivré par la prise de vue.

---

(48) Sauf pour quelques procès d'orientation plus politique ou dans lesquels, pour assurer sa défense, le suspect adopte une stratégie de rupture. On se souvient, par exemple, de l'image de José Bové, le sourire franc, tandis qu'il exhibe devant la caméra ses mains menottées. Ou bien encore celles qui ont précédé ou suivi son passage en maison d'arrêt.

(49) La règle vaut également pour le condamné définitif.

(50) CEDH, 16 déc. 1997, *Raninen c/ Finlande*, *D.* 1998, somm., 207, obs. J.-F. Renucci.

(51) CEDH, 27 nov. 2003, *Hénaf c/ France*, *D.* 2004, p. 1196, note D. Roets.

(52) Art. 2.1, Circ. CRIM 00-12 F1 du 4 déc. 2000.

En contrepoint de l'article 803 du Code de procédure pénale, l'article 35 *ter* de la loi du 29 juillet 1881 réprime « la *diffusion*, par quelque moyen que ce soit et quel qu'en soit le support, de *l'image* d'une personne identifiée ou identifiable mise en cause à l'occasion d'une procédure pénale mais *n'ayant pas fait l'objet d'un jugement de condamnation* et faisant apparaître, soit qu'elle porte des *menottes ou entraves*, soit qu'elle est placée en *détention provisoire* »[53].

Cela ne signifie pas que toute prise de vue soit interdite. L'article 35 *ter* indique en effet que la prohibition disparaît si le suspect donne spécialement son accord à une telle diffusion et donc à une prise de vue préalable (ou qu'il ne s'y oppose pas, ce qui est l'hypothèse la plus courante). Le contrôle sur le contenu de l'image appartient ainsi, pour une large part, au suspect lui-même, « les commentaires qui accompagnent la publication de la photographie, et la circonstance qu'un autre journal ait publié une photographie identique avec [son] consentement »[54] étant indifférents à cet égard.

Au cas particulier des menottes ou des entraves, rien n'empêche, en outre, que le suspect soit photographié ou filmé. Mais elles ne doivent pas être visibles à l'image diffusée par la suite au public. La difficulté se résout alors par un cadrage approprié (un cadrage légal, en quelques sortes) au moment de la prise de vue, de la mise en page ou du montage, ce qui n'est pas parfois sans paradoxe. On a ainsi pu voir la représentation d'un suspect dont les mains menottées disparaissaient sous un masquage local (« floutage »), une telle manipulation montrant alors au lecteur ou au téléspectateur, avec précision et ostentation, tout ce que l'on veut cacher et que, bien évidemment, il n'aura aucune peine à deviner. La mesure est donc plus symbolique qu'efficace. Bien plus utile, en revanche, est la dissimulation du visage, et donc de l'identification possible du suspect au moyen, par exemple, d'un vêtement ou d'une couverture, ce qui désormais a lieu en pratique et que recommandait au demeurant la circulaire du 4 décembre 2000 (article 2.1). Masquer presque systématiquement le visage du suspect, et pas dans le seul cas où il est mineur, paraît d'ailleurs être la solution la plus respectueuse du droit au respect de la présomption d'innocence, en particulier lorsque le port de menottes ou d'entraves est rendu indispensable. La prise de l'image, puis sa diffusion, recouvrent alors leur pleine liberté.

---

(53) C'est nous qui soulignons. La peine encourue est une amende d'un montant maximal de 15 000 €.

(54) Cass. crim., 8 juin 2004, *Bull. crim.*, n° 156 ; *Rev. sc. crim.* 2004, p. 967, obs. J.-F. Renucci ; *Dr. pén.* 2004, comm. n° 157, note M. Véron ; *Légipresse* 2004, n° 216, III, p. 197, note B. Ader.

L'interdiction des sondages portant sur le sort du suspect. L'article 35 *ter* de la loi de 1881 renforce la protection du droit à la présomption d'innocence en interdisant tout « *sondage d'opinion*, ou toute autre *consultation*, portant sur la *culpabilité* d'une personne mise en cause à l'occasion d'une procédure pénale ou sur la *peine* susceptible d'être prononcée à son encontre ». Le champ d'application du texte est étendu puisqu'il inclue la réalisation, la publication et le commentaire de sondage, ainsi que la publication d'indications « permettant d'avoir accès à des sondages ou consultations », lorsqu'ils portent sur l'issue du procès pénal (article 35 *ter in fine*). Pour le suspect, le danger se concentre pour l'essentiel sur les moyens vertigineux qu'offrent Internet (sondages par courrier électronique) et la téléphonie moderne (par message SMS, *Wap* ou minitel). Là encore, la présomption d'innocence est menacée de naufrage, mais le droit à un tribunal impartial également. La diffusion publique d'un sondage d'opinion concluant à la culpabilité d'un suspect[55] est largement de nature à peser, par anticipation, sur l'intime conviction de ceux qui, en ayant connaissance d'un tel sondage, seraient chargés de statuer sa responsabilité pénale. La question dépasse d'ailleurs l'espace poreux de nos frontières[56].

2. Les aménagements

Par exception à la règle du secret de l'instruction et de l'enquête, l'article 11 alinéa 3 du Code de procédure pénale, issue de la loi du 15 juin 2000, a légalisé la pratique jusque-là officieuse[57], nommée « fenêtre de communication », consistant pour le Parquet à révéler à la presse certains aspects d'une enquête en cours, qu'elle soit policière ou judiciaire. Le texte prévoit que : « [...] le procureur de la République peut, d'office et à la demande de la juridiction d'instruction ou des parties, rendre publics des éléments objectifs tirés de la procédure ne comportant aucune appréciation sur le bien-fondé des charges retenues contre les personnes mises en cause ». La loi précise elle-même les motifs de la disposition qu'elle énonce et en fixe également le domaine d'application. Il s'agit « d'éviter la propagation d'informations parcellaires ou inexactes » ou « de mettre fin à un trouble à l'ordre public ».

---

(55) Il est rare que de tels procédés soient conçus en faveur de l'innocence du suspect.

(56) L. Luparia, « Sondages d'opinion et justice pénale dans l'ère télématique. Une analyse comparative », *Rev. sc. crim.* 2002, p. 781, spéc., p. 787.

(57) V. art. C. 24 Circ. 27 nov. 1959 : « Le procureur de la République peut [...], s'il l'estime nécessaire, fournir à la presse notamment un communiqué écrit concernant les faits ayant motivé la poursuite ; il en réfère le cas échéant au procureur général ».

On s'accorde en effet à considérer que la protection de la présomption d'innocence peut aussi être obtenue en livrant à la presse un certain nombre d'éléments sur les affaires pendantes. L'objectif est de briser les rumeurs, de contenir l'émotion ou l'effervescence que l'infraction a pu occasionner dans le public, d'éviter que des informations fausses ou erronées ne se diffusent dans l'opinion et nuisent, notamment, aux intérêts du suspect. Les tenants d'un secret absolu de l'enquête et de l'instruction ont, de ce point de vue, échoué. Par l'effet d'une *real politik* judiciaire, et plutôt que de recouvrir les investigations d'un voile total et autoritaire, rarement atteint en pratique, le législateur a pris le parti de permettre quelques révélations ou des mises au point, à la fois ponctuelles et sous le contrôle du procureur de la République. Évidemment, ni les « fuites » ni les « scoops » ne seront éliminés de la scène judiciaire. Mais, plutôt que de rencontrer le mutisme des autorités, les révélations parallèles se heurteront aux communiqués officiels et perdront, de la sorte, une certaine part de leur force.

La communication est décidée par le ministère public et conduite par l'un de ses représentants sous la forme d'un écrit ou, comme il est plus fréquent, par une déclaration verbale, sobre et laconique, devant les caméras et les microphones. La pratique des conférences de presse, sans être bannie, est cependant déconseillée, à moins que les spécificités de l'affaire ne le justifient[58]. Les informations sont rendues publiques à l'initiative du Parquet, mais également à la demande des enquêteurs, du juge d'instruction ou des parties. Toutefois, l'opportunité d'y avoir recours n'appartient qu'au seul ministère public.

Quel que soit le mode de communication choisi, l'article 11 du Code de procédure pénale précise que ne peuvent être rendus publics que « des éléments objectifs tirés de la procédure ne comportant aucune appréciation sur le bien-fondé des charges retenues contre les personnes mise en causes ». Les communiqués ne doivent pas eux-mêmes alimenter les rumeurs ni raviver les foyers qu'ils sont censés éteindre. Ils doivent être compatibles avec le droit au respect de la présomption d'innocence auquel le ministère public, dans ce cas précis de figure, est soumis[59].

On observe que le suspect ne compte pas au nombre de ceux qui peuvent solliciter une communication, en particulier si la présomption d'innocence est mise à mal dans la presse. Celui-ci dispose néanmoins d'un arsenal étoffé lui permettant de défendre ce droit en justice.

---

(58) V. art. 4.2 *in fine* Circ. 4 déc. 2000.

(59) Dans la perspective d'une organisation plus élaborée de la communication avec la presse, il est possible que les Parquets de taille importante développent en leur sein la pratique d'un magistrat porte-parole, comme il existe un porte-parole du Gouvernement, ou d'un magistrat chargé des relations avec la presse, ce que suggérait déjà la commission présidée par Mme Delmas-Marty et que la circulaire du 4 décembre 2000 encourage (art. 4.2).

B. LES DROITS D'ACTION ACCORDÉS AU SUSPECT

Le suspect, victime d'une atteinte au droit qu'il a d'être présumé innocent, peut obtenir rapidement qu'il y soit mis un terme (1°) et que la responsabilité civile ou pénale de son auteur soit engagée (2°).

1. *Le droit de faire cesser l'atteinte à la présomption d'innocence*

Il s'agit pour le suspect d'organiser, sinon une contre-attaque, du moins, une « contre-information judiciaire »[60]. En saisissant le juge, celui-ci peut demander qu'une ou plusieurs mesures soient ordonnées afin d'être rétabli dans le droit dont il est titulaire (a), ces mesures pouvant se cumuler avec l'exercice d'un droit de réponse (b).

a) Les mesures fondées sur l'article 9-1 alinéa 2 du Code civil

C'est au tribunal de grande instance, au besoin par la voie du référé, qu'incombe la tâche de prendre toute mesure pour satisfaire l'objectif essentiel poursuivi par l'article 9-1 alinéa 2 du Code civil : « faire cesser l'atteinte à la présomption d'innocence ». L'un des intérêts du texte provient de sa rédaction générale : le moment auquel le juge peut intervenir n'est pas restreint, de sorte que celui-ci, disposant d'une grande latitude, peut exercer son office aussi bien à titre préventif que répressif.

L'article 9-1 du Code civil permet au suspect d'agir à titre préventif, afin d'empêcher que le droit au respect de la présomption d'innocence soit violé. Comme dans les hypothèses d'atteinte à l'intimité de la vie privée (article 9 alinéa 2 C. civ.), la juridiction dispose d'une large panoplie de mesures. Ainsi, une saisie du journal, de l'ouvrage ou de l'œuvre audiovisuelle (reportage, film) ou la suppression d'un passage, pourrait toujours être décidée, mais il est rare que le juge y consente. En revanche, avant toute publication ou diffusion, une ou plusieurs rectifications peuvent aisément être ordonnées, ou le passage litigieux occulté[61].

Lorsque l'atteinte est réalisée – ce qui constitue la majorité des cas de figure –, le suspect peut prétendre à une réparation en nature sous la forme d'une rectification insérée dans l'organe de presse incriminé ou d'un communiqué. Il s'agit de rappeler au public la prépondérance que la loi accorde à la présomption d'innocence, et en particulier à ceux qui se

---

(60) P. Auvret, « Les sanctions du non-respect de la présomption d'innocence », *Gaz. Pal.* 1995, doctr. p. 5.

(61) V. par ex., TGI Nanterre, ord. réf., 17 nov. 1995, *Légipresse* 1996, n° 136, I, p. 136.

donnent pour tâche d'en relater les circonstances. Le juge fixe, dans la décision qui condamne, les modalités matérielles de la rectification ou du communiqué (termes, emplacement, taille des caractères d'imprimerie). L'organe de presse doit s'y conformer, sous peine d'une nouvelle condamnation, mais cette fois sous astreinte[62]. La mesure est exécutée au frais de la personne, physique ou morale, que le tribunal a jugé responsable de l'atteinte.

b) *Le droit de réponse*

En dehors de toute procédure judiciaire, le suspect publiquement mis en cause dans un journal écrit ou dans le cadre d'une activité de communication audiovisuelle peut également fait valoir un droit de réponse[63]. Il consiste, pour reprendre la formulation traditionnelle retenue par la jurisprudence, à « permettre à la personne concernée de défendre le droit au respect de sa personnalité et de faire connaître ses explications ou ses protestations sur les circonstances de sa mise en cause »[64]. La demande peut être cumulée avec l'insertion rectificative obtenue par ailleurs sur le fondement de l'article 9-1 du Code civil. La première peut ainsi précéder ou suivre la seconde, comme elles peuvent être formées simultanément[65].

Le contenu et les modalités de diffusion de la réponse sont réglementés avec minutie par les textes qui la prévoient. Elle s'impose à l'organe de presse, qui pourra y être contraint à la suite d'une demande émanant du suspect et en cas de silence ou de refus injustifié, au moyen d'une action en insertion forcée introduite devant le tribunal de grande instance, la décision qui l'ordonne pouvant alors être déclarée exécutoire sur minute, nonobstant appel. Comme en matière de délit de presse, l'action doit être engagée par le suspect ou son représentant dans les trois mois suivant la publication litigieuse ou la « diffusion du message contenant l'imputation qui le fonde »[66].

L'insertion spontanée d'une réponse au profit du suspect est destinée à rétablir un certain équilibre des points de vue et à rappeler le droit d'être considéré comme innocent aussi longtemps que la culpabilité n'est pas définitivement acquise. Elle est garantie par des sanctions pénales lorsque la mise en cause a lieu dans un organe de presse écrite (amende d'un montant maximal de 3750 €). En revanche, la même rigueur n'est pas prévue

(62) CA Toulouse, 5 juill. 1993, *D.* 1994, p. 382, note J. Ravanas ; CA Grenoble, 3 oct. 1995, *Légipresse* 1996, n° 129, I, p. 22.
(63) V. respectivement, art. 13, L. 29 juill. 1881, pour la presse écrite et art. 6, L. 29 juill. 1982, pour les communications audiovisuelles.
(64) V. par ex., CA Paris, 24 mai 1994, *D.* 1995, somm. p. 271, obs. Ch. Bigot.
(65) TGI Lille, 22 févr. 1993 et TGI Nice, 9 mars 1993, *Légipresse*, 1993, n° 100, p. 37.
(66) Art. 6, al. 5 L. 29 juill. 1882. V. aussi, art. 13, al. 10 L. 29 juill. 1881.

pour les organes de communication audiovisuelle, cette différence de régime n'ayant d'ailleurs pas de justification.

2. Le droit d'engager la responsabilité de l'auteur de l'atteinte à la présomption d'innocence

Parallèlement au droit de défendre cette présomption d'innocence au respect de laquelle il peut prétendre, le suspect a la faculté d'engager la responsabilité civile délictuelle de ceux qui y ont porté atteinte (a), mais également de déclencher des poursuites pénales pour diffamation (b).

a) L'action en dommages et intérêts

Outre la cessation de l'atteinte à la présomption d'innocence, il est admis que le suspect, sur le fondement de l'article 9-1 du Code civil, peut simultanément saisir le juge, y compris en référé[67], pour obtenir que lui soient versés des dommages et intérêts en réparation du préjudice moral qu'il subi. Pour se faire, il est inutile que le suspect démontre une faute, une maladresse ou une imprudence dans les propos litigieux. De même, il n'a pas à prouver l'existence d'un préjudice moral particulier. La réparation est due en raison « d'une atteinte objective infligée à un droit extrapatrimonial, la présomption d'innocence »[68]. Corrélativement, l'auteur de l'offense ne pourrait pas s'exonérer de sa responsabilité en rapportant la preuve de la véracité des faits diffusés, l'*exceptio veritatis* n'étant pas admise dans ce cas[69].

À l'égard du suspect, le domaine de la protection est clairement circonscrit à la période de suspicion incluse dans le processus pénal, et qui est recouverte du sceau de la présomption d'innocence. Cela explique ainsi qu'il peut recevoir des dommages et intérêts même si, au terme du procès, une juridiction de jugement le déclare coupable des faits portés à la connaissance du public.

L'action tendant à faire reconnaître la responsabilité civile de l'auteur d'une atteinte à l'article 9-1 vient assez naturellement en concours avec le droit commun de la responsabilité civile, fondée notamment sur l'article 1382 du Code civil. Il est vrai que les deux actions pourraient prendre leur source dans une même situation de fait – une mise en cause de la présomption d'innocence. Par ailleurs, dans l'instance susceptible d'être initiée devant le tribunal de grande instance, il y a identité de

(67) On parle alors de « référé-provision ».
(68) J. Robert, « Protection de la présomption d'innocence », *J.-Cl. Procédure pénale*, App. art. 11, 2001, n° 18.
(69) TGI Paris, 11 mars 1998, *Légipresse* 1998, n° 153, 1, p. 89.

parties et d'objet[70]. Elles entretiennent donc un certain rapport de rivalité. Or, la Cour de cassation a jugé que la réparation de l'atteinte au droit au respect de la présomption d'innocence ne pouvait pas être obtenue sur le fondement de l'article 1382[71]. Seul l'article 9-1 du Code civil, texte spécial, peut ainsi soutenir juridiquement la prétention du suspect.

b) *L'action en diffamation*

Le propos tenu dans un organe de presse ou par toute personne à l'égard d'un suspect clairement désigné peut également revêtir les couleurs de la diffamation, autrement dit contenir l'allégation ou l'imputation d'un fait précis portant atteinte à son honneur ou à sa considération[72]. Il n'est pas contesté que l'action peut être cumulée avec celle qui permet d'engager la responsabilité civile délictuelle en application de l'article 9-1 du Code civil, les deux actions ayant une cause et un objet distincts[73]. La diffamation est caractérisée lorsque les faits imputés par leur auteur conduisent à retenir la responsabilité pénale du suspect, ou à la déduire, en l'absence de toute condamnation définitive. Elle peut être accompagnée d'injures. Une telle affirmation, en tous les cas, compromet indiscutablement l'honneur et la considération du suspect, en dehors du droit qu'il a d'être présumé innocent. Il est en effet assez peu fréquent que l'on sorte grandi d'une accusation publique de cette nature, à moins qu'on la revendique pour soi-même.

Le déclenchement d'une instance en diffamation permet au suspect d'engager la responsabilité pénale de son auteur (lequel devient, à son tour, un suspect), en même temps qu'elle justifie la demande d'une réparation pécuniaire[74]. L'élément moral de l'infraction (mauvaise foi) est présumé par l'effet d'une consécration prétorienne, ce renversement de la charge de la preuve aux dépens du diffamateur n'ayant pas été jugé incompatible avec les articles 6 et 10 de la Convention EDH[75].

---

(70) Sur l'ensemble de la question, v. Fl. BUSSY-DUNAUD, *Le concours d'action en justice entre les mêmes parties – L'étendue de la faculté de choix du plaideur*, coll. LGDJ, Bibl. dr. privé, 1988.

(71) Cass. ass. plén., 12 juill. 2000, *JCP* G 2000, I, n° 280, § 2 et s., obs. G. Viney ; Cass. civ. 2e, 8 mars 2001 (2 arrêts), *Bull. crim.*, nos 46 et 47 ; *JCP* G 2002, I, n° 122, § 1, obs. G. Viney.

(72) Art. 29, al. 1er, L. 29 juill. 1881. V. B. DE LAMY, *La liberté d'opinion et le droit pénal*, LGDJ, coll. Bibl. sc. crim., 2000, nos 296 et s.

(73) TGI Paris, 11 mars 1998, *Légipresse* 1998, n° 153, I, p. 89.

(74) La diffamation est peut-être non publique. L'art. R. 621-1 C. pén. punit la diffamation non publique de l'amende prévue pour les contraventions de 1re classe, soit un montant maximal de 38 €.

(75) Respectivement, droit à un procès équitable et liberté d'expression. V. Cass. crim., 16 mars 1993, *Bull. crim.*, n° 115.

Toutefois, l'auteur de la diffamation pourra se défendre en opposant l'*exceptio veritatis*, c'est-à-dire, dans les conditions définies aux articles 55 et 56 de la loi du 29 juillet 1881, en offrant d'établir que les faits dont il accable le suspect sont véridiques[76] (par exemple, que telle personne est bien membre d'une association de malfaiteurs).

Il s'agit d'un fait justificatif. Mais s'agissant de la preuve d'une infraction qui fait elle-même l'objet d'une enquête de police ou d'une information judiciaire, il faut souligner la singularité de la situation dans laquelle se retrouve alors le diffamateur. Celui-ci vient en effet directement en concurrence avec l'autorité judiciaire. La situation n'est guère enviable pour les juridictions chargées d'intervenir aux divers stades de la procédure menée contre le suspect : dans la recherche des preuves, elles pourraient fort bien être devancées ou contredites par l'organe de presse. Elle ne l'est pas non plus pour le suspect qui, si l'on s'en tient à la règle, pourrait voir sa culpabilité établie par anticipation devant le tribunal chargée de connaître de la responsabilité du diffamateur et qui, pour autant, n'est pas saisie de la poursuite répressive initiale. L'imbroglio est cependant écarté par l'article 35 *in fine* de la loi du 29 juillet 1881 : il est sursis à la poursuite et au jugement du délit de diffamation, en attendant que la procédure pénale diligentée contre le suspect-diffamé trouve une issue définitive. S'il y a condamnation, la vérité des faits imputés par le diffamateur est considérée comme établie ; celui-ci sera alors renvoyé des fins de la poursuite. En revanche, dans le cas où le suspect serait innocenté, la diffamation est acquise. Son auteur encourt alors une peine d'amende d'un montant maximal de 12 000 €[77], celle-ci étant portée à 45 000 € lorsqu'elle vise certaines personnes en raison de leurs fonctions ou de leurs qualités, comme un ministre du gouvernement, un juré ou un professeur d'université[78].

Le droit à l'innocence de tout suspect est préservé, à titre provisoire, jusqu'à ce qu'une décision juridictionnelle règle son sort. Mais là encore, le besoin d'innocence est têtu. Il ne suffit pas d'être condamné pour devenir un coupable. Encore faut-il que cette culpabilité soit devenue irrévocable. L'innocence peut donc toujours reprendre le dessus et finir par s'imposer, quand bien même un condamné le serait-il définitivement. Le Code de procédure pénale, s'il organise la répression sociale comme sa vocation l'y invite, envisage et garantie néanmoins que l'innocence, à un moment ou à un autre, puisse toujours triompher.

---

(76) Art. 35, L. 29 juill. 1881. V. aussi, G. LEVASSEUR, « Réflexions sur *l'exceptio veritatis* », *Mélanges A. Chavanne*, Litec, 1990, p. 111.
(77) Art. 32, L. 29 juill. 1881.
(78) Art. 31, L. 29 juill. 1881.

Section 2 Le droit à l'innocence définitive

Tout jugement, tout arrêt concluant à la culpabilité d'un suspect est revêtu de l'autorité de la chose jugée. Le contenu de la décision devient opposable à tous, aussi bien aux juges de jugement, qui se trouvent alors dessaisis de l'affaire, qu'aux parties et aux tiers. Le motif comme le dispositif de la condamnation s'imposent donc au suspect. À cet égard, on assiste avant tout à un changement de dénomination juridique. Le suspect quitte celle qu'il adoptait jusque-là[79] – prévenu ou accusé – pour devenir un « condamné », évolution dont témoigne expressément le Code de procédure pénale[80].

Par un effet de vitrification légale, l'autorité qui s'attache à la chose jugée stabilise le contenu de ce qui a été décidé par le juge pour mettre un terme au conflit. Elle interdit à ce même juge d'y revenir. On a coutume de dire qu'une présomption de vérité découlerait du jugement, ce qu'exprime l'adage *Res judicata pro veritae habetur*.[81] Pourtant, il est peu de dire, et peut-être en matière pénale plus qu'ailleurs, que toute décision juridictionnelle ne reflète pas la vérité, sinon la réalité elle-même. Elle ferait d'abord reposer la décision sur un double postulat d'infaillibilité de l'appareil judiciaire chargé de faire la lumière sur une infraction et de ceux qui y concourent (enquêteurs, juge d'instruction, experts, témoins), ce qui n'est guère conforme précisément à la réalité. Et quand bien même les investigations seraient satisfaisantes, le magistrat de jugement, ensuite, peut toujours commettre une erreur, aussi bien dans l'appréciation des faits du dossier que dans l'application de la règle de droit. Un principe de justice élémentaire veut donc que les parties soient assurées qu'à l'intérieur du système procédural, il soit possible de remettre en cause le contenu de ce qui vient d'être décidé.

---

(79) Par ex., pour la qualité de « prévenu », v. Cass. crim., 10 juill. 1979, *Bull. crim.*, n° 243 (appel d'une condamnation pénale par le condamné, mais limité aux seuls intérêts civils. Dans ce cas, l'appelant perd la qualité de prévenu, de sorte que son conseil est entendu en premier et non en dernier, conformément à l'art. 513 du C. pr. pén.).

(80) Le mot « condamné » est très fréquemment employé dans la partie législative du C. pr. pén. : au titre préliminaire (art. 2-7), au livre Ier (Exercice de l'action publique – art. 91 et 216), au livre II (Des juridictions de jugement – art. 308, al. 5, 326, 373, etc.), au livre III (Des voies de recours extraordinaires – art. 590, 612-1, al. 2, 622, 4°, etc.), au livre IV (De quelques procédures particulières – art. 696-3, 2°, 698-5, 703) et, surtout, au livre V (Des procédures d'exécution – art. 707 et s.). Le législateur utilise parfois des synonymes : « partie condamnée » (art. 216, al. 2, 375, 475-1, 596 et 585, al. 1er), « personne reconnue coupable » (art. 626-1) ou « demandeur condamné pénalement » (art. 585, al. 1er, 585-1, al. 1er)

(81) G. Wiederkher, « Sens, signifiance et signification de l'autorité de chose jugée », *Études J. Normand*, Litec, 2003, p. 507.

L'un des enjeux du suspect que l'on accuse est celui, non pas de sa non-culpabilité, mais de son innocence. Cet enjeu ne s'arrête pas à la décision qui le condamne. Parce qu'il bénéficie du droit d'être reconnu innocent de manière irrévocable, il a celui d'être innocenté par l'autorité judiciaire qui l'a jugé coupable. D'un point procédural, on en trouve une double traduction juridique. Le suspect peut d'abord combattre le jugement de culpabilité par l'exercice d'une voie de recours. Il en existe un certain nombre qu'organise le Code de procédure pénale (§ 1). Par la suite, dans le cas où l'innocence du suspect serait finalement établie, le suspect pourra rechercher la responsabilité de ceux qui, à tort, l'ont méconnu (§ 2).

§ 1. LA REMISE EN CAUSE DE LA CULPABILITÉ : LE DROIT D'UN RECOURS

L'exercice d'une voie de recours dans les délais impartis par la loi a pour effet immédiat de rétablir le suspect, qui vient d'être condamné, dans le bénéfice de la présomption d'innocence. Ce rétablissement est total : le principe de procédure est à nouveau mis en œuvre tout au long de l'instance qui débute devant la juridiction saisie du recours. Le suspect recouvre ainsi le droit d'être considéré comme innocent : « seule une condamnation irrévocable, nous enseigne la Cour de cassation, [fait] disparaître, relativement aux faits sanctionnés, la présomption d'innocence dont l'article 9-1 assure le respect »[82]. Un organe de presse peut toujours publier le jugement ou l'arrêt, même non définitif, qui décide de la culpabilité, celui-ci ayant été rendu en public. Mais si, par exemple, le suspect interjette appel de la décision, il ne peut plus valablement être présenté comme coupable dans les conditions que réprime normalement l'article 9-1 du Code civil.

Le droit au recours est exprimé à l'article préliminaire (III *in fine*) du Code de procédure pénale : « Toute personne condamnée a le droit de faire examiner sa condamnation par une autre juridiction ». Il s'agit d'un pouvoir très général de contestation incluant celui d'avoir un accès au juge ou à un tribunal, ainsi qu'il est garanti à l'article 6 § 1 de la Convention EDH[83]. Sa manifestation la plus courante est exprimée par la règle du double degré de juridiction (l'appel). Si l'on trouve dans la convention européenne l'affirmation du droit à un recours effectif[84], c'est dans le Protocole additionnel n° 7 du 22 novembre 1984 que le droit à un double

(82) Cass. civ. 1re, 12 nov. 1998, *Bull. civ.* I, n° 313 ; *RTD civ.* 1999, p. 63, obs. J. Hauser.
(83) V. aussi, art. 14 § 1 PIDCP, du 19 déc. 1966.
(84) Art. 13 Conv. EDH. V. aussi, art. 2 § 3 PIDCP, 19 déc. 1966.

degré de juridiction en matière pénale est très précisément affirmé (article 2).

Toutefois, le droit d'exercer une voie de recours dans la perspective que soit reconnue l'innocence ne se limite nullement à l'appel. La règle vaut pour n'importe laquelle des voies choisies par le condamné, que celle-ci soit exercée avant que la condamnation devienne définitive (A) ou ultérieurement, une fois qu'elle a acquis force de chose jugée et, par conséquent, un caractère irrévocable (B).

A. LE DROIT À UN RECOURS SUITE À UNE CONDAMNATION NON DÉFINITIVE

Les voies de recours ont un objet et entraînent des conséquences juridiques qui les distinguent les unes des autres, chacune ayant sa spécificité. Toutefois, un effet commun est presque toujours produit : tant que la décision n'est pas devenue définitive, l'exercice d'une voie de recours produit un *effet suspensif*. Ce qui a été décidé ne peut pas être exécuté. Ainsi, le suspect comparaissant libre qu'un tribunal condamne à une peine d'emprisonnement ferme ne peut, en principe, être incarcéré aussi longtemps que son sort n'est pas définitivement fixé[85]. De même, s'il y a acquittement, exemption de peine ou condamnation à une peine d'emprisonnement avec sursis, le suspect est aussitôt remis en liberté, nonobstant l'exercice d'une voie de recours[86]. Il s'agit là d'un effet de la présomption d'innocence, qui réserve la liberté du suspect. Il existe cependant de nombreuses exceptions, où l'exécution provisoire du jugement sera ordonnée[87]. Par exemple, en ce qui concerne le montant des dommages et intérêts que le suspect pourrait être tenu de verser s'il était définitivement reconnu coupable, la partie civile peut obtenir une provision exécutoire, en dépit d'une opposition ou d'un appel[88].

En tant que « sous-catégorie de la possibilité d'agir en justice »[89], les voies de recours se classent traditionnellement en voies de recours ordinaires (1°) et voies de recours extraordinaires (2°). Pour le suspect, elles permettent toutes de résister à une décision qui l'a déclaré coupable.

(85) Mais par exception, v. art. 465, al. 1er C. pr. pén., qui permet au tribunal correctionnel ayant condamné à une peine d'emprisonnement supérieure ou égale à un an de décerner mandat de dépôt ou d'arrêt. Mais il ne le peut que « par une décision spéciale et motivée, lorsque les éléments de l'espèce justifient une mesure particulière de sûreté ».

(86) Art. 569, al. 3 C. pr. pén.

(87) Pour des précisions, v. G. Stefani, G. Levasseur et B. Bouloc, *Procédure pénale*, 19e éd., Précis Dalloz, 2004, n° 909.

(88) Art. 464, al. 3 C. pr. pén.

(89) E. Jeuland, *Droit processuel*, LGDJ, coll. Systèmes, 2003, p. 131.

1. Les voies de recours ordinaires

Selon l'objet de la demande formée par le suspect, il faudra distinguer l'appel (a) de l'opposition (b).

a) L'appel

L'appel est très certainement la voie de recours la plus connue des justiciables et la plus populaire, celle-ci étant vue comme associée à toute espèce de décision de justice qui leur semble défavorable. Elle permet à la partie insatisfaite d'attaquer un acte ou un jugement, afin de le faire réexaminer en tout ou partie par une juridiction hiérarchiquement supérieure. La cour d'appel a donc pour mission principale de rejuger. Mais l'instance nouvelle n'est pas à proprement parler la stricte reproduction de celle qui l'a précédé : comme le souligne un auteur, l'appel « s'ordonne à partir du jugement qui en fait l'objet »[90].

À quelques exceptions près, la plupart des décisions juridictionnelles prises tout au long du procès pénal, c'est-à-dire pendant la phase éventuelle de l'instruction préparatoire (juge d'instruction, juge des libertés et de la détention) et à l'audience de jugement, sont susceptibles d'un appel. Elles sont réservées aux parties (ministère public, Administrations poursuivantes comme les Douanes, partie civile, tiers civilement responsable, assureur)[91], et notamment au suspect, auquel la faculté de contestation par cette voie est très largement admise par la loi. L'appel, qu'il porte sur un acte de l'instruction ou une décision émanant d'une juridiction de jugement, doit intervenir au plus tard dans les dix jours qui suivent la signification du jugement aux parties, quel qu'en soit le mode[92].

La phase d'instruction préparatoire. Le droit d'appel, à ce stade, n'est pas distribué de façon égalitaire entre le suspect et la partie poursuivante, cette dernière étant parfois placée dans une situation plus avanta-

(90) J. Heron, *Droit judiciaire privé*, par Th. Le Bars, 2e éd., Montchrestien, coll. Domat, 2002, n° 688. C'est donc l'acte d'appel qui détermine l'étendue du contrôle effectué par la juridiction supérieure.

(91) Très rarement, l'appel est possible au bénéfice de personnes qui ne sont pas parties au procès, mais qui ont été citées à l'audience de jugement par le Ministère public, la décision du tribunal étant de nature à produire des conséquences patrimoniales à leur égard. C'est le cas du propriétaire d'un fonds de commerce dont le gérant est poursuivi pour infraction au Code des débits de boisson. L'une des peines encourue est en effet la fermeture temporaire ou définitive de l'établissement (art. L. 3355-5 C. santé publ.).

(92) Art. 498 et 505 C. pr. pén. À l'exception du procureur général qui bénéficie d'un délai de deux mois pour les décisions de jugement. Il faudrait s'interroger sur cette différence de délais qui méconnaît le principe de l'égalité des armes.

geuse. On observe également que le droit ne s'exerce pas non plus avec la même liberté pour le suspect.

Le ministère public, en premier lieu, peut « interjeter appel devant la chambre de l'instruction de toute ordonnance du juge d'instruction ou du juge des libertés et de la détention »[93], tandis que le suspect est limité à une liste d'actes que visent les articles 186 alinéa 1er, 186-1 et 186-3 du Code de procédure pénale (par exemple, les décisions statuant sur la liberté, le contrôle judiciaire, la mise en accusation ou contestant le bénéfice de la prescription).

En second lieu, le droit d'appel du suspect s'exerce avec davantage de rigueur pour certains actes du juge d'instruction comme, par exemple, lorsqu'il a lieu contre les ordonnances qui refusent une demande d'acte que le suspect estime nécessaire à la manifestation de la vérité (l'audition d'un témoin, une expertise, une contre-expertise etc.)[94]. Deux règles de procédure agissent en effet dans ce sens. La loi précise d'abord que lorsque le dossier de l'information judiciaire est transmis au président de la chambre de l'instruction, il est accompagné d'un avis motivé du procureur de la République sur les mérites de l'appel. Il coule de source que cet avis a pour but d'éclairer le président et à suggérer une solution qui n'est pas obligatoirement favorable aux intérêts du suspect, même si l'avis n'est que consultatif et que le président reste totalement maître de sa décision. Ensuite, l'examen de l'appel par la chambre de l'instruction est subordonné au filtrage de son président. Celui-ci peut donc décider, au moyen d'une ordonnance, certes motivée, mais insusceptible de recours, qu'il n'y a pas lieu de saisir la chambre de l'instruction. L'appel du suspect ne sera alors pas examiné et le dossier sera retourné au magistrat instructeur.

Il faut bien considérer que cette différence de traitement ne s'explique pas et qu'elle constitue, à l'évidence, une rupture dans le principe de l'égalité des armes, principe cependant indispensable à la satisfaction du droit au procès équitable, tel qu'il est vu par la Cour européenne des droits de l'homme[95].

La phase de jugement. Au cours de la phase de jugement, le principe du double degré de juridiction connaît des applications variables selon la nature juridique de l'infraction. Le suspect, déclaré coupable, peut faire appel des arrêts de condamnation rendus par la cour d'assises

(93) Art. 185 C. pr. pén. Il s'agit à la fois du procureur de la République (et de ses substituts) et du procureur général.

(94) Art. 186-1 C. pr. pén., qui renvoie aux art. 81, al. 9, 82-1, 82-3, 156, al. 6 et 167, al. 4 du C. pr. pén. Sur le refus du juge suite à une demande d'acte émanant du suspect, v. *infra* p. 170 et s.

(95) CEDH, 30 oct. 1991, *Borgers C/ Belgique*, Série A, n° 214-B ; CEDH, 27 oct. 1993, *Dombo Beheer B. V. c/ Pays-Bas*, Série A, n° 274.

(crimes et délits connexes)[96]. Il en est de même des jugements rendus par les tribunaux correctionnels (délits et contraventions connexes)[97] et des décisions rendues à l'encontre des mineurs (juge des enfants, tribunal pour enfants, cour d'assises des mineurs)[98]. Le droit à un double degré est ainsi amplement entendu.

Toutefois, l'appel des jugements rendus par les tribunaux de police obéit à des règles restrictives, la loi ayant limité l'exercice de ce droit aux infractions de la Ve classe, aux peines de suspension du permis de conduire[99], aux condamnations à des réparations civiles et à celles où l'amende est d'un montant supérieur au maximum de l'amende de IIe classe, soit 150 €[100]. Pour les autres contraventions, l'appel est fermé à toutes les parties, y compris au suspect. Mais il est toujours possible de former un pourvoi en cassation.

L'appel ayant un effet dévolutif, le suspect peut ainsi obtenir d'une juridiction supérieure (cour d'appel d'assises, chambre des appels correctionnels), composée de magistrats expérimentés, bénéficiant d'un plus grand recul sur l'affaire, que son innocence soit déclarée, en dépit d'une condamnation précédente[101].

b) *L'opposition*

L'opposition est une voie de recours prévue pour le cas où l'une des parties, volontairement ou non, ne se présenterait pas devant le juge de jugement. Elle est ouverte à toutes les personnes régulièrement citées, mais son principal bénéficiaire est le suspect[102]. En tant que voie de rétractation, l'opposition autorise, dans les hypothèses où il aurait été jugé et condamné en son absence[103], de faire revenir l'affaire devant cette même juridiction pour qu'il soit de nouveau et librement statué sur son sort pénal. On sait qu'en matière répressive, parce que « Nul en France ne plaide par procureur », le suspect doit en principe comparaître en per-

(96) Depuis la loi du 15 juin 2000. V. art. 380-1 et 380-2 C. pr. pén.
(97) Art. 496 et 497 C. pr. pén.
(98) Art. 24, al. 3, Ord. 2 févr. 1945.
(99) art. 131-16, 1° C. pén.
(100) Art. 546 C. pr. pén.
(101) V. cependant, art. 515 C. pr. pén. La cour d'appel peut confirmer la condamnation. La peine ne peut être aggravée (interdiction de la *reformatio in pejus*), à moins que le recours du suspect soit accompagné d'un appel du Ministère public (appel *a minima*).
(102) Art. 487 C. pr. pén.
(103) Un suspect relaxé n'a aucun intérêt à former opposition contre le jugement qui reconnaît son innocence. Dans ce sens, v. Cass. crim., 5 oct. 1994, *Bull. crim.*, n° 319, qui déclare irrecevable l'opposition formée par une personne poursuivie contre une décision par défaut l'ayant relaxée, faute d'intérêt à agir.

sonne devant ses juges[104]. Cette voie de recours a pour objectif de permettre au condamné, qui n'a pas satisfait à cette exigence, de bénéficier du principe du contradictoire et de faire normalement valoir sa défense. Elle va entraîner l'anéantissement de la première décision (effet extinctif), à laquelle viendra se substituer la seconde, pour autant que le suspect comparaisse à nouveau.

Il faut envisager séparément l'opposition selon qu'elle vise une décision rendue par une juridiction de police ou correctionnelle et un arrêt de la cour d'assises. Pour autant, dans les deux situations, le suspect absent a le droit de présenter une défense par l'intermédiaire d'un avocat[105].

En matière de police ou correctionnelle (tribunal de police, tribunal correctionnel et chambre des appels correctionnels). L'opposition est admise par la loi dans deux cas de figure :

– Le suspect a été régulièrement cité à personne ou a eu connaissance de la citation **et** a fourni à la juridiction une excuse reconnue valable pour ne pas comparaître (article 410 alinéa 1er du Code de procédure pénale).

– Le suspect n'a pas été cité à personne **et** il n'est pas établi qu'il a eu connaissance de la citation (article 412 alinéa 1er du Code de procédure pénale).

L'absence du suspect à son procès peut résulter d'une autre cause. Par exemple, il fournit une excuse que le tribunal ou la cour ne considère pas comme valable. Mais alors, le défaut n'étant pas retenu, la décision est qualifiée de « jugement contradictoire à signifier »[106] et la voie de l'opposition n'est pas ouverte.

Le suspect (comme les autres parties) doit former opposition dans le délai de dix jours s'il réside en France métropolitaine et de un mois dans les autres cas. Le délai commence à courir à partir du jour où la décision est signifiée à sa personne ou bien à son domicile, à la mairie ou au Parquet[107]. Cependant, en cas de condamnation, le délai ne pourra courir qu'à compter du jour où le suspect aura eu connaissance de la signification, dans l'hypothèse où cet acte lui serait demeuré inconnu. L'opposition est alors recevable « jusqu'à l'expiration des délais de prescription de la peine »[108].

Une fois l'opposition reçue, une date d'audience est fixée. Elle doit être portée à la connaissance du suspect (par notification verbale ou cita-

(104) Art. 410, al. 1er et 317 C. pr. pén.
(105) Art. 410, al. 2 et 309-3, al. 2 C. pr. pén.
(106) Art. 410, al. 2 C. pr. pén.
(107) V. art. 491 et 492, al. 1er C. pr. pén.
(108) Art. 492, al. 2 et 3 C. pr. pén.

tion), faute de quoi une nouvelle opposition serait recevable. En dehors de ce cas de figure, si le suspect ne comparait pas, on dit qu'il y a itératif défaut[109]. L'opposition est non avenue et la décision qui est alors rendue – décision dite de « débouté d'opposition » – rétablie le premier jugement dans toute sa force juridique[110]. Mais contre cette résurgence de la condamnation initiale, la voie de l'appel ou du pourvoi en cassation restent intacts.

Pour le suspect, l'opposition a une utilité dans la mesure où, en dépit de son absence, il souhaiterait s'exprimer de vive voix devant les juges qui l'ont déclaré coupable. Cette procédure s'inscrit dans le cadre d'un procès soucieux de voir garantis la contradiction à l'audience et l'exercice des droits de la défense. Or, le suspect peut fort bien préférer qu'une juridiction statue sans qu'il comparaisse. L'article 411 du Code de procédure pénale le lui permet, quelle que soit la peine encourue. Il suffit qu'il en fasse la demande par lettre adressée au président de la juridiction. Il sera néanmoins représenté par un avocat au cours des débats d'audience.

Toutefois, ce droit comporte une limite importante, le suspect n'ayant pas, en effet, le pouvoir d'imposer cette modalité de jugement. Le tribunal pourrait toujours estimer nécessaire sa comparution personnelle. Dans ce cas, l'article 411 alinéa 3 du Code de procédure pénale prévoit que l'audience initialement prévue pourra faire l'objet d'un renvoi, le procureur de la République procédant alors à une nouvelle citation du suspect.

En matière criminelle (cour d'assises et cour d'appel d'assises). La loi du 9 mars 2004, tout en abrogeant l'ancienne procédure de contumace née avec l'Ordonnance criminelle de 1670, a maintenu un dispositif particulier de défaut en matière criminelle[111]. Antérieurement, un accusé était déclaré *contumax* lorsqu'une fois mis en accusation, il n'avait pu être saisi par les forces de l'ordre, ne se présentait pas à l'audience de la cour d'assises ou s'évadait avant que soit rendu le verdict[112]. À moins qu'il ne fasse état d'une excuse légitime permettant de surseoir au procès, le *contumax* était jugé, mais il se retrouvait alors dans une situation défavorable, singulièrement s'il entendait faire reconnaître son innocence. Aucun avocat ne pouvait en effet se présenter pour lui à l'audience ni intervenir dans les débats. Le *contumax* devenait de la sorte un suspect aveugle, sourd et muet dans son propre procès, privé par la loi de l'exercice des

(109) Art. 494 et 494-1 C. pr. pén.

(110) Mais art. 494 al. 2 : si le suspect est condamné à une peine privative de liberté sans sursis, le tribunal peut ordonner un renvoi de l'affaire à une autre audience et donner ordre à la force publique de le rechercher.

(111) Art. 379-1 à 379-6 C. pr. pén.

(112) Anc. art. 627 à 639 C. pr. pén.

droits de la défense. Il lui était par ailleurs interdit de se pourvoir en cassation contre l'arrêt reconnaissant sa culpabilité[113]. Désormais, avec la loi du 9 mars 2004, le droit positif français en cette matière se met en conformité avec les exigences du procès équitable, après que la Cour européenne des droits de l'homme a condamné la France[114].

La nouvelle procédure de défaut criminel témoigne de ce que cette voie de jugement doit demeurer exceptionnelle. Si l'accusé est absent de son procès, la cour d'assises peut en effet renvoyer l'audience à une date ultérieure, y compris lorsque celui-ci prend la fuite au cours des débats et qu'il n'est pas possible de les suspendre jusqu'à son retour. Mais si une audience de jugement a néanmoins lieu, celle-ci se déroulera en application des règles ordinaires, avec cette particularité toutefois que la cour est restreinte aux seuls magistrats professionnels, et avec les limites découlant de l'absence du suspect. La défense peut librement s'exprimer à l'audience, si un avocat se présente. En cas de condamnation à une peine privative de liberté, « la cour décerne mandat d'arrêt contre l'accusé, sauf si celui-ci a déjà été décerné »[115]. Le délai de prescription de la peine commence alors à courir à compter de l'arrêt, selon la nature de l'infraction[116]. On observe toutefois que le condamné est privé du droit d'interjeter appel[117], ce qui heurte le principe du double degré de juridiction garantie par le Protocole additionnel n° 7 à la Convention EDH du 22 novembre 1984. Si le Protocole admet que des restrictions puissent être apportées au droit d'appel, ce n'est, entre autres, que « pour des infractions mineures » (art 2. 2). Les crimes et les délits connexes à ces crimes n'entrent pas, à l'évidence, dans le cadre restrictif prévu par le texte européen.

Enfin, dans l'hypothèse où le condamné se constitue prisonnier ou est arrêté avant expiration du délai entraînant prescription de la peine que la cour d'assises aura prononcée, il y a mise à néant de l'arrêt rendu par défaut. Le condamné redevient un suspect et il est alors jugé selon la procédure ordinaire. Le mandat d'arrêt délivré à la suite de l'arrêt de

---

(113) Il ne faut pas perdre de vue que jusqu'à la loi du 15 juin 2000, il n'était pas possible de faire appel d'un arrêt de la cour d'assises, le pourvoi en cassation étant la seule voie de recours ouverte.

(114) CEDH, 13 févr. 2001, *Krombach c/ France*, *Rec. CEDH* 2001, II, p. 3 (violation de l'art. 6 § 1 combiné à l'art. 6 § 3 Conv. EDH). Comme souvent, l'arrêt a d'abord conduit à un ajustement de la jurisprudence interne : Cass. ass. plén., 2 mars 2001, *Dentico*, *in Grands arrêts de la procédure pénale*, 3e éd., Dalloz, 2001, n° 38, p. 342 ; *D.* 2001, p. 1899, note J. Pradel. Pour des développements, v. V. Bouchard, « Procédures par contumace et par défaut au regard de l'article 6, § 1 de la Convention européenne des droits de l'homme », *Rev. sc. crim.* 2003, p. 517 ; C. Ginestet, « Procédure de contumace et procès équitable », *Dr. pén.* 2001, chron., p. 41.

(115) Art. 379-3, al. 4 C. pr. pén.

(116) Art. 764 et s. C. pr. pén.

(117) Art. 379-5 C. pr. pén.

condamnation vaut mandat de dépôt, de sorte que le suspect est automatiquement placé en détention provisoire. Il devra être jugé dans le délai de un an à compter de sa mise sous écrou, « faute de quoi il est immédiatement remis en liberté »[118].

2. La voie de recours extraordinaire : le pourvoi en cassation

Le recours devant la Cour de cassation n'est ouvert contre les décisions juridictionnelles rendues en dernier ressort que dans un certain nombre d'hypothèses déterminées limitativement par le Code de procédure pénale (cas d'ouverture). Par exemple, d'après l'article 596 du Code de procédure pénale, est justiciable d'une cassation l'arrêt de la cour d'assises ayant condamné un accusé, pour une infraction définie, à une peine qui n'était pas prévue par la loi[119].

Comme pour toute espèce de pourvoi, la Haute juridiction examine la conformité au droit, et plus spécialement à la loi, du jugement ou de l'arrêt qui lui est soumis, dans une perspective unificatrice des solutions retenues par les juridictions du fond. Il existe d'ailleurs un mode particulier de recours en cassation, nommé « pourvoi dans l'intérêt de la loi », exercé sur ordre du ministre de la Justice ou à l'initiative du procureur général près la Cour de cassation[120].

La voie du recours en cassation est ouverte à toutes les parties du moment que la décision litigieuse fait grief à celle qui en sollicite la censure[121]. Le suspect est donc l'un des bénéficiaires de cette procédure. Il a qualité pour agir à l'encontre de certains des arrêts rendus par la chambre de l'instruction au cours de l'information judiciaire. Par exemple, contre la décision qui rejette sa demande tendant à ce que la prescription des faits, objet de la poursuite, soit admise. Il peut également contester les condamnations émanant des juridictions de jugement, pour autant qu'elles ne sont pas devenues irrévocables[122].

Le pourvoi est porté devant la chambre criminelle de la Cour de cassation, celui-ci ayant un effet dévolutif. Il doit être formé par une déclaration au greffe du tribunal ou de la cour ayant statué dans le délai de cinq

(118) Art. 379-4 C. pr. pén., qui renvoie à l'art. 181. À titre exceptionnel, le délai peut être prorogé de six mois, prorogation renouvelable une fois.
(119) Pour les autres cas d'ouverture à cassation, v. art. 591 à 600 C. pr. pén.
(120) V. respectivement, art. 620 et 621 C. pr. pén.
(121) Art. 567, al. 1er C. pr. pén.
(122) Cass. crim., 17 mars 1993, *Bull. crim.*, n° 119. La condamnation peut d'ailleurs être de nature pénale ou uniquement civile.

jours francs à compter de la date de signification du jugement ou de l'arrêt, sous peine d'être déclaré irrecevable[123].

Un effet suspensif de la décision attaquée découle également du pourvoi, sauf lorsque la loi prévoit le contraire (par exemple, pour les condamnations civiles). Il en résulte que si le suspect est condamné, la peine éventuellement choisie ne pourra pas être exécutée tant que la chambre criminelle n'aura pas rendu son arrêt, qu'il soit de rejet ou, *a fortiori*, de cassation[124]. En outre, il convient d'en déduire que si le suspect, placé jusque-là en détention provisoire, est reconnu innocent, il doit être aussitôt remis en liberté, en dépit du pourvoi[125]. C'est une conséquence attachée à la règle selon laquelle tout suspect dispose d'un droit à la liberté provisoire[126].

L'issue du procès pénal va dépendre de la solution adoptée par les juges de cassation. En cas de rejet du pourvoi, à défaut de violation de la loi ou si la peine prononcée est justifiée, la procédure s'achève et la décision litigieuse passe alors en force de chose jugée. Le suspect, juridiquement, passe à l'état définitif de condamné et la peine reçoit exécution. En revanche, lorsque la cassation est ordonnée, qu'elle soit partielle ou totale, le jugement ou l'arrêt est annulé et fait l'objet, en général[127], d'un renvoi avec les parties devant une juridiction du même ordre et de même degré. L'affaire est à nouveau et librement examinée sur le fond, mais dans la limite de ce qui a été cassé. La solution retenue par la juridiction de renvoi peut à nouveau faire l'objet d'un pourvoi en cassation, qui sera alors porté devant l'Assemblée plénière[128]. Ainsi, dans le cas où le suspect serait condamné une nouvelle fois, il pourrait poursuivre la procédure devant la Haute juridiction et bénéficier des mêmes effets. S'il y a rejet du pourvoi, la procédure s'arrête et la décision de la juridiction de renvoi devient définitive. Mais s'il y a cassation, l'affaire est renvoyée devant une seconde juridiction du fond, du même ordre et de même degré, laquelle devra toutefois s'en tenir à ce que l'Assemblée plénière aura décidé. La juridiction de renvoi ne recouvrirait sa pleine liberté d'appréciation des éléments de la cause que si la motivation de l'arrêt rendu par la Cour de cassation était différente de celle adoptée antérieurement par la chambre criminelle. En tout état de cause, le suspect sera fixé sur son sort au terme de la procédure menée devant le second tribunal ou la seconde cour de renvoi – déclaration de culpabilité ou d'innocence.

(123) Art. 568 C. pr. pén. Mais il est de trois jours francs pour les arrêts de la chambre de l'instruction statuant sur la remise d'une personne recherchée en vertu d'un mandat d'arrêt européen (art. 568-1 C. pr. pén., qui renvoie à l'art. 695-31, al. 4).

(124) Art. 569, al. 1er C. pr. pén.

(125) Art. 569, al. 3 C. pr. pén.

(126) Pour des développement sur ce droit, v. *infra* p. 85 et s.

(127) Sauf si la Cour décide d'une cassation sans renvoi.

(128) Art. 619 C. pr. pén.

Pour autant, une condamnation du suspect est-elle toujours acquise irrémédiablement ? Ce n'est pas certain. Quand bien même une décision de culpabilité serait confirmée et deviendrait irrévocable, le suspect ne serait pas démuni.

B. LE DROIT À UN RECOURS SUITE À UNE CONDAMNATION DÉFINITIVE

Le Code de procédure pénale admet que le droit à l'innocence puisse persister et se manifester devant une juridiction, même après que la condamnation du suspect a acquis force de chose jugée. Il n'existe pas de jugement judiciaire qui soit à l'abri d'une erreur de fait ayant corrompue l'appréciation que les magistrats ont portée sur les circonstances de l'affaire. Le juge, pour de multiples raisons, peut s'être trompé et avoir injustement déclaré coupable un non coupable. Le langage commun parle alors, avec un certain effroi, « d'erreur judiciaire » et réclame dans le même temps que cette erreur soit corrigée et réparée. À titre exceptionnel, la loi a toujours permis que le condamné puisse exercer un recours tendant à obtenir la révision de son procès dans la perspective de faire éclater son innocence (1°). Cette voie de recours traditionnelle a été complétée par une autre, que l'ascendance exercée par le droit européen conventionnel sur la procédure répressive interne a permis d'instituer. Lorsque la Cour européenne des droits de l'homme constate, au moyen d'une condamnation de la France, qu'une décision pénale définitive n'a pas été rendue conformément aux impératifs de la Convention ou de ses protocoles additionnels, le condamné peut en demander le réexamen devant une juridiction nationale (2°). Un condamné peut ainsi, et toujours, faire régresser son état juridique actuel de condamné pour atteindre à nouveau celui de suspect afin, éventuellement, de revenir à celui d'innocent.

1. Le recours en révision

Cette voie de recours est spécialement réservée au suspect reconnu coupable d'un crime ou d'un délit et contre qui la décision pénale de condamnation est devenue irrévocable[129]. Elle vise à rétablir son innocence en cas d'erreur. La révision est une procédure peu usitée dont les probabilités de succès sont minces. Pourtant, elle est presque aussi familière au grand public que l'appel, en raison sans doute de la singularité des affaires soumises à révision, de la psycho-dramaturgie propre aux erreurs

(129) Pour des éléments de droit comparé (pays de l'Union européenne, Canada et Japon), v. « La révision pour erreur judiciaire (collectif) », *Rev. pénit.* 2001, n° 4, p. 667 et s.

judiciaires et à l'écho intensif que la presse y consacre bien souvent. Le capitaine Dreyfus reste son bénéficiaire le plus fameux[130], Patrick Dils l'un de ses plus récents[131], toutes deux affaires témoignant de l'opiniâtreté que déploient les suspects convaincus de leur innocence, ou leurs proches, à travers le Code de procédure pénale.

L'article 622 du Code de procédure pénale prévoit quatre cas d'ouverture :

1° Lorsqu'il est établi que la victime d'un homicide est en vie ;

2° Lorsqu'une autre personne est condamnée pour les mêmes faits ;

3° Lorsqu'un témoin du procès a été ultérieurement condamné pour faux témoignage contre le condamné.

4° Lorsqu'il « vient à se produire ou à se révéler un fait nouveau ou un élément inconnu de la juridiction au jour du procès, de nature à faire naître un doute sur la culpabilité du condamné ».

C'est cette quatrième hypothèse que le condamné invoque le plus souvent et sur laquelle il peut être utile de s'attarder quelques lignes[132].

La révision est ici ouverte aisément et s'interprète, là encore, comme le signe de ce que la condamnation d'un innocent demeure insupportable. Outre le condamné, elle peut être demandée par le ministre de la justice. Elle est également susceptible d'être poursuivie par le conjoint ou les descendants du condamné, longtemps et inlassablement après sa mort[133]. Le cas de Guillaume Seznec et des efforts inlassables de son petit-fils en constituent un exemple assez poignant.

La demande est examinée par une commission composée de magistrats de la Cour de cassation, qui peut, après de nouvelles investigations, décider du renvoi de l'affaire devant la chambre criminelle qui statue alors comme cour de révision[134]. Le droit à l'innocence du condamné, ainsi que le droit à la liberté provisoire, trouve à nouveau à s'exprimer à l'article 624 Code de procédure pénale, qui permet à la commission et à la cour de révision de suspendre les effets de la condamnation. Une remise en liberté peut ainsi être ordonnée.

Si la Cour est convaincue, par une probabilité suffisante tirée des éléments nouveaux, qu'il existe un doute sur la culpabilité, elle annule le

(130) Cass. ch. réunies, 3 juin 1899, *DP* 1900, 1, p. 180, rapp. Ballot-Beaupré ; *S.* 1900, 1, p. 697, note Roux (premier procès en révision) ; Cass. ch. réunies, 12 juill. 1906, *S.* 1907, 1, p. 49, note Roux (second procès en révision).

(131) Cass. crim. (cour rév.), 3 avr. 2001, *D.* 2001, p. 2228, note F. Defferrard.

(132) Pour les autres hypothèses, v. notamment C. Guillemain, « Révision et criminalité dépendante. La portée des décisions de justice inconciliables », *JCP* G 2001, I, n° 295.

(133) Art. 623 C. pr. pén.

(134) V. art. 623 et s. C. pr. pén.

jugement ou l'arrêt de condamnation initial. Le condamné redevient alors un simple suspect, bénéficiaire du doute et justiciable de la présomption d'innocence et de tous les droits normalement attachés à sa qualité. Sauf si de nouveaux débats sont impossibles[135], il est ensuite rejugé par une juridiction de même ordre et de même degré, qui peut le déclarer innocent ou bien le condamner à nouveau. Mais alors, toutes les voies de recours ordinaires et extraordinaires sont ouvertes, y compris, à nouveau, la révision. Dans le principe, un condamné ou ses proches peuvent ainsi, presque indéfiniment, protester de son innocence devant un juge[136].

2. *Le réexamen de la décision pénale définitive*

Toutes les voies de recours interne étant épuisées, le condamné peut encore saisir la Cour européenne des droits de l'homme et soutenir que la décision pénale a été rendue en violation d'une ou de plusieurs dispositions de la Convention EDH ou de ses protocoles additionnels[137]. Si la France est condamnée par les juges de Strasbourg, le « suspect », depuis la loi du 15 juin 2000, peut alors obtenir le réexamen de son affaire lorsque la « satisfaction équitable » (c'est-à-dire les dommages et intérêts) allouée sur le fondement de l'article 41 Convention EDH ne permet pas de mettre un terme au préjudice qu'il subit[138]. La condamnation du suspect est ainsi ébranlée par la condamnation ultérieure de l'État.

La procédure est proche de celle de la révision[139]. La demande peut être formée par le condamné lui-même ou par ses ayants droit s'il est mort, ainsi que par le ministre de la justice et le procureur général près la cour de cassation. Elle doit être présentée dans le délai de un an à compter de la décision de la cour européenne devant une commission composée de magistrats de la cour de cassation. Dans l'hypothèse où elle considère que le pourvoi est justifié, la commission dispose alors d'une option :

– Si le réexamen du pourvoi permet de remédier à la violation constatée par la Cour européenne, l'affaire est renvoyée devant la Cour de cassation qui statue en assemblée plénière ;

(135) Par ex., le condamné est mort ou a bénéficié d'une amnistie (art. 625, al. 3 et 4 C. pr. pén.).

(136) Même si la commission ou la cour de révision rejette le recours, le condamné peut présenter une nouvelle demande, sans restriction.

(137) Fl. Massias, « Le réexamen des décisions définitives intervenues en violation de la Convention européenne des droits de l'homme », *Rev. sc. crim.* 2001, p. 123.

(138) Par ex., en cas d'atteinte au droit d'accès à un tribunal (Comm. réex., 14 mars 2002, *Bull. crim.*, n° 2), au principe de l'égalité des armes (Comm. réex., 30 mai 2002, *Bull. crim.*, n° 3) ou au droit à un juge impartial (Comm. réex., 6 déc. 2001, *Bull. crim.*, n° 255).

(139) V. art. 626-2 à 626-7 C. pr. pén.

– Dans les autres cas, l'affaire est renvoyée pour rejugement devant une juridiction de même ordre et de même degré que celle qui a rendu la décision litigieuse.

Il faut à nouveau mentionner, comme pour la procédure de révision, que le suspect, rétabli dans tous ses droits, peut voir suspendue l'exécution de la condamnation[140].

§ 2. LA RÉPARATION DE L'ATTEINTE À L'INNOCENCE

L'innocence étant une valeur juridiquement protégée, les atteintes auxquelles on peut la soumettre, aux dépens de celui qui en bénéficie, sont susceptibles d'être réparées. On a vu que le droit à l'innocence recevait application au cours du processus pénal et permettait de contenir les assauts qu'il pouvait essuyer. Ce même droit perdure après que le juge s'est prononcé, lorsque l'innocence du suspect est judiciairement reconnue.

La mise en cause abusive dans une affaire pénale transforme le suspect en victime et génère *de facto* un préjudice à multiples facettes : il est corporel et moral lorsque la suspicion comporte une privation ou une restriction de la liberté d'aller et de venir, ou que le suspect subit des violences ; il est encore moral par l'atteinte à la liberté, à l'honneur et à la considération que provoque toute espèce de suspicion, fût-elle légitime.

Le suspect innocenté pourra avant tout demander qu'une publicité accompagne la déclaration d'innocence, de telle manière que le public en soit formellement instruit, de la même façon qu'on avait pu l'informer de la suspicion. Pour ce faire, plusieurs moyens sont mis par la loi à sa disposition. Et d'abord, le délai pour exercer le droit de réponse est ouvert à nouveau lorsque une décision (non-lieu, relaxe, acquittement) met définitivement le suspect hors de cause[141]. Au cas particulier d'un non-lieu, la décision peut en outre faire l'objet d'un communiqué ou d'une publication intégrale ou partielle dans un ou plusieurs journaux, écrits périodiques ou service de communication audiovisuelle[142]. Une large publicité, outre celle que les médias accordent spontanément aux affaires les plus singulières, est également prévue si l'innocence résulte d'un recours en révision

(140) Art. 626-5 C. pr. pén.

(141) Art. 13 *in fine* L. 29 juill. 1881. L'action en insertion forcée se prescrit par 3 mois à compter de la décision.

(142) Art. 177-1 C. pr. pén. V. aussi, art. 212-1 C. pr. pén., pour les arrêts de non-lieu rendus par la chambre de l'instruction. Il n'existe pas de règle identique en cas de relaxe ou d'acquittement, de telles décisions étant toujours rendues en public (à l'exception des ordonnances pénales rendues par le juge du tribunal de police – art. 525 C. pr. pén.).

ou du réexamen de la décision pénale[143]. Le législateur a bien compris que pour atteindre une certaine effectivité et pour affaiblir l'effet nocif de la culpabilité, l'innocence a souvent besoin d'une proclamation.

Le suspect pourra ensuite obtenir le remboursement de tout ou partie des frais de justice qu'il aura exposé pour conduire sa défense[144]. S'il y a eu condamnation, les amendes et les dommages et intérêts versés par l'innocent doivent lui être restitués. L'article 625 *in fine* du Code de procédure pénale indique par ailleurs que la fiche du casier judiciaire est supprimée[145].

Enfin, le suspect dispose du droit d'engager la responsabilité de ceux qui l'ont soupçonné à tort et qui lui ont, pour ces motifs, causé un dommage. Elle intéresse essentiellement l'État, personne morale de droit public en charge du service de la Justice (A) et les fauteurs de suspicion, c'est-à-dire ceux qui, de façon téméraire ou malveillante, ont provoqué ou conforté une fausse accusation (B).

A. LA RESPONSABILITÉ DE L'ÉTAT

Elle comporte trois volets distincts, mais chacun fondés sur le fait que le suspect étant innocent, la suspicion n'était pas légitime et les conséquences produites sur sa personne irrégulières. De ce point de vue, la détention provisoire fait l'objet d'une réparation particulière (1°). Lorsqu'à la suite d'une condamnation irrévocable, le condamné est, en définitive, reconnu innocent, une indemnisation spécifique peut en outre lui être versée (2°). À l'ensemble de ces réparations s'ajoute celle que le suspect peut obtenir s'il engage la responsabilité de l'État pour fonctionnement défectueux du service de la justice (3°).

1. *L'indemnisation de la détention provisoire injustifiée*

Lorsqu'une décision juridictionnelle définitive reconnaît son innocence (non-lieu, relaxe ou acquittement), le suspect est informé du droit

(143) V. respectivement, art. 626, al. 6 et 7 C. pr. pén. (pour la révision) et 626-7 C. pr. pén. (pour le réexamen, texte renvoyant à l'art. 626). Il est prévu l'affichage de la décision d'innocence dans les communes de condamnation, de commission des faits, du domicile du demandeur, du lieu de naissance et du dernier domicile de la victime de l'erreur. Une insertion au *Journal officiel* et dans cinq périodiques est également possible.

(144) Art. 800-2 C. pr. pén. V. aussi, J. Martial, « À propos de l'article 800-2 du Code de procédure pénale », *Gaz. Pal.* 2002, doctr. p. 611.

(145) La règle vise l'hypothèse de la révision. Mais le législateur ne l'a pas prévu en cas de réexamen de la décision aboutissant à l'innocence, ce qui est un oubli gênant. Le casier sera-t-il quand même assaini ?

qu'il a de demander réparation, sous la forme de dommages et intérêts, de la privation de liberté qu'il a dû subir au cours des investigations policières et judiciaires (détention provisoire)[146]. Il s'agit d'un droit assez récent dans son principe et dans sa traduction juridique[147], postulant que le procès répressif, en dépit de son caractère élaboré et rationnel, procède toujours d'une « justice procédurale imparfaite », pour reprendre la formule évoquée ailleurs de John Rawls[148].

La loi prévoit une réparation intégrale du préjudice moral et matériel causé par la détention dont le montant est évalué au moyen d'une expertise contradictoire, conformément au droit commun dans cette matière[149]. Il est pris en considération, par exemple, la perte d'un emploi ou des troubles psychiques, lorsqu'il est établi un rapport de cause à effet avec la détention.

Une requête formée dans les six mois de la décision déclarant l'innocence doit être présentée au premier président de la cour d'appel, lequel doit statuer par ordonnance motivée susceptible d'un recours, dans les dix jours de sa notification, devant la commission nationale de réparation des détentions[150]. Des exclusions sont prévues, en particulier si le suspect s'est librement et volontairement accusé ou laissé accusé à tort dans le but de faire échapper aux poursuites le véritable auteur de l'infraction. Il n'y a pas d'indemnisation non plus s'il était dément au moment des faits, au sens de l'article 122-1 alinéa 1er du Code pénal. Il faut cependant reconnaître que dans ce dernier cas, l'impossibilité d'indemnisation se comprend mal. Sans doute un suspect reconnu dément est-il déclaré pénalement irresponsable, ce qui ne signifie pas qu'il est innocent. Pour autant, ce qui fonde la responsabilité de l'État, c'est une privation de la liberté qui a anticipé à tort sur celle que le juge de jugement aurait pu retenir s'il avait condamné (la détention provisoire s'impute d'ailleurs, comme on sait, sur la peine d'emprisonnement). Peu importe en définitive les motifs

---

(146) Art. 149 et s. C. pr. pén., et R. 26 et s. C. pr. pén. L'art. 5 § 5 Conv. EDH prévoit également un tel droit à réparation.

(147) La réglementation en la matière résulte d'une loi du 17 juill. 1970. V. aussi, J. Léauté, « Pour une responsabilité de la puissance publique en cas de détention préventive abusive », *D.* 1966, chron., p. 61 ; F. Munoz, « L'indemnisation des détentions provisoires injustifiées : du secours à la garantie sociale », Rapport *in Justice et responsabilité de l'État*, sous la dir. de M. Deguergue, PUF, coll. Droit et justice, 2003, p. 117 et D. Karsenty, « La réparation des détentions », *JCP* G 2003, I, n° 108.

(148) J. Rawls, *Théorie de la Justice*, Seuil, 1987, p. 117 : « La caractéristique d'une justice procédurale imparfaite est que, alors qu'il y a un critère indépendant pour déterminer le résultat correct, il n'y a aucune procédure utilisable pour y parvenir en toute sûreté ». V. aussi, A. Giudicelli, « L'indemnisation des personnes injustement détenues ou condamnées », *Rev. sc. crim.* 1998, p. 11.

(149) Art. 149, al. 1er C. pr. pén., qui renvoie aux art. 156 et s. C. pr. pén.

(150) Art. 149-2 et 149-3 C. pr. pén. Pour la procédure devant la commission nationale, v. art. R. 40-4 et s. C. pr. pén.

retenus pour rendre une ordonnance de non-lieu, pour relaxer ou acquitter. Il y a eu privation de liberté sans condamnation pénale ultérieure, et il n'y a pas de demi-mesure acceptable dans ce domaine. On peut toujours souligner que si le suspect est mentalement aliéné, l'État, en quelques sortes, « n'y peut rien ». Mais si la démence est reçue par le juge, s'il y a abolition du discernement et du contrôle des actes, il faut alors admettre que le suspect « n'y peut rien non plus » puisqu'il ne disposait pas de son libre arbitre au jour des faits et qu'il n'a pas pu vouloir l'infraction. Il n'existe ainsi aucun motif justifiant qu'il doive couvrir la perte de sa liberté, la sienne ayant autant de valeur que celle d'un autre, même si l'état de sa conscience ne lui permet peut-être pas d'en mesurer toute la réalité et toute la valeur.

On peut observer que le nombre des demandes ne cesse de croître d'une année sur l'autre. Le montant des indemnités suit une courbe assez identique, mais demeure encore modeste au regard du dommage subi par le suspect[151]. La demande peut d'ailleurs se cumuler avec une requête en indemnisation fondée sur la violation de l'article 5 § 3 de la Convention EDH, le texte reconnaissant le droit pour toute personne arrêtée ou détenue provisoirement d'être jugée dans un délai raisonnable, ou bien remise en liberté[152].

2. *L'indemnisation après établissement de l'innocence*

L'article 3 du Protocole additionnel n° 7 à la Convention EDH du 22 novembre 1984 prévoit que si un « fait nouveau ou nouvellement révélé prouve qu'il s'est produit une erreur judiciaire », la personne condamnée à tort ayant subi une peine a droit à une réparation[153]. Des dispositions de même nature existent en procédure pénale interne lorsqu'une personne condamnée est finalement reconnue innocente à la suite d'un recours en révision ou après réexamen de la décision pénale consécutif au prononcé d'un arrêt de la cour européenne des droits de l'homme[154].

Des dommages et intérêts sont dus, à moins que le condamné ne se soit auto-accusé ou laissé accuser, comme en matière de détention provisoire. La procédure d'indemnisation se calque d'ailleurs sur celle qu'indiquent les article 149-2 à 149-4 du Code de procédure pénale.

---

(151) En 2001, 1, 67 millions d'euros ont été versés par la commission nationale de réparation des détentions (source : *Annuaire statistique de la Justice*, éd. 2003, La Documentation française, p. 137).
(152) CEDH, 27 août 1992, *Tomasi c/ France*, Série A, n° 241-A ; CEDH, 26 juin 1991, *Letellier c/ France*, *JCP* G 1992, II, n° 21931, note B. Jouve.
(153) À moins « qu'il ne soit prouvé que la non-révélation en temps utile du fait inconnu lui est imputable en tout ou partie » (art. 3 *in fine* Protocole n° 7).
(154) V. respectivement art. 626 C. pr. pén. (pour la révision) et 626-7 C. pr. pén. (pour le réexamen, texte renvoyant à l'art. 626).

Toutefois, la personne peut demander que la réparation lui soit directement allouée par la décision d'où résulte son innocence. Cette voie lui permet de faire l'économie d'une procédure devant le premier président de la cour d'appel et d'accélérer son indemnisation.

3. L'indemnisation du fait du fonctionnement défectueux du service de la justice

Un dispositif plus général de réparation est apparu avec la loi du 5 juillet 1972. D'après l'article L. 781-1 du Code de l'organisation judiciaire, « L'État est tenu de réparer le dommage causé par le fonctionnement défectueux du service de la justice ». Parmi les personnes justiciables de ce texte[155], on compte le suspect condamné dont l'innocence est finalement reconnue par une décision ultérieure et dont la mise en cause plus ou moins durable dans une procédure pénale, en raison d'un dysfonctionnement juridictionnel grave, a pu lui causer un dommage. La responsabilité de l'État est subordonnée à la preuve d'une « faute lourde » ou d'un « déni de justice »[156]. Cette dernière hypothèse est peu fréquente en pratique, encore que la condition se voit aujourd'hui déplacée sur le terrain du droit d'être jugé dans un délai raisonnable, au sens de l'article préliminaire du Code de procédure pénale et de l'article 6 § 1 Convention EDH. La paresse d'un magistrat instructeur ou l'inertie d'une juridiction de jugement[157] peut ainsi donner lieu à responsabilité de l'État, dans la mesure où l'autorité judiciaire malmène le droit qu'a le suspect de bénéficier d'un procès équitable.

La faute lourde, traditionnellement appréciée avec rigueur[158], a été redéfinie de manière plus souple par la cour de cassation, ce qui rend davantage accessible à la responsabilité de la puissance publique les agissements les plus déplorables commis à l'encontre du suspect. Selon une décision du 23 février 2001, « constitue une faute lourde toute déficience caractérisée par un fait ou une série de faits traduisant l'inaptitude du ser-

(155) L'art. L. 781-1 C. org. jud. s'applique aux victimes usagers du service de la justice, c'est-à-dire aux personnes visées par la procédure (suspect, témoin assisté, partie civile) : Cass. civ. 1re, 21 déc. 1987, *Bull. civ.* I, n° 347.

(156) J. Moreau, « La responsabilité des magistrats et de l'État du fait de la justice : l'apport du droit administratif », *Justices*, n° 5, p. 39 ; G. Wiederkehr, « La responsabilité de l'État et des magistrats du fait de la justice », *Justices* janv.-mars 1997, p. 13.

(157) Pour un juge d'instruction, v. par ex., CA Paris, 6 sept. 1996, *Gaz. Pal.* 1996, 2, p. 495 : il y a notamment déni de justice lorsque « le juge refuse de répondre aux requêtes [par ex., une demande de mise en liberté ou l'audition d'un témoin susceptible d'établir l'innocence] ou ne procède à aucune diligence pour instruire ou faire juger les affaires en temps utile ».

(158) Cass. civ. 1re, 16 oct. 1968, *D.* 1969, somm., p. 44.

vice public de la justice à remplir la mission dont il est investi »[159]. L'acception retenue par les Hauts magistrats emprunte ainsi deux directions distinctes, qui se révèlent plus protectrices des intérêts du suspect : la première, subjective et individualisée, envisage un comportement critiquable du juge ; la seconde, objective et globalisante, vise le mauvais fonctionnement du service public de la justice (police judiciaire, ministère public, juridiction, greffe, administration pénitentiaire)[160].

B. LA RESPONSABILITÉ DU FAUTEUR DE SUSPICION

Le suspect, une fois innocenté, peut enfin mettre en mouvement la responsabilité civile et pénale des personnes physiques ou morales dont les agissements ont rendu possible la suspicion ou l'erreur. Sans préjudice d'une condamnation pour avoir provoqué des poursuites de façon téméraire (1°), le fauteur de suspicion peut ainsi avoir à répondre des délits de diffamation (2°) et de dénonciation calomnieuse (3°).

1. La dénonciation téméraire de l'innocent

On ne provoque pas impunément la suspicion judiciaire. Lorsqu'une partie civile fait déclencher des poursuites pénales aboutissant à une décision déclarant l'innocence, sa responsabilité civile peut être engagée par celle qui a été désignée à tort comme suspecte. Il s'agit d'une riposte judiciaire légitime devant une mise en cause généralement fondée par des considérations abusives ou dilatoires, et susceptible d'avoir pour la personne visée des conséquences d'une grande gravité. La partie civile téméraire s'expose ainsi à devoir s'acquitter de dommages et intérêts, quel que soit le mode de saisine du juge répressif.

Dans l'hypothèse où une plainte avec constitution de partie civile entraîne l'ouverture d'une *instruction préparatoire*, le plaignant peut être tenu de verser des dommages et intérêts aux personnes désignées par elle comme suspectes si les investigations du juge aboutissent à une ordonnance de non-lieu (article 91 Code de procédure pénale). Peu importe la condition juridique du suspect visé dans la plainte et, en particulier, il n'est pas nécessaire qu'elle ait été mise en examen. Il suffit que puisse apparaître le caractère abusif ou dilatoire du déclenchement des poursuites pénales, à la suite de leur échec devant le magistrat instructeur.

---

(159) Cass. ass. plén., 23 févr. 2001, *Bull. ass. plén.*, n° 5 ; *D.* 2001, p. 1752, note Ch. Debbasch ; *JCP* G 2001, II, n° 10583, note J.-J. Menuret.
(160) V. par ex., TGI Paris, 3 avr. 1996, *Gaz. Pal.* 1996, 2, p. 584 (Ministère public) ; CA Paris, 25 avr. 1985, *Gaz. Pal.* 1986, 1, somm., p. 41 (juge d'instruction).

La demande doit être formée par citation directe devant le tribunal correctionnel du lieu de l'information dans le délai de trois mois suivant l'ordonnance de non-lieu devenue définitive. Le juge correctionnel est naturellement libre d'apprécier le caractère abusif ou dilatoire de la plainte, et donc d'accorder ou non un dédommagement au suspect-victime. Mais si, comme le permet l'article 177-2 du Code de procédure pénale, le juge d'instruction a, sur réquisition du ministère public, condamné la partie plaignante à une amende civile en raison de sa témérité[161], « cette décision s'impose au tribunal correctionnel saisi [...] »[162]. Par ailleurs, le suspect peut porter sa demande devant une juridiction civile dans les conditions du droit commun, en particulier s'il a laissé se prescrire le court délai de l'article 91 du Code de procédure pénale (trois mois).

En cas de *citation directe* devant le tribunal correctionnel ou de police, le suspect bénéficiant d'une relaxe peut, par voie de conclusions, solliciter une indemnisation que la juridiction peut accorder dans le même jugement, lorsqu'il est estimé que la constitution de partie civile a été abusive[163]. La même disposition s'applique si le suspect est acquitté par une cour d'assises[164].

2. *La diffamation de l'innocent*

L'article 65-2 de la loi du 29 juillet 1881 fait courir à nouveau le délai de prescription de trois mois, une fois devenue définitive une décision ne mettant pas en cause le suspect (non-lieu, relaxe acquittement), pour l'exercice du recours en diffamation. Il arrive qu'un suspect, lorsqu'il est seulement soumis à des poursuites pénales, soit en effet victime d'imputations de nature à porter atteinte à son honneur ou à sa réputation. L'objet comme l'intérêt de ce texte est d'offrir à cette personne, lorsqu'elle est ultérieurement innocentée, le droit d'engager des poursuites du chef des imputations proférées par une personne physique ou morale (en général, un journaliste ou un organe de presse), bien que le délai soit normalement prescrit[165]. Cette faculté, bien sûr, n'est ouverte que si aucune décision portant sur les mêmes faits (imputations) n'a déjà été rendue du chef de diffamation, conformément à la maxime *Non bis in*

(161) Art. 177-2 al. 1er C. pr. pén. Le montant de l'amende civile peut atteindre 15 000 €.
(162) Art. 91, al. 7 C. pr. pén.
(163) Art. 472 C. pr. pén.
(164) Art. 371, al. 1er C. pr. pén. : « Après que la cour d'assises s'est prononcée sur l'action publique, la cour, sans l'assistance du jury, statue sur les demandes en dommages-intérêts formées [...] par l'accusé acquitté contre la partie civile [...] ».
(165) C. Bigot, « Les modifications du droit de la presse (articles 47 à 56 de la loi n° 93-2 du 4 janvier 1993 portant réforme de la procédure pénale », *Gaz. Pal.* 1993, 2, doctr. p. 1066.

idem que rappelle, entre autres, l'article 6 alinéa 1er du Code de procédure pénale.

L'imputation litigieuse revêt un caractère diffamatoire parce que l'ordonnance, le jugement ou l'arrêt a rétroactivement invalidé la suspicion. L'action permise au suspect mis en cause de façon imprudente se présente, là encore, comme ayant les traits d'une riposte judiciaire dont la poursuite pour dénonciation calomnieuse constitue le point culminant.

3. La dénonciation calomnieuse de l'innocent

Le délit, prévue à l'article 226-10 du Code pénal, permet de réprimer les agissements de celui qui a déclenché une suspicion illégitime de la part des autorités administratives, policières, judiciaires ou encore disciplinaire, et a injustement conduit à rendre suspecte une personne[166]. Il y a dénonciation calomnieuse lorsqu'un individu, spontanément, rapporte à une autorité ayant le pouvoir d'y donner une suite des faits susceptibles de recevoir une sanction.

Les éléments dénoncés doivent mettre en cause une personne et la menacer de poursuites[167], qu'elles soient disciplinaires ou répressives. C'est le glissement provoqué vers l'état juridique de « suspect » qui justifie la poursuite pour dénonciation calomnieuse, peu important d'ailleurs la direction que l'autorité décide de donner à l'affaire.

La personne doit en principe être déterminée et donc identifiée. Mais il suffira qu'elle soit seulement identifiable « grâce aux indications de la dénonciation elle-même ou à la mise en scène qui l'a précédée pour orienter les soupçons »[168]. L'intention délictueuse suppose qu'au moment de la dénonciation, son auteur sache que les faits sont inexacts, en tout ou en partie[169].

La personne injustement soupçonnée peut déclencher la poursuite (dépôt d'une plainte, citation directe) ou s'y s'associer, lorsque le ministère public a déjà agi dans ce sens, en se constituant partie civile. C'est au tribunal correctionnel d'apprécier la pertinence des accusations portées par le dénonciateur, à moins qu'une décision juridictionnelle définitive déclare « que la réalité du fait n'est pas établie ou que celui-ci n'est pas imputable à la personne dénoncée » (non-lieu, relaxe ou acquittement)[170]. Dans ce dernier cas, la loi considère que la décision rend les faits litigieux nécessairement faux.

(166) La peine encourue est de cinq ans d'emprisonnement et de 45 000 € d'amende, outre les peines complémentaires prévues à l'art. 226-31 C. pén. à l'égard des personnes morales.

(167) Cass. crim., 2 mai 1919, *DP* 1920, 1, p. 64.

(168) Ph. Conte, *Droit pénal spécial*, Litec, 2003, n° 494.

(169) Dans ce sens, v. Cass. crim., 7 juin 1963, *Bull. crim.*, n° 197.

(170) Art. 226-10, al. 2 C. pr. pén. Ce qui oblige le tribunal correctionnel saisi de surseoir à statuer sur la dénonciation.

La jurisprudence considère que l'action en dénonciation calomnieuse peut se cumuler avec l'engagement de la responsabilité pour dénonciation téméraire[171], ce que prévoit expressément l'article 91 Code de procédure pénale[172]. La victime est ainsi admise à demander la réparation du préjudice qu'elle peut avoir subi du fait d'une suspicion fondée sur les éléments dénoncés. Un officier de police judiciaire, en effet, a pu à cette occasion la placer en garde à vue ou un juge en détention provisoire, et l'avoir privé du droit fondamental qu'a toute personne à la liberté.

Si le suspect a droit à tout moment à ce que son innocence soit préservée ou proclamée, une certaine logique veut qu'il puisse demeurer en liberté autant que possible et aussi longtemps qu'une décision de justice n'a pas légalement et définitivement décidé de la lui ôter par une mesure d'emprisonnement. Pour tout suspect, le droit à la liberté se présente ainsi comme le corollaire inévitable du droit à l'innocence.

(171) Cass. crim., 2 mars 1971, *Bull. crim.*, n° 70.

(172) Des poursuites fondées sur d'autres infractions sont encore possibles. Elles ne concernent pas directement la répression des agissements et la réparation du dommage subi par une personne soupçonnée à tort, mais peuvent avoir eu une incidence sur sa situation judiciaire. Il en est ainsi, par exemple, *des délits d'entrave à l'exercice de la justice* (intimidation envers les autorités judiciaires, en vue d'influencer leur comportement [art. 434-8 C. pén.], corruption des autorités judiciaires [art. 434-9], omission de témoigner en faveur d'un innocent [art. 434-11], refus de déposer, lorsque la personne déclare connaître les auteurs d'une infraction [art. 434-12], faux témoignage [art. 434-13], subornation de témoin [art. 434-15], d'interprète [art. 434-434-15] ou d'expert [art. 434-21], publication en vue d'influencer un témoin ou une décision judiciaire [art. 434-16]). Au titre *des délits d'atteinte à l'autorité de la justice*, des poursuites pénales peuvent également être exercées pour dénonciation d'une infraction imaginaire (art. 434-26 C. pén.).

CHAPITRE 2
LE DROIT À LA LIBERTÉ

Il n'est pas si lointain le temps où le suspect, une fois capturé, était systématiquement placé en détention préventive[1]. Garraud nous apprend que « le code de 1808 n'admettait la liberté provisoire qu'à titre exceptionnel »[2], ce qu'exposait avec rigueur l'article 113 initial du Code d'instruction criminelle : « La liberté provisoire ne pourra jamais être accordée au prévenu lorsque le titre de l'accusation emportera une peine afflictive ou infamante ». Elle n'était admise que pour les infractions justiciables d'une peine correctionnelle, et encore, « moyennant caution solvable »[3]. Il faudra attendre la loi du 7 février 1933, revue par celle du 25 mars 1935, pour que la règle soit posée comme exception, pour que le doute profite à la liberté et l'emporte sur la détention, pour qu'en définitive un droit à la liberté provisoire, c'est-à-dire à celle dont bénéficie le suspect pendant la mise en état du dossier, soit légalement consacré[4].

La tendance contemporaine est de considérer la privation de liberté comme l'exception, en tant qu'il s'agit d'une conséquence logique de la présomption d'innocence. L'article préliminaire (III) du Code de procédure pénale prévoit que les mesures de contraintes dont la personne suspectée ou poursuivie peut faire l'objet « doivent être strictement limitées aux nécessités de la procédure, proportionnées à la gravité de l'infraction

(1) Jusqu'à la loi du 17 juill. 1970, on parlait de détention *préventive* pour désigner l'actuelle détention *provisoire*.

(2) Il s'agit du Code d'instruction criminelle (CIC). V. R. Garraud, *Précis de droit criminel*, 15e éd., par P. Garraud, Sirey, 1934, n° 424.

(3) Art. 114 CIC. L'art. 115 ajoutait que la liberté provisoire était prohibée, en toute hypothèse, pour les vagabonds et les repris de justice.

(4) Les premiers adoucissements sont intervenus avec la loi du 4 avril 1855, mais la césure dans ce domaine date de 1933. Pour des précisions, v. G. Vidal, *Cours de droit criminel et de science pénitentiaire*, 9e éd., par J. Magnol, Paris, Éd. Rousseau & Cie, 1949, nos 826 et s.

reprochée et ne pas porter atteinte à [sa] dignité »[5]. Le caractère exceptionnel de la privation de liberté s'accompagne du droit, dans le cas où le suspect serait incarcéré, d'être jugé dans un délai raisonnable. La limite d'une détention admissible serait alors recherchée, selon les juges de Strasbourg, dans la mesure du sacrifice qui « pouvait être raisonnablement infligé à une personne présumée innocente »[6].

Seule la loi autorise qu'il soit porté atteinte à la liberté d'aller et de venir. Seul un individu, objet de suspicion, peut être temporairement privé de sa liberté dans le cadre d'un procès répressif. Le témoin assisté ne peut ainsi être placé en détention provisoire. Il en est de même du simple témoin : ni incarcération ni même garde à vue s'il conserve ce statut[7]. Sans doute ayant le devoir de comparaître pour être entendu peut-il y être contraint par la force publique s'il ne se présente pas à une convocation[8]. Mais il ne peut être retenu que le temps strictement nécessaire à son audition.

À quelque période de la procédure, une personne devenue suspecte peut ainsi revendiquer l'accès à la liberté. De ce point de vue, deux temps apparaissent : le suspect peut, en premier lieu, obtenir son maintien en liberté lorsque celle-ci est susceptible de lui être enlevée (section 1). En second lieu, s'il y a placement en détention provisoire, il peut toujours et à tout moment solliciter son élargissement, c'est-à-dire sa mise en liberté (section 2).

Section 1 Le droit de rester en liberté

De multiples raisons peuvent justifier qu'un suspect fasse l'objet d'un retrait de liberté par un placement en garde à vue ou, ultérieurement

(5) V. aussi, art. 9 Décl. DHC et 9 Décl. UDH ; art. 5 Conv. EDH ; art. 18 Décl. droits naturels de l'homme, École de droit naturel de Kopaonik, Belgrade, 2003, p. 106 ; art. 9 § 3 PIDCP, 19 déc. 1966 : « La détention de personnes qui attendent de passer en jugement ne doit pas être de règle [...] ».

(6) CEDH, 27 juin 1968, *Wemhoff c/ Allemagne*, Série A, n° 7, § 5.

(7) Il en irait autrement si, au cours d'une audition en qualité de témoin, une personne avouait l'infraction et donnait des éléments de nature à lui faire acquérir la qualité de suspect. Dans ce sens, v. par ex., Cass. crim., 16 juin 1981, *in Grands arrêts de la procédure pénale*, 3e éd., Dalloz, 2001, n° 30, p. 289, obs. J. Pradel.

(8) Art. 62, al. 5 C. pr. pén. (enquête préliminaire), 78, al. 2 et 3 (enquête sur infraction flagrante), 101, al. 3 et 153 C. pr. pén. (instruction) ; art. 536 (tribunal de police), 439 (tribunal correctionnel) et 326 C. pr. pén. (cour d'assises). Pour des précisions, v. *supra* p. 29 et s.

s'il est mis en examen, en détention provisoire. La crainte d'une fuite ou d'une collusion avec d'éventuels complices, le danger que les preuves soient détruites, les menaces pouvant affecter les témoins ou les victimes, la volonté de contenir le trouble que l'infraction a causé dans l'opinion, voici des motifs parfaitement opportuns et censés. Encore convient-il de les établir judiciairement. L'arrestation d'un suspect, puis sa mise à disposition de la justice, ne sera ainsi régulière qu'autant qu'une motivation viendra la soutenir (§ 1) et qu'elle sera validée par l'effet d'un contrôle exercé par le juge (§ 2).

§ 1. L'OBLIGATION DE MOTIVER LA PRIVATION DE LIBERTÉ

Garantie contre l'arbitraire ou l'erreur, aussi bien celle du policier que du magistrat, la décision conduisant à ôter la liberté d'un suspect doit être motivée par des considérations de faits spécifiques à l'affaire et au rapport causal susceptible d'être établi entre l'infraction et son auteur possible. La règle vaut pour tous les cas de privation autorisés par la loi, qu'elle intervienne au stade policier de la procédure pénale – garde à vue pour l'essentiel (A) – ou judiciaire – détention provisoire (B).

A. AU STADE POLICIER DE LA PROCÉDURE PÉNALE

Les autorités de police ou de gendarmerie ont toujours eu le pouvoir de garder à leur disposition pendant un certain temps les personnes pouvant intéresser leur enquête (par exemple, un témoin du délit ou du crime)[9]. Mais seul un suspect peut faire l'objet d'une mesure coercitive entravant sa liberté d'aller et de venir, et toujours sur la foi d'une preuve indiquant la double exigence rappelée par l'article préliminaire du Code de procédure pénale : les mesures de contraintes doivent être « strictement limitées aux *nécessités de la procédure* » et « *proportionnées* à la gravité de l'infraction ». Il en est ainsi du placement en garde à vue (1°) comme de toutes les autres mesures voisines (2°).

1. La motivation de la garde à vue

Un officier de police judiciaire ne peut placer une personne en garde à vue que si l'enquête le nécessite et s'il existe « une ou plusieurs raisons

(9) Art. 61 C. pr. pén. : « L'officier de police judiciaire peut défendre à toute personne de s'éloigner du lieu de l'infraction jusqu'à la clôture de ses opérations ». Dans le même sens, v. art. 119, al. 4, D. 20 mai 1903.

plausibles de soupçonner qu'elle a commis ou tenté de commettre une infraction »[10]. Que la mesure intervienne au cours d'une enquête de police[11], sur commission rogatoire du juge d'instruction[12] ou après délivrance d'un mandat de recherche[13], elle s'appuie sur une même exigence probatoire : elle doit d'abord être nécessaire ; elle doit ensuite reposer sur un soupçon réel et sérieux indiquant le rôle, sinon vraisemblable du suspect dans l'infraction, du moins possible. Le recours à une clause de style ou à une justification générale serait insuffisant. La mesure doit apparaître comme indispensable et elle impose une justification concrète déterminée[14], sur la considération d'éléments qui soient liés à l'infraction et au suspect. L'existence de soupçons plausibles, nous apprennent les magistrats de Strasbourg, « présuppose l'existence de faits ou renseignements propres à persuader un observateur objectif que l'individu en cause peut avoir accompli l'infraction »[15]. Tel n'est pas le cas, par exemple, si la personne est gardée à vue sur la seule base de condamnations antérieures[16]. Il en serait de même si le policier se contentait d'impressions vagues ou personnelles, par définition impossibles à prouver et rebelles à tout contrôle juridictionnel postérieur.

Cette motivation fait obligatoirement l'objet d'une indication sur le procès-verbal d'audition du suspect, accompagnée d'autres éléments comme la durée des interrogatoires et des périodes de repos[17]. Une garde à vue qui ne satisferait pas à cet impératif légal serait donc irrégulière. Dans ce sens, le suspect pourra toujours manifester sa désapprobation en refusant d'émarger le procès-verbal, refus dont il doit être fait mention sur l'acte[18]. Par ailleurs, il aura toujours la faculté de contredire en justice le bien-fondé de la décision de placement et en obtenir l'annulation. Mais

(10) Cette formule, issue de la loi du 15 juin 2000, met notre législation interne en conformité avec l'art. 5 *c)* de la Conv. EDH qui justifie la privation de liberté, notamment, « lorsqu'il y a des raisons plausibles de soupçonner qu'il [le suspect] a commis une infraction [...] ». V. J. Buisson, « La garde à vue dans la loi du 15 juin 2000 », *Rev. sc. crim.* 2001, p. 25.

(11) Art. 77 C. pr. pén. (enquête préliminaire) et 63 C. pr. pén. (enquête de flagrant délit).

(12) Art. 154 C. pr. pén. On ne se trouve pas, à proprement parler, au stade policier de la procédure, mais judiciaire. Pour autant, la garde à vue est une mesure policière que le juge d'instruction n'a pas le pouvoir de décider. Elle est en outre de même nature et soumise à des exigences de preuves identiques.

(13) Art. 122, al. 2 C. pr. pén. Le suspect interpellé sur le fondement d'un mandat de recherche est mis en garde à vue.

(14) Dans ce sens, v. CEDH, 6 nov. 1980, *Guzzardi*, Série A, n° 39, § 102.

(15) CEDH, 30 août 1990, *Fox, Campbell et Hartley c/ RU*, *RUDH* 1990, p. 420, n° 18.

(16) CEDH, 30 août 1990, *Fox, Campbell et Hartley c/ RU*, *op. cit.*

(17) Art. 64 C. pr. pén. V. aussi, art 77 et 154, al. 4 C. pr. pén., qui renvoient à l'art. 64.

(18) Art. 64, al. 2 C. pr. pén.

plusieurs obstacles se dressent alors. La démonstration du défaut de soupçon réel et sérieux est d'abord particulièrement difficile à mener. La Cour de cassation, ensuite, a réduit la portée d'une garde à vue irrégulière en jugeant qu'elle ne saurait conduire à l'annulation des actes de la procédure s'il n'est pas établi que la recherche et l'établissement de la vérité s'en sont trouvés fondamentalement viciés[19] ou altérés[20]. En pratique, l'annulation en justice d'une garde à vue, même formellement irrégulière, n'est donc pas aisée à obtenir.

2. *La motivation des autres mesures privatives de liberté*

Outre la garde à vue, le suspect peut être soumis à d'autres mesures privatives de liberté. Si leur dénomination et leur régime juridique varient, elles ont cependant pour trait commun d'être chacune d'entre elles soumise à motivation[21].

Il en est ainsi de la *capture*, au sens que lui confère l'article 73 du Code de procédure pénale. Selon ce texte, en cas de crime ou de délit flagrants punis d'une peine d'emprisonnement, tout citoyen peut « en appréhender l'auteur et le conduire devant l'officier de police judiciaire le plus proche ». Le temps compris entre l'interpellation et la présentation de la personne aux policiers ou aux gendarmes est une entrave à la liberté d'aller et de venir. La loi la justifie, mais pour autant que la personne soit suspecte, en l'occurrence qu'une infraction flagrante ait eu lieu et soit susceptible de lui être rattaché.

Il en est également ainsi de la *vérification d'identité*, à la suite d'un contrôle. Conformément à l'article 78-3 du Code de procédure pénale, « si l'intéressé [qui est un suspect] refuse ou se trouve dans l'impossibilité de justifier de son identité, il peut, en cas de nécessité, être retenu sur place ou dans le local de police où il est conduit aux fins de vérifications ». La retenue constitue une atteinte à la liberté d'aller et de venir. Dans ces conditions, la loi impose que la mesure ait une justification, autrement dit qu'elle repose sur un soupçon réel et sérieux d'infraction résultant du comportement observé de la personne ou d'une menace à l'ordre public, selon qu'il s'agit d'un contrôle de police judiciaire ou de police adminis-

(19) Cass. crim., 1er févr. 1995, *Gaz. Pal.* 1995, 2, somm., p. 334.

(20) Cass. crim., 23 avr. 1992, *D.* 1992, somm., 322, obs. J. Pradel.

(21) Nous excluons de notre analyse les cas où une personne, interpellée alors qu'elle était prise de boisson, est placée en chambre de dégrisement jusqu'à ce qu'elle recouvre ses esprits (art. L. 3341-1 C. santé publ.). Sans doute y a-t-il privation temporaire de liberté, mais bien souvent, la personne n'est pas considérée comme étant un suspect, même s'il est toujours possible de lui reprocher quelque chose (ivresse manifeste, bruits ou tapages injurieux ou nocturnes, jet d'ordures sur la voie publique, etc.). Elle ne bénéficie d'ailleurs pas des droits accordés à la personne gardée à vue (Cass. crim., 9 sept. 1998, *Bull. crim.*, n° 229).

trative[22]. La retenue est limitée au temps strictement exigé par l'établissement de l'identité du suspect, temps ne pouvant excéder quatre heures. La prescription vaut à peine de nullité de l'ensemble des actes accomplis et de la procédure subséquente[23].

Il en est ensuite de la *rétention douanière* prévue par l'article 323-3 du Code des douanes, qui peut intervenir en cas de flagrant délit d'infraction aux lois et règlements douaniers. Si la personne ne peut invoquer le bénéfice de l'article 63-1 du Code de procédure pénale (notification des droits en cas de garde à vue)[24], sa capture n'en est pas moins subordonnée à une situation de flagrant délit, au sens de l'article 53 du Code de procédure pénale. Des indices apparents d'un comportement délictueux doivent être révélés, de telle manière que la privation de liberté soit couverte par la qualité de suspect.

Il en est encore des *retenues découlant d'un mandat d'amener ou d'arrêt* délivré, en général, par un juge d'instruction. L'un et l'autre, qui permettent l'arrestation d'une personne, doivent être justifiés par l'existence d'« indices graves ou concordants rendant vraisemblable qu'elle ait pu participer, comme auteur ou complice, à la commission d'une infraction [...] »[25]. N'étant pas en situation de garde à vue, ce que la loi souligne expressément[26], le suspect doit être présenté au procureur de la République du lieu d'arrestation ou au juge d'instruction ayant donné mandat, lequel aura alors le pouvoir de le placer en détention provisoire.

De même, la *retenue* du mineur âgé de dix à treize ans, pour laquelle la garde à vue est proscrite, suppose que soit rapportés « des indices graves et concordants laissant présumer qu'il a commis ou tenté de commettre un crime ou un délit puni d'au moins sept ans d'emprisonnement »[27].

Il en est enfin de la *rétention administrative* des étrangers faisant l'objet d'une mesure d'éloignement[28]. Elle suppose au minimum que l'individu se trouve en situation irrégulière sur le territoire national.

(22) Pour des développements, v. F. DEFFERRARD, *La suspicion légitime*, LGDJ, coll. Bibl. dr. privé, 2000, n° 324 et s. et M.-C. NAGOUAS-GUERIN, *Le doute en matière pénale*, coll. Nouv. bibl. thèses, Dalloz, 2002, n°s 188 et s.

(23) Art. 78-3 *in fine* C. pr. pén.

(24) Cass. crim., 1er mars 1994 et 7 mars 1994, *Bull. crim.*, n°s 80 et 89.

(25) Art. 122, al. 3 C. pr. pén.

(26) Art. 122, al. 7 *in fine* C. pr. pén.

(27) Art. 4-I, Ord. 2 févr. 1945, *relative à l'enfance délinquante*.

(28) Art. 35 *bis*, Ord. 2 févr. 1945, *relative aux conditions d'entrée et de séjour des étrangers en France*.

B. AU STADE JUDICIAIRE DE LA PROCÉDURE PÉNALE

Lorsque le suspect fait l'objet de poursuites, le procureur de la République ou le juge d'instruction peut vouloir un placement en détention provisoire. La décision peut intervenir à deux moments différents de la procédure, selon la nature et la complexité de l'affaire. Parfois, dans un temps très rapide, le suspect est interpellé, puis renvoyé devant une juridiction de jugement. Mais ne souhaitant ou ne pouvant pas toujours être jugé sur le champ, il est susceptible de se retrouver en situation d'attente, ce qui peut se produire dans les procédures de comparution accélérées (1°). Parfois, les faits auxquels il est soupçonné d'avoir pris part font l'objet d'une information judiciaire (2°). Dans un cas comme dans l'autre, l'attente du dénouement de l'affaire peut s'accompagner d'une privation de liberté. Il s'agit d'une mesure de contrainte qui doit toujours être motivée.

1. *La motivation dans les cas de comparutions accélérées*

On rencontre dans le Code de procédure pénale deux procédures de comparutions rapides, dédiées au traitement en temps réel de certaines infractions, au cours desquelles le suspect peut être mis en détention en attendant d'être jugé : la comparution immédiate (a) et la comparution sur reconnaissance préalable de culpabilité (b).

a) La comparution immédiate

Cette procédure de jugement accéléré est issue d'une loi du 10 juin 1983, maintes fois révisée depuis. Celle-ci a un domaine d'application cantonné, en matière correctionnelle, aux faits passibles d'une peine d'emprisonnement au moins égale à deux ans ou à six mois, si, dans ce dernier cas, le délit est flagrant[29]. Lorsque le procureur de la République « estime que les charges sont suffisantes et que l'affaire est en état d'être jugée », il peut ordonner que le suspect soit aussitôt traduit devant la juridiction de jugement. D'ordinaire, la personne est jugée le jour même. Mais dans l'hypothèse, fréquente en pratique, où le tribunal serait dans l'impossibilité de se réunir aussi rapidement, le procureur de la République peut saisir le juge des libertés et de la détention d'une demande de placement en détention provisoire, pour autant que « les éléments de l'espèce lui paraissent exiger une [telle] mesure »[30]. En application des

(29) Art. 395 C. pr. pén. La procédure est exclue pour les mineurs. Elle ne s'applique pas non plus « en matière de délits de presse, de délits politiques ou d'infractions dont la procédure de poursuite est prévue par une loi spéciale » (art. 397-6 C. pr. pén.).
(30) Art. 396 C. pr. pén.

règles de droit commun, c'est le juge des libertés qui statue par ordonnance sur le sort du suspect dans le temps qui précède sa comparution. L'ordonnance, qui est rendue suivant les modalités de l'article 137-3, alinéa 1er, du Code de procédure pénale, doit être motivée, c'est-à-dire « comporter l'énoncé des considérations de droit et de fait qui constituent le fondement de la décision par référence aux dispositions des 1°, 2° et 3° de l'article 144 ». Le juge doit, par exemple, indiquer en quoi la détention représente, en l'espèce, l'unique moyen d'empêcher une pression sur les témoins, de garantir le maintien du suspect à la disposition de la justice ou de mettre fin à un trouble exceptionnel et persistant à l'ordre public.

La juridiction de jugement (tribunal correctionnel), une fois saisie, peut également placer ou maintenir le prévenu en détention provisoire dans le cas où il ne serait pas immédiatement statué sur l'affaire. Sa décision doit faire l'objet d'une motivation spéciale, par référence aux règles classiques de placement en détention[31].

b) La comparution sur reconnaissance préalable de culpabilité

Par inspiration du *plea bargaining* anglo-saxon ou du *patteggiamento* de la procédure pénale italienne, le suspect peut, depuis la loi du 9 mars 2004, plaider coupable des faits qui lui sont reprochés[32]. Comme pour la comparution immédiate, le dispositif ne peut jouer que pour certaines infractions[33]. Le procureur de la République, à la suite d'un déferement ou d'une convocation[34], à la faculté de soumettre à l'accord du suspect une ou plusieurs des peines principales ou complémentaires encourues selon l'infraction, avec cette limite que l'emprisonnement ne peut dépasser un an[35], en contrepartie d'une reconnaissance de culpabilité[36]. L'enquête de police, et donc la collation des preuves, est réduite au minimum et repose, par essence, sur un aveu. Si le suspect, assisté de son avo-

(31) Art. 397-3, al. 2 C. pr. pén.

(32) Entrée en vigueur le 1er oct. 2004. Pour d'autres développements, v. *infra* p. 115, 189 et s.

(33) Ne sont visés que les délits punis à titre principal d'une peine d'amende ou d'une peine d'emprisonnement d'une durée inférieure ou égale à cinq ans (art. 495-7 C. pr. pén.). Sont en outre exclus les infractions commises par un mineur, ainsi que les délits de presse, les homicides involontaires, les infractions politiques et les délits dont la procédure de poursuite est prévue par une loi spéciale (art. 495-16 C. pr. pén.).

(34) Par ex., au terme d'une garde à vue ou si le suspect est convoqué par citation du Parquet.

(35) Ou la moitié de la peine encourue si elle est supérieure à un an (art. 495-8, al. 2 C. pr. pén.).

(36) Il ne s'agit pas exactement d'un aveu, contrairement à ce qui a pu être dit, car la reconnaissance de culpabilité n'est pas spontanée ni unilatérale. Elle résulte d'un accord de volontés.

cat, donne son consentement à la procédure et à la peine proposée, il est aussitôt présenté au président du tribunal de grande instance (ou au juge délégué), celui-ci ayant été saisi par le procureur de la République d'une requête en homologation de l'accord de volonté. Toutefois, le suspect peut solliciter un délai de réflexion de 10 jours pour faire connaître sa décision (accord ou refus). Pendant l'écoulement de ce délai et jusqu'au jour de la comparution, le Ministère public peut alors demander que le suspect soit écroué. Mais la mesure ne peut intervenir qu'« à titre exceptionnel, et si l'une des peines proposées est supérieure ou égale à deux mois d'emprisonnement et que le procureur de la République a proposé sa mise à exécution immédiate »[37]. Dans ce cas, le juge des libertés est saisi. Il statue sur la demande d'incarcération provisoire selon les mêmes exigences de preuve que celles prévues pour la procédure de comparution immédiate[38]. La privation de liberté devra ainsi être soutenue par des circonstances de fait et des éléments de droit.

2. La motivation en cas d'instruction préparatoire

On dénombre trois pré-requis pour le placement d'un suspect en détention provisoire[39].

Le premier tient à la *nature juridique des faits* dont le juge chargé de l'information judiciaire est saisi. L'incarcération ne peut être ordonnée (ou maintenue) que dans le cas où le suspect encourt une peine criminelle ou bien une peine correctionnelle d'une durée supérieure ou égale à trois ans. Elle peut également frapper l'individu lorsqu'il « se soustrait volontairement aux obligations du contrôle judiciaire »[40] et que celui-ci a été révoqué.

Le second est lié à l'*âge du suspect*. Le mineur de moins de treize ans ne peut jamais être placé provisoirement dans une maison d'arrêt, qu'elle que soit l'infraction[41]. Entre treize et seize ans, la détention n'est possible que si le mineur encourt une peine criminelle ou s'il s'est volontairement soustrait aux obligations du contrôle judiciaire. De seize à dix-huit ans, le suspect doit s'exposer à une peine criminelle ou une peine correctionnelle inférieure ou égale à sept ans ou, encore, s'être volontairement soustrait aux obligations du contrôle judiciaire. Au-delà de dix-huit ans, il n'y a plus aucune réserve d'âge[42].

(37) Art. 495-10 C. pr. pén.
(38) V. *supra* p. 91.
(39) Pour des développements, v. Ch. GUÉRY, *Détention provisoire*, Dalloz Références, 2001, p. 47 et s.
(40) Art. 143-1 C. pr. pén.
(41) Art. 11, al. 1er, Ord. 2 févr. 1945, *relative à l'enfance délinquante*.
(42) V. dispositions complémentaires pour le jeune majeur âgé de moins de vingt et un ans (art. 41, al. 6 et 81, al. 7 C. pr. pén.).

Le troisième et dernier pré-requis, qui fera du suspect une partie au procès pénal en cours, est sa *mise en examen* par le juge d'instruction. Il en résulte que l'éventuelle mesure de contrainte décidée par la suite est subordonnée à une première preuve, autrement dit à un premier niveau de motivation. Pour mettre valablement en examen, il doit exister des éléments permettant de conclure avec un certain degré de vraisemblance que la personne est bien impliquée dans l'entreprise infractionnelle. De ce point de vue, la loi a prévu deux seuils : lorsqu'il existe « des indices graves **ou** concordants rendant vraisemblable » la participation aux faits, le magistrat instructeur a la faculté de mettre en examen (seuil probatoire minimal en deçà duquel la mesure serait hâtive)[43]. En revanche, lorsqu'il existe « des indices graves **et** concordants », la mise en examen devient obligatoire (seuil maximal probatoire au-delà duquel la mesure serait tardive)[44]. Il faut préciser que l'exigence de motivation attachée à la mise en examen, est protectrice des intérêts du suspect. Elle est en effet prescrite à peine de la nullité[45]. L'article 80-1, alinéa 3, du Code de procédure pénale souligne à cet égard le caractère subsidiaire d'une telle mesure, le juge ne pouvant y avoir recours « que s'il estime ne pas pouvoir recourir à la procédure de témoin assisté »[46].

Seul un suspect, devenu mis en examen, est donc justiciable d'une décision privative de liberté. Mais celle-ci doit en principe demeurer exceptionnelle (a). Elle est en outre soumise à une seconde preuve, autrement dit à un second niveau de motivation, que le Ministère public et le suspect peuvent au demeurant discuter (b).

a) Une mesure exceptionnelle[47]

Exceptionnelle, en premier lieu, selon les termes choisis de l'article 137 du Code de procédure pénale lui-même : « La personne mise en examen, présumée innocente, *reste libre*. Toutefois, en raison des nécessités de l'instruction ou à titre de mesure de sûreté, elle peut être astreinte à une ou plusieurs obligations du contrôle judiciaire. Lorsque celles-ci se révèlent insuffisantes au regard des ces objectifs, elle peut, *à titre exceptionnel*, être placée en détention provisoire ». Sur le principe, le suspect, bien qu'il soit mis en examen, n'en conserve pas moins le droit de rester en liberté. Au besoin, il pourra faire l'objet d'un contrôle judi-

(43) Art. 80-1, al. 1er C. pr. pén.

(44) Art. 105 C. pr. pén. V. art. 1.1.1.1. Circ. CRIM 00-16 F1, 20 déc. 2000.

(45) Art. 80-1, al. 1er C. pr. pén.

(46) Même s'il est un suspect, la qualité de témoin assisté est plus avantageuse car il n'y a pas de mesure privative ou restrictive de liberté possible. V. *supra* p. 26 et s.

(47) La pratique judiciaire indique le contraire. Le nombre des détentions provisoires est élevé (environ 20 000 personnes), soit l'équivalent du tiers de la population carcérale.

ciaire, en tant que ce dernier viendrait seulement restreindre la liberté d'aller et de venir sans jamais l'abolir[48].

Une mesure privative ne doit donc avoir lieu qu'en désespoir de cause. *C'est la facette négative du dispositif.* Avant d'indiquer les motifs de la détention, il faut expliquer en quoi la liberté pure et simple ou sous contrôle judiciaire est insuffisante en l'espèce. De ce point de vue, on note que la règle est d'application générale. Elle s'impose d'abord au juge d'instruction saisi du dossier : lorsqu'il demande l'incarcération du suspect au juge des libertés et de la détention, il rend une ordonnance motivée précisant les raisons pour lesquelles cette mesure doit l'emporter sur les autres[49]. Elle s'impose ensuite au juge des libertés : lorsqu'il ordonne une détention provisoire, sa décision « doit comporter l'énoncé des considérations de droit et de fait sur le caractère insuffisant du contrôle judiciaire [...] »[50].

b) *Une mesure débattue et justifiée*

En second lieu, quand bien même la détention serait-elle la seule issue, elle ne pourrait intervenir valablement que sur la base d'une nouvelle justification textuelle, à la fois objective et circonstanciée. *C'est la facette positive du dispositif*, la seconde appréciation juridictionnelle qui institue un « double regard », gage d'une décision saine et opportune[51].

Depuis la loi du 15 juin 2000, on sait que le pouvoir de placement en détention provisoire est principalement confié au juge des libertés et de la détention[52], à la demande du juge d'instruction saisi du dossier. Pour y procéder, le juge doit faire explicitement référence à l'une ou l'autre des trois hypothèses prévues à l'article 144 du Code de procédure pénale, en puisant et en s'appuyant sur les éléments contenus dans le dossier de l'instruction. Ainsi, selon ce texte, « La détention provisoire ne peut être ordonnée que si elle constitue l'unique moyen :

1° De conserver les preuves ou les indices matériels ou d'empêcher soit une pression sur les témoins ou les victimes, soit une concertation frauduleuse entre personnes mises en examen et complices ;

---

(48) Art. 138 à 143 C. pr. pén. Il s'agit d'obligations de faire ou de ne pas faire. Par ex., se présenter périodiquement à une autorité (art. 137, 5° C. pr. pén.) ou ne pas sortir d'une limite territoriale fixée par le juge (art. 138, 1° C. pr. pén.).

(49) V. art. 2.1.1.1.4. Circ. CRIM 00-16 F1, 20 déc. 2000.

(50) Art. 137-3, al. 1er C. pr. pén. La règle vaut également en cas de demande de prolongation de la détention provisoire ou de rejet d'une demande de mise en liberté.

(51) V. G. di Marino, « La réforme de la détention provisoire (loi n° 2000-516 du 15 juin 2000) », *Rev. pénit.* 2001, n° 3, p. 321.

(52) Ce pouvoir appartient également à la chambre de l'instruction (art. 201 C. pr. pén.) et à la cour d'assises (art. 272-1 C. pr. pén.). Aucune autre juridiction n'en dispose.

2° De protéger la personne mise en examen, de garantir son maintien à la disposition de la justice, de mettre fin à l'infraction ou de prévenir son renouvellement ;

3° De mettre fin à un trouble exceptionnel et persistant à l'ordre public provoqué par la gravité de l'infraction, les circonstances de sa commission ou l'importance du préjudice qu'elle a causé ».

Si l'on peut regrouper l'ensemble des motifs visés par la loi sous la bannière des « nécessités de l'instruction » ou des « mesures de sûreté », ainsi qu'il est décrit à l'article 137 du Code de procédure pénale, on constate que la mesure de contrainte ne se justifie que par une sorte « d'état de nécessité », pour reprendre l'affirmation d'un auteur[53], état de nécessité admettant que l'intérêt individuel de la liberté s'efface devant un autre, jugé plus grand et impérieux.

S'agissant d'une décision importante pour le suspect, la procédure qui la précède devant le juge des libertés doit impérativement être contradictoire, à peine de nullité de l'ordonnance de placement en détention provisoire[54] ; mais il n'est pas indispensable qu'elle ait lieu en audience publique[55]. Le Parquet, le suspect et son avocat sont dès lors successivement entendus, selon les modalités visées à l'article 145, alinéa 6, du Code de procédure pénale. Le juge des libertés conserve toute sa souveraineté pour l'appréciation finale des demandes. Il peut donc fort bien, en dépit de sollicitations convergentes du juge d'instruction et du Ministère public, préférer le maintien en liberté.

§ 2. L'EXISTENCE D'UN CONTRÔLE EXERCÉ PAR LE JUGE

Parce qu'il est le défenseur naturel et traditionnel de la liberté[56], un juge est toujours susceptible d'intervenir pour contrôler l'opportunité

(53) F. CLERC, « La détention préventive en Suisse », *Rev. sc. crim.* 1975, p. 61, spéc. p. 64.
(54) Cass. crim., 19 sept. 1990, *D.* 1991, p. 90, note D. Mayer ; Cass. crim., 26 oct. 1993, *Bull. crim.*, n° 314.
(55) Art. 145 C. pr. pén. La publicité des débats constitue le principe, mais elle est très rare en pratique. Par ailleurs, le JLD peut ordonner le huis clos « si la publicité est de nature à entraver les investigations spécifiques nécessitées par l'instruction ou à nuire à la dignité de la personne ou aux intérêts d'un tiers ». Dans ce cas, le magistrat statue par ordonnance motivée, après avoir recueilli les observations du Ministère public, de la personne mise en examen et de son avocat (art. 145, al. 6 C. pr. pén.).
(56) Art. 66, Const. 4 oct. 1958 : « Nul ne peut être arbitrairement détenu.- L'autorité judiciaire, gardienne de la liberté individuelle, assure le respect de ce principe dans les conditions prévues par la loi ». V. aussi, J.-P. COSTA, « Le juge et les libertés », *Pouvoirs*, n° 84 – *La liberté* –, Seuil, 1998, p. 75.

comme la régularité de la décision qui en prive le suspect. Le principe vaut à tous les moments du processus répressif, qu'il soit policier (A) ou judiciaire (B).

A. AU STADE POLICIER DE LA PROCÉDURE PÉNALE

L'article 5, § 3 de la Convention EDH prévoit que toute personne arrêtée ou détenue « doit être aussitôt traduite devant un juge ou un autre magistrat habilité par la loi à exercer des fonctions judiciaires [...] ». On doit sans nul doute y voir une traduction moderne de la procédure d'*Habeas Corpus*, applicable en Grande-Bretagne sous sa forme actuelle depuis un *Act* de 1679 rendu sous Charles II, qui donne à toute personne arrêtée le droit d'être présentée à un juge afin que celui-ci statue sur la légalité de la détention. Par fidélité du droit interne au texte européen, on note ainsi que, de façon générale, lorsqu'une personne suspecte est retenue contre sa volonté, l'autorité judiciaire en est immédiatement avisée[57], ce qui lui permet d'exercer un contrôle sur la mesure.

Il en est ainsi du placement en *garde à vue* lorsqu'elle intervient au cours d'une enquête préliminaire ou de flagrant délit, y compris lorsque la mesure est consécutive à l'exécution d'un mandat de recherche. Le procureur de la République en est informé dès son commencement[58]. Pareillement, l'officier de police judiciaire décidant d'une garde à vue dans le cadre de l'exécution d'une commission rogatoire, « en informe dès le début de cette mesure le juge d'instruction saisi des faits »[59]. Enfin, le suspect interpellé en vertu d'un *mandat de recherche, d'amener ou d'arrêt* est immédiatement présenté devant le juge d'instruction qui l'a délivré ou, à défaut, dans les vingt-quatre heures[60]. La règle de présentation rapide aux fins d'interrogatoire s'impose également lorsque la personne est saisie à la suite d'un mandat d'amener ou d'arrêt à plus de 200 km du lieu du siège du juge : elle doit en effet être présentée à un magistrat (juge d'instruction ou procureur de la République) dans les vingt-quatre heures, avec quelques différences mineures de modalités selon le type de mandat[61].

La *retenue douanière* et la *rétention administrative* de l'étranger sont respectivement soumises à une identique exigence. Par application des

(57) Sauf lorsque le suspect est un mineur de dix à treize ans. S'il peut être retenu pour une durée maximale de dix heures, c'est à la condition qu'une autorisation *préalable* ait été donnée par un magistrat. Il y a ici un contrôle *a priori* de la mesure. (art. 4, I, Ord. 2 févr. 1945).
(58) Art. 77 C. pr. pén. (enquête préliminaire), 63 C. pr. pén. (enquête de flagrant délit) et 70 C. pr. pén. (mandat de recherche décerné par le Parquet).
(59) Art. 154 C. pr. pén.
(60) V. respectivement, art. 122, al. 2, 125 et 133 C. pr. pén.
(61) Art. 127 et 133, al. 2 C. pr. pén.

articles 35 *bis* de l'ordonnance du 2 février 1945 et 323 § 3 du Code des douanes, « le procureur de la République en est immédiatement informé ».

En cas de *capture* d'un suspect par tout citoyen, en application de l'article 73 du Code de procédure pénale, il y a remise à l'autorité policière. La loi ne donne aucune précision sur la conduite à tenir, mais s'agissant d'une procédure sur infraction flagrante, le suspect peut être placé en garde à vue, de sorte qu'il bénéficiera des règles de droit commun en la matière.

Enfin, lorsqu'un individu fait l'objet d'une *retenue aux fins de vérification d'identité*, il est « présenté immédiatement à un officier de police judiciaire » et est « aussitôt informé par celui-ci de son droit de faire aviser le procureur de la République [...] »[62]. On observe ici qu'il n'y a pas de saisine automatique d'un juge, sauf si le suspect est un mineur[63]. Il n'en demeure pas moins que l'accès rapide à un magistrat est un droit que le suspect peut exercer très aisément. Celui-ci est assuré qu'un premier contrôle sur les conditions et les motifs de la privation de liberté à laquelle il est soumis sera placé dans l'orbite d'un juge, fût-il magistrat du Ministère public[64].

On constate ainsi qu'une arrestation mal fondée ou arbitraire est, quels qu'en soient les motifs et le cadre juridique, susceptible d'être censurée au bout de quelques heures, la conséquence à l'égard du suspect étant sa remise en liberté[65].

B. AU STADE JUDICIAIRE DE LA PROCÉDURE PÉNALE

Le Code de procédure pénale aménage trois voies de droit distinctes grâce auxquelles un suspect peut contester une mesure de placement en détention provisoire. Indirectement, il peut d'abord agir en nullité contre l'ordonnance de mise en examen (1°). Ensuite, et directement, il peut

(62) Art. 78-3, al. 2 C. pr. pén.
(63) Art. 78-3, al. 3 C. pr. pén.
(64) Pour des précisions, v. H. MATSOPOULOU, *Les enquêtes de police*, LGDJ, coll. Bibl. sc. crim., 1996, n° 730. V. aussi, Cass. crim., 10 mars 1992, *Bull. crim.*, n° 105 qui relève que le procureur de la République, dont la mission est de veiller à l'application de la loi, constitue bien un « magistrat habilité par la loi à exercer des fonctions judiciaires ».
(65) Ce que prévoit expressément le C. pr. pén., par ex., pour la personne interpellée en vertu d'un mandat d'amener. Si elle n'est pas présentée au juge d'instruction dans les vingt-quatre heures, elle est mise d'office en liberté (art. 125 C. pr. pén.). La retenue étant réputée arbitraire, des poursuites peuvent alors être engagées contres les magistrats et fonctionnaires l'ayant sciemment tolérée (art. 126 C. pr. pén.).

s'attaquer à la mesure privative de liberté en utilisant la procédure de droit commun que constitue l'appel (2°) ou, sans pour autant renoncer à celle-ci, en ayant recours au « référé-liberté » (3°).

1. *La requête en annulation de la mise en examen*

On a dit que l'incarcération postulait la mise en examen du suspect par le juge d'instruction. Mais encore était-ce à la condition minimale que des « indices graves ou concordants rendant vraisemblable » sa participation aux faits soient révélés[66]. Cette exigence de motivation, placée en tête de la disposition, est prescrite à peine de nullité. Il en résulte que le suspect, comme l'article 170 du Code de procédure pénale le lui permet et dans le délai de six mois[67], a la faculté de saisir la chambre de l'instruction d'une requête rendant à obtenir l'annulation de la mise en examen. Il pourra de la sorte contredire la qualification juridique de suspect en soutenant que les indices recueillis ne peuvent « d'aucune manière être corrélés avec l'infraction »[68], autrement dit, que le lien de vraisemblance entre l'infraction et le demandeur exigé par l'article 80-1 du Code de procédure pénale n'existe pas ou est insuffisant[69].

L'annulation produira un premier effet que vise l'article 174-1 du Code de procédure pénale : la personne est rétroactivement considérée comme témoin assisté à compter de son interrogatoire de première comparution, pour l'ensemble de ses interrogatoires ultérieurs et jusqu'à l'issue de l'information[70]. Rien n'interdira au juge d'instruction de procéder ultérieurement à une nouvelle mise en examen. Mais il devra de nouveau se conformer à l'impératif de motivation, sous le risque d'une nouvelle requête en nullité et d'une nouvelle censure.

Second effet juridique que rappelle la circulaire du 20 décembre 2000 : les mesures restrictives ou privatives de liberté doivent être levées. Il est donc mis fin au contrôle judiciaire ou à la détention provisoire[71].

---

(66) Art. 80-1, al. 1er C. pr. pén. et v. *supra* p. 94 et s.
(67) Art. 173-1, C. pr. pén.
(68) J. Le Calvez, « L'article 80-1, alinéa 1er, du Code de procédure pénale et la nullité de la mise en examen », *D.* 2002, chron., 2277, spéc., p. 2279.
(69) Pour des développements sur les nullités, v. J.-P. Brouillaud, « Les nullités de procédure : des procédures pénales et civiles comparées », *D.* 1996, chron., 98 ; G. Clément, « De la règle – Pas de nullité sans grief, en droit judiciaire privé et en procédure pénale », *Rev. sc. crim.* 1984, p. 440 et P. Hennion-Jacquet, « Les nullités de l'enquête et de l'instruction : un exemple du déclin de la légalité procédurale », *Rev. pénit.* 2003, n° 1, p. 7.
(70) Dans ce sens, v. Cass. crim., 1er oct. 2003, *Bull. crim.*, n° 177.
(71) Art. 1.1.1.1.2 Circ. CRIM 00-16 F1, 20 déc. 2000.

2. La procédure ordinaire : l'appel de l'ordonnance de placement en détention provisoire

La chambre de l'instruction peut être saisie par le suspect d'un appel contre l'ordonnance du juge des libertés prescrivant son placement en détention provisoire[72]. Le recours doit être formé dans les dix jours qui suivent la notification de l'ordonnance, « selon les modalités prévues par les articles 502 et 503 »[73]. Parmi les points de contrôle, les magistrats de la chambre de l'instruction s'assurent que la décision est régulière (âge du suspect, nature juridique des faits) et qu'elle est motivée par référence à l'article 144 du Code de procédure pénale[74]. L'invalidation de la mesure conduit la chambre de l'instruction à ordonner la mise en liberté du suspect, celle-ci pouvant être éventuellement assortie d'un contrôle judiciaire.

La procédure devant la cour d'appel est prévue pour être plus rapide que pour l'examen d'autres chefs de demandes que celles portant sur la liberté. Dans les quarante-huit heures de la réception des pièces, en effet, l'affaire doit être mise en état par le procureur général[75]. La chambre de l'instruction doit alors statuer « dans les plus brefs délais et au plus tard dans les dix jours de l'appel »[76], faute de quoi le suspect est remis d'office en liberté. Cela n'empêche pas que le Code de procédure pénale a prévu, parallèlement, une procédure accélérée.

3. La procédure accélérée : le référé-liberté

À l'origine, le législateur recherchait un moyen de limiter le nombre de détentions provisoires par l'exercice d'un contrôle supérieur accéléré. Avec la loi du 24 août 1993, essentiellement revue par celle du 30 décembre 1996, ce vœu a donné naissance au référé-liberté, procédure jugée conforme à la Constitution par une décision du Conseil constitutionnel en date du 11 août 1993[77].

Selon l'article 187-1 du Code de procédure pénale : « En cas d'appel d'une ordonnance de placement en détention provisoire, la personne mise en examen [...] peut, si l'appel est interjeté au plus tard le jour suivant la décision de placement en détention, demander au président de la chambre de l'instruction [...] d'examiner immédiatement son appel sans attendre

(72) Art. 186 C. pr. pén. Le droit d'appel appartient également au Ministère public (art. 185 C. pr. pén.).
(73) Art. 186, al. 4 C. pr. pén.
(74) Le contrôle porte également sur la régularité du mandat de dépôt qui doit suivre l'ordonnance de placement.
(75) Art. 194, al. 1er C. pr. pén.
(76) Art. 194, al. 3 C. pr. pén.
(77) Cons. const., 11 août 1993, déc. n° 93-326 DC, *JO* 15 août 1993, p. 11599.

l'audience de la chambre de l'instruction ». Il s'agit pour le suspect, dans un esprit d'urgence, de demander au président de la chambre de l'instruction de revenir sur la décision prise par le juge des libertés de le placer en détention provisoire[78].

Le référé-liberté est soumis à des conditions procédurales assez strictes, sanctionnées par l'irrecevabilité de la demande.

En premier lieu, le recours doit être formé au plus tard le jour suivant la décision de placement détention provisoire. En second lieu, et toujours à peine d'irrecevabilité, la demande doit être présentée en même temps que l'appel devant la chambre de l'instruction[79]. Le référé-liberté est donc une procédure que l'on pourrait qualifier d'accessoire, dont l'existence et la mise en œuvre dépendent avant tout de la volonté préalable d'interjeter appel.

Le jour de l'audience devant le président de la chambre de l'instruction, qui est une audience de cabinet, la personne mise en examen, son avocat ou le procureur de la République peut joindre toutes observations écrites à l'appui de la demande. L'avocat du suspect peut également présenter des observations orales et le procureur de la République, qui en est alors avisé, a la possibilité de prendre des réquisitions[80].

La décision doit intervenir dans les trois jours ouvrables de la saisine du président de la chambre de l'instruction. Cet impératif n'est toutefois assorti d'aucune sanction, à la différence de l'appel de l'ordonnance de placement en détention provisoire pour lequel le non-respect d'un certain délai pour juger entraîne la mise en liberté du suspect[81]. Le président, au vu des éléments du dossier et à la lumière de l'article 144 du Code de procédure pénale, statue par ordonnance non motivée, laquelle n'est susceptible d'aucun recours.

La suite de la procédure dépend alors du contenu de la décision.

En cas d'infirmation de l'ordonnance de placement en détention provisoire, le président ordonne l'élargissement immédiat du suspect, cette remise en liberté pouvant être accompagnée d'un contrôle judiciaire. La chambre de l'instruction est par ailleurs dessaisie de l'appel que le suspect avait simultanément formé. Si, en revanche, le président confirme l'ordonnance du juge des libertés, l'affaire est renvoyé pour examen au fond devant la chambre de l'instruction saisie de l'appel.

---

(78) En général, le recours est exercé par le suspect. Mais le texte prévoit également qu'une demande peut émaner du procureur de la République, qui peut fort bien juger que l'intérêt de la répression n'impose pas la détention au stade où le JLD est saisi.

(79) Pour un rappel, v. Cass. crim., 14 nov. 1996, *Bull. crim.*, n° 409.

(80) Art. 187-1, al. 1er *in fine* C. pr. pén. : l'avocat doit avoir la parole en dernier.

(81) Par ex., en cas d'appel de l'ordonnance de placement en détention provisoire (art. 194, al. 3 C. pr. pén.).

En principe, l'examen du référé-liberté est confié au président de la chambre de l'instruction. Mais le suspect peut vouloir que sa demande soit directement portée devant le chambre de l'instruction elle-même, ce que permet l'article 187-2 du Code de procédure pénale. Dans cette hypothèse, elle devra statuer au plus tard le cinquième jour ouvrable suivant la demande.

L'étendue du droit à la liberté à laquelle peut aspirer un suspect ne se limite pas, une fois que l'autorité judiciaire s'est saisie de sa personne, à la seule circonstance d'éviter un placement durable sous main de justice. Bien souvent, il ne le pourra pas. La garde à vue et la détention provisoire, pour se cantonner aux cas de figure les plus connus, sont des modes privatifs de liberté dont l'utilisation est courante, par ailleurs solidement installés dans la culture policière et judiciaire. Néanmoins, aussi longtemps que dure la phase préparatoire du procès, et jusqu'au dernier jour des investigations, le droit à la liberté demeure un principe lui-même persévérant, qui ne connaît aucune éclipse. Un suspect, indépendamment des motifs et du régime juridique de son incarcération, et à n'importe quel moment, peut donc toujours prétendre à ce que sa liberté lui soit rendue.

Section 2 Le droit de recouvrer la liberté

Plusieurs dispositifs ont pour vœu de réduire au strict nécessaire les temps d'incarcération découlant de la qualité de suspect. Il est largement acquis que la privation de liberté tout au long du processus pénal est toujours vu comme une mesure temporaire. Dans toutes les enquêtes où un suspect est placé sous main de justice, le Code de procédure pénale fixe à cet égard un ensemble de délais qui en fractionnent la conduite et imposent un certain rythme qui se veut rapide. Au terme de ces délais, la situation du suspect est systématiquement examinée par un magistrat. Le retour à la liberté est, à cet égard, un enjeu tout autant systématique, qu'il soit demandé par le suspect ou, parfois, imposé par la loi.

Cela ne signifie pas que la question de la liberté n'apparaisse qu'aux échéances procédurales déterminées par les textes. À tout moment, dès qu'un suspect n'est plus libre d'aller et de venir, il peut demander que la mesure soit levée. En procédure pénale, la problématique de la liberté n'est pas seulement visible lorsque la loi fixe des bornes pour éviter que sa privation ne dégénère en abus ; elle est un filigrane qui impressionne tout le processus. Dans la lettre du code, on observe que la privation de liberté est censée être maintenue au seuil le plus bas que justifie la nature et la complexité des recherches. Par exemple, l'article 144, alinéa 1er, du

Code de procédure pénale rappelle que « la détention provisoire *ne peut être* ordonnée ou prolongée que si elle constitue *l'unique moyen* : 1° De conserver les preuves [...] ». La formule grammaticale employée par le législateur témoigne assez que la détention est vue comme devant intervenir en désespoir de cause, lorsque la liberté pure et simple ou sous contrôle judiciaire n'est pas appropriée à l'espèce, ce que souligne par ailleurs l'article 137 *in fine* du Code de procédure pénale[82].

Dans la phase policière des investigations, la loi organise de façon minutieuse les divers régimes privatifs de liberté, au centre desquels on trouvera la garde à vue, mesure la plus banale, la plus fréquente et la plus connue du public (§ 1). La phase judiciaire est soumise à des restrictions plus rigoureuses encore. La mise en liberté peut en effet résulter d'une demande émanant du suspect ou être imposée par la loi, ce qui peut s'analyser en une sanction (§ 2). Il faut enfin réserver l'hypothèse, bien que marginale en pratique, où la liberté peut intervenir à la suite d'une condamnation devenue définitive. C'est ainsi qu'un condamné, dans le cadre d'un recours en révision ou d'un réexamen consécutif à une condamnation de la France par la Cour européenne des droits de l'homme, peut redevenir un simple suspect dans l'affaire pour laquelle on l'a jugé. De la sorte, pouvant prétendre dans un nouveau procès à ce que son innocence soit déclarée, il lui est possible d'obtenir une levée d'écrou et donc un retour à la liberté (§ 3).

§ 1. AU STADE POLICIER DE LA PROCÉDURE PÉNALE

Il existe, au stade policier du procès pénal, un nombre d'or et une durée standard servant d'étalon ou, si l'on préfère, d'unité de temps universel dans le calcul des mesures privatives de liberté. Il s'agit du *24* et il s'agit de l'*heure*. À partir de ce chiffre et de cette durée – *24 heures* – , un principe est avancé, qui fixe un temps calibré des mesures de contrainte que le Code de procédure pénale utilise et décline de plusieurs manières.

Ainsi, la garde à vue ne peut dépasser vingt-quatre heures. C'est la règle. Mais elle peut être prolongée selon des proportions strictement multiples du nombre initial (48, 72 ou 96 heures). Ainsi encore, la vérification d'identité est limitée à quatre heures, soit 1/6e du temps standard. Le dispositif choisi par le législateur est sans nul doute arbitraire, mais il est également logique et bien commode en pratique. Conçu pour encadrer et

(82) Art. 137 *in fine* C. pr. pén. : « [...] Lorsque celles-ci [les obligations du contrôle judiciaire] se révèlent insuffisantes au regard des ces objectifs [nécessité de l'instruction ou mesure de sûreté], elle [la personne] peut, à titre exceptionnel, être placée en détention provisoire ».

réduire les privations de liberté aux seuls impératifs de l'enquête, le principe se vérifie en cas de placement en garde à vue (A) comme dans les autres mesures auxquelles un suspect peut être soumis (B).

A. LA DURÉE LIMITÉE DE LA GARDE À VUE

Deux aspects dominent le calcul du temps réservé à la garde à vue. La loi indique d'abord des délais au-delà desquels une décision devra intervenir pour décider de la suite à donner à la procédure et du sort réservé au suspect (1°). Ce délai, toutefois, ne s'écoule pas toujours sans rencontrer des événements qui vont en suspendre l'issue normale et attendue, ce qui, en pratique, invite parfois à se lancer dans une sorte d'arithmétique de la garde à vue (2°).

1. *Les délais de la garde à vue*

Il existe un régime de droit commun, applicable à la très grande majorité des cas de figure (a) et un dispositif dérogatoire, lié à la nature des infractions commises ou tentées (b).

a) Le droit commun

Le temps standard de la garde à vue est indiqué à l'article 63, alinéa 2, du Code de procédure pénale et constitue le pivot du dispositif : « La personne gardée à vue ne peut être retenue plus de vingt quatre heures ». Tous les suspects sont concernés, quelle que soit la nature juridique de l'infraction à laquelle ils sont rattachés, à moins qu'ils ne soient âgés de moins de treize ans[83]. Le cadre juridique par lequel la garde à vue est décidée est, par ailleurs, indifférent : elle peut intervenir à l'occasion d'une enquête préliminaire ou de flagrant délit, au cours de l'exécution d'un mandat de recherche délivré par le procureur de la République ou le juge d'instruction, ou encore à la suite d'une commission rogatoire[84]. Elle est exclue, en revanche, dans les hypothèses d'enquêtes de mort, de bles-

(83) Les mineurs de treize ans ne peuvent pas être placés en garde à vue. Entre dix et treize ans, et uniquement s'ils sont soupçonnés d'une infraction punie d'au moins sept ans d'emprisonnement, ils peuvent être *retenus* à la disposition d'un officier de police judiciaire, avec l'accord préalable et sous le contrôle du juge (procureur de la République, juge d'instruction ou juge des enfants). La rétention ne peut excéder dix heures (art. 4, I, Ord. 2 févr. 1945).

(84) V. respectivement, art. 77, 63, 70, 135-1 et 122, al. 2 C. pr. pén.

sures graves ou de disparition suspectes, sauf si une information judiciaire a été ouverte[85].

La loi autorise le renouvellement de la garde à vue pour une durée identique – vingt-quatre heures. Mais seul un procureur de la République a le pouvoir de l'accorder[86], selon des modalités qui varient avec le type d'enquête. En cas de flagrant délit, la régularité du maintien en garde à vue est subordonnée à une autorisation écrite, la présentation préalable du suspect n'étant pas obligatoire[87]. Lorsque le cadre juridique est une enquête préliminaire, le dispositif est plus complexe. Il est de principe que le suspect, avant toute décision, doit faire l'objet d'une présentation, celle-ci prenant alors effet à l'expiration du délai initial de garde à vue[88]. Mais ce régime bénéficie de deux assouplissements. Le premier tient au procureur de la République compétent d'un point de vue territorial. Le pouvoir de prolongation est normalement dévolu à celui qui est saisi des faits sur lesquels les enquêteurs diligentent des investigations. Mais si l'enquête est suivie dans un autre ressort, « la prolongation peut être accordée par le procureur de la République du lieu d'exécution [de la garde à vue] »[89]. Le second se rapporte aux modalités de la prolongation. À titre exceptionnel, lorsque la présentation préalable du suspect n'est pas possible, le procureur de la République peut décider de la prolongation au moyen d'une « décision écrite et motivée »[90].

Ainsi, quelle que soit l'enquête, et pour les infractions les plus fréquemment commises et les plus ordinaires, la garde à vue ne peut dépasser 48 heures. Dans certains cas, la mesure de contrainte peut néanmoins être à nouveau reconduite.

---

(85) L'une des particularités de ces cadres juridiques est en effet de ne comporter aucun suspect (art. 74 et 74-1 C. pr. pén.). Pour des développements, v. F. Defferrard, « Mort, blessures graves et disparition suspectes », *J.-Cl. Procédure pénale*, Art. 74 et 74-1, fasc. 20, 2005 ; M.-C Nagouas-Guérin, *Le doute en matière pénale*, Dalloz, coll. Nouv. bibl. thèses, 2002, n° 235 et s.

(86) Les suspects mineurs, âgés de dix à dix-huit ans, bénéficient d'un régime de *rétention* (dix à treize ans) ou de *garde à vue* (seize à dix-huit ans) plus rigoureux et protecteur. Le renouvellement est d'abord impossible pour le mineur de treize à seize ans si le délit justifiant la rétention est puni d'une peine inférieure à cinq ans. Ensuite, lorsque la rétention peut être prolongée, celle-ci ne peut dépasser la durée maximale de la première, soit dix heures, et la présentation à juge est impérative (art. 4, I et 4, V, Ord. 2 févr. 1945).

(87) Art. 63, al. 2 C. pr. pén.

(88) Cass. crim., 15 févr. 2000, *Bull. crim.*, n° 68.

(89) Art. 77 C. pr. pén. Les ressorts des TGI de Paris, Nanterre, Bobigny et Créteil constituent un seul et même ressort.

(90) Art. 77 C. pr. pén.

b) Le droit dérogatoire

Un régime exceptionnel vient s'adosser au droit commun, en considération d'un certain type de délinquance qui se signale par sa gravité et sa complexité. Le titre XXV du Code de procédure pénale institue une procédure particulière « applicable à la criminalité et à la délinquance organisées ». On trouve aux articles 706-73 et 706-74 du Code de procédure pénale une liste d'infractions à l'égard desquelles s'appliquent des règles dérogatoires au droit commun, en ce qui concerne l'enquête, la poursuite, l'instruction et le jugement. Tels sont, par exemple, les cas du trafic de stupéfiants, du terrorisme et des délits de blanchiment, auxquels s'ajoutent un certain nombre d'infractions, lorsqu'elles sont commises en bande organisée : par exemple, le meurtre, les actes de tortures et de barbarie ou le vol.

À l'égard des personnes soupçonnées de participation vraisemblable à ces délits ou ces crimes, l'article 706-88, alinéa 1er, du Code de procédure pénale prévoit que la mesure de contrainte « peut, à titre exceptionnel, faire l'objet de deux prolongations supplémentaires de vingt-quatre heures chacune ». La durée maximale de la garde à vue peut donc atteindre 96 heures. La décision qui ordonne ces prolongations est rendue par le juge d'instruction ou bien, sur requête du procureur de la République, par le juge des libertés et de la détention[91]. Elle doit être écrite et motivée.

Une première lecture de l'article 706-88 du Code de procédure pénale donne l'impression que le régime du renouvellement de la durée de la garde à vue est envisagé comme une succession de périodes de vingt-quatre heures, à l'échéance desquelles le juge exerce à chaque fois un contrôle d'opportunité de la mesure, ce qui pourrait déboucher alors sur une mise en liberté. En réalité, le dispositif est plus compact et doit être vu comme la succession de deux périodes de quarante-huit heures. Deux dispositions témoignent de cette logique : d'une part, les impératifs de présentation préalable du suspect au juge chargé de statuer sur la prolongation ne sont pas soumis au même parallélisme des formes. Elle est obligatoire au bout de quarante-huit heures (première nouvelle prolongation) ; elle n'est plus que facultative au bout de soixante douze (seconde nouvelle prolongation)[92]. L'article 706-88, alinéa 5, du Code de procédure pénale prévoit, d'autre part, que le juge peut décider que « la garde à vue fera l'objet d'une seule prolongation supplémentaire de quarante-huit heures », si la durée prévisible des investigations le justifie. Dans le cadre infractionnel des articles 706-73 et 706-74 du Code de procédure pénale,

(91) Art. 706-88, al. 2 C. pr. pén.

(92) Art. 706-88, al. 3 C. pr. pén. : « La seconde présentation peut toutefois, à titre exceptionnel, être autorisée sans présentation préalable de la personne en raison des nécessités des investigations en cours ou à effectuer ».

la problématique de la liberté du suspect doit donc davantage se comprendre dans une logique de doublement du temps standard (48 heures) et non pas de temps standard continué. Pendant ces périodes, les droits essentiels du gardé à vue paraissent néanmoins préservés. En effet, quelle que soit l'infraction, l'entretien avec un avocat est de droit au bout de soixante-douze heures, soit au milieu de la seconde période possible de quarante huit heures[93].

2. La durée de la garde à vue

L'existence d'un maximum légal impose que les enquêteurs établissent avec précision les moments à partir desquels une mesure de garde à vue débute (a) et prend fin (b).

a) Le commencement

Seul un officier de police judiciaire peut décider d'un placement en garde à vue, celui-ci ayant alors pour première obligation d'en aviser le procureur de la République ou le juge d'instruction[94], selon la nature juridique de l'enquête encadrant les recherches. Il doit y procéder dès son commencement. Or, la durée de la mise à disposition du suspect étant limitée dans le temps, les enquêteurs font face à une difficulté qui constitue également un enjeu de la régularité de la mesure : celle de son point de départ.

Il est décisif que le commencement de la garde à vue soit fixé avec la plus grande précision possible (heure, minute), de telle manière, en quelques sortes, que le moment où débutera le compte à rebours soit aussi bien connu des enquêteurs que du suspect. Le jour et l'heure à partir desquels un suspect est gardé à vue doivent d'ailleurs figurer, parmi d'autres indications, sur le procès-verbal relatant son audition[95]. En outre, c'est aussitôt après la décision de placement que les droits les plus essentiels du gardé à vue doivent lui être notifiés. Le premier de ces droits est sans doute celui d'être informé de la garde à vue elle-même. En général, le suspect n'ignore pas sa nouvelle qualité juridique ni les conséquences qu'elles produisent sur sa liberté. Mais, de même qu'aucun texte n'impose de placer en garde à vue lorsque les conditions de preuves sont réunies, aucune disposition, curieusement, n'oblige l'officier de police judiciaire à le « dire » au suspect s'il décide d'y avoir recours. En revanche, sous

(93) Art. 706-88, al. 6 C. pr. pén. Mais les dispositions de l'art. 803-3 C. pr. pén. ne s'appliquent pas (droits du suspect en cas de déferement différé devant le procureur de la République ou le juge d'instruction nécessitant une retenue. V. art. 803-3 al. 4 C. pr. pén.).
(94) V. respectivement, art. 63, al. 1er *in fine* et 154 C. pr. pén.
(95) Art. 64 C. pr. pén.

peine d'annulation de la mesure[96], le suspect doit être informé immédiatement de la nature de l'infraction sur laquelle porte l'enquête et du droit dont il dispose de s'entretenir avec un avocat[97]. On sait également que doivent lui être notifiés le droit de faire prévenir un proche et le droit d'être examiné par un médecin[98]. Cette notification, qui n'est pas obligatoirement immédiate, doit cependant « intervenir au plus tard dans un délai de trois heures à compter du moment où la personne a été placée en garde à vue », sauf en cas de circonstance insurmontable[99].

b) *L'achèvement*

Le moment fixant le terme de la garde à vue est théoriquement connu grâce à la combinaison du délai légal, prolongations comprises, et de l'heure retenue pour son commencement. Mais dans certains cas, le calcul se heurte à des complications.

Mesure de contrainte préalable à la garde à vue. L'une d'entre d'elles, assez fréquente en pratique, provient de ce que le suspect, avant d'être placé en garde à vue, peut avoir fait l'objet d'une mesure de contrainte à un autre titre[100]. Tel sera le cas de la personne retenue pour suspicion d'infraction douanière ou bien soumise à une procédure de vérification d'identité à la suite d'un contrôle infructueux. Pour éviter que le cumul des deux mesures dépasse le maximum légal, la loi à prévue que la durée de la rétention initiale s'imputera sur celle de la garde à vue[101]. Le temps de la retenue se déverse ainsi dans celui du temps standard, que celui-ci fasse ou non l'objet d'une prolongation. La durée totale ne pourra pas dépasser 24 heures ou bien 48, 72 ou enfin 96 heures, selon les hypothèses.

Dans le même ordre d'analyse, lorsque la personne est d'abord entendue dans les locaux de police en qualité de témoin (à la suite, par exemple, d'une convocation), puis placée en garde à vue et donc entendue cette fois en qualité de suspect, la Cour de cassation a jugé que le point de départ de la mesure de contrainte devait être fixé au moment où la personne se présente au service de police (et non pas au moment du placement en garde à vue)[102].

---

(96) Art. 802 C. pr. pén.
(97) Art. 63-1, al. 1er et 63-4 C. pr. pén.
(98) Respectivement, art. 63-2 et 63-3 C. pr. pén.
(99) Art. 63-1, al. 6 C. pr. pén.
(100) B. Serratrice-Coutenier, « Le temps dans la garde à vue : aspects récents », *Rev. sc. crim.* 1998, p. 475.
(101) V. respectivement, art. 323 § 3 *in fine* C. douanes et art. 78-4 C. pr. pén.
(102) Cass. crim., 13 nov. 1996, *Bull. crim.*, n° 401 ; Cass. crim., 14 oct. 1998, *Bull. crim.*, n° 260.

Cumul des gardes à vue. Il est possible que le suspect, pour des *faits identiques* sur lesquels des investigations sont en cours, soit placé plusieurs fois de suite en garde à vue. A-t-on affaire à une succession de gardes à vue distinctes les unes des autres ou à un « ensemble contraignant » fractionné dans le temps ? Techniquement, les enquêteurs peuvent-ils compter sur une succession de délais maximaux ou sont-ils astreints à réunir la totalité des retenues successives pour n'en former qu'une seule, dont la durée ne pourrait alors dépasser le délai légal ? La Cour de cassation, par faveur envers la situation du suspect dont la liberté ne peut être compromise au-delà d'un délai raisonnable, considère que la seconde solution doit s'imposer. Pour des faits identiques, les périodes successives de garde à vue doivent être confondues sans pouvoir dépasser le maximum autorisé par la loi, prolongations comprises, sous peine d'annulation de la procédure en raison de l'atteinte aux intérêts de la personne concernée[103].

La même solution s'impose lorsque plusieurs gardes à vue immédiatement successives et indépendantes ont lieu, cette fois, pour des *faits distincts*. La durée cumulée ne peut excéder le temps légal maximal[104]. Là encore, la situation du suspect est envisagée par référence au régime de droit commun de la garde à vue.

B. LA DURÉE LIMITÉE DES AUTRES MESURES PRIVATIVES DE LIBERTÉ

Lorsqu'un suspect est retenu dans un cadre juridique différent de celui de la garde à vue, la loi a pareillement posé des délais au terme desquels il doit y avoir remise en liberté ou bien passage vers un autre cadre juridique de contrainte. Chacun de ces délais se présente en général comme une application pure et simple ou une déclinaison du temps standard.

Ainsi, il est de principe que le *déferement* éventuel d'un individu placé en garde à vue, autrement dit sa présentation devant le procureur de la République ou le juge d'instruction, doit intervenir immédiatement à l'issue de la mesure de contrainte[105]. Cependant, en cas de nécessité, cette présentation peut être différée d'un délai maximum de *vingt heures*, le suspect étant alors retenu dans des locaux de la juridiction. Le délai de

(103) Cass. crim., 13 févr. 1996, *Bull. crim.*, n° 74. V. aussi, B. Serratrice-Coutenier, *op. cit.*, p. 474.
(104) Cass. crim., 17 mars 2004, *JCP* G 2004, IV, n° 1968.
(105) Art. 803-2 C. pr. pén.

déferement commence à courir aussitôt après le terme de la garde à vue et pendant ce temps, le suspect bénéficie à nouveau de certains droits (faire aviser une personne, examen par un médecin, entretien avec un avocat). Faute de présentation dans le délai, le suspect « est immédiatement remis en liberté »[106].

Dans le même sens, l'individu faisant l'objet d'un *mandat d'amener* que délivre le juge d'instruction ne peut être retenu plus de *vingt-quatre heures* sans avoir été interrogé. Une fois interpellé, il doit donc être immédiatement présenté au juge d'instruction ou, si l'interpellation se déroule à plus de 200 km du siège de la juridiction, être transféré aux fins de présentation dans les vingt-quatre heures. Cependant, comme le transfèrement n'est pas toujours possible sur-le-champ, le suspect peut, mais toujours dans les vingt-quatre heures, être présenté au procureur de la République du lieu d'arrestation, qui peut alors le faire incarcérer le temps qu'une décision soit prise par le juge d'instruction[107]. En tout état de cause, la loi impose qu'une décision sur le sort du suspect soit prise dans les vingt-quatre heures de l'arrestation, faute de quoi il est considéré comme arbitrairement détenu[108].

Dans le cas où une personne est soupçonnée d'*infraction aux lois et règlements douaniers*, elle peut être placée en rétention, mais pour une durée ne pouvant excéder *vingt-quatre heures*. Un renouvellement est possible, pour une période identique, sur autorisation du procureur de la République[109]. Le régime privatif de liberté se calque ici, peu ou prou, sur celui de la garde à vue.

En cas de *vérification d'identité*, lorsqu'une personne refuse ou se trouve dans l'impossibilité de justifier de son identité, l'article 78-3, alinéa 4, du Code de procédure pénale indique que la retenue sur place ou, comme c'est généralement le cas, dans des locaux de police, ne peut dépasser le temps strictement nécessaire à l'établissement de l'identité. La durée maximale est de *quatre heures*, le point de départ étant fixé au moment du contrôle (et non de la vérification). À la demande du suspect[110], le procureur de la République est avisé de la mesure et il peut y mettre fin à tout moment.

Enfin, la *rétention des étrangers* dans des locaux ne relevant pas de l'administration pénitentiaire, lorsqu'ils sont en attente de reconduite à la frontière ou d'expulsion, fait l'objet d'une réglementation spécifique[111].

(106) Art. 803-3 C. pr. pén.
(107) Art. 127 C. pr. pén.
(108) Art. 126 C. pr. pén.
(109) Art. 323 § 3 C. douanes.
(110) Art. 78-3, al. 2 C. pr. pén. Mais l'information du Parquet est obligatoire si le suspect est mineur (art. 78-3, al. 3 C. pr. pén.).
(111) Art. 35 *bis*, Ord. 2 févr. 1945.

La durée initiale est fixée à *quarante-huit heures*, délai au terme duquel l'étranger est présenté au juge des libertés et de la détention. Celui-ci peut prolonger le maintien en rétention pour une durée identique au délai initial. Il peut également le remettre en liberté, avec assignation à résidence, « lorsque l'étranger dispose de garanties de représentation effectives »[112]. Mais la loi, contrairement à la liberté reconnue comme principe, a précisé que la mise en liberté ne pouvait avoir lieu qu'à titre exceptionnel. L'étranger est donc presque toujours maintenu en rétention jusqu'à son départ. L'ordonnance de 1945 ajoute que la décision de prolongation prend fin au plus tard à l'expiration d'un délai de cinq jours, celui-ci pouvant être prorogé pour une même période par le juge des libertés et de la détention dans des circonstances particulières[113].

La privation de liberté est pareillement contenue dans un périmètre assez rigoureux lorsque le suspect fait l'objet de poursuites pénales.

§ 2. AU STADE JUDICIAIRE DE LA PROCÉDURE PÉNALE

On a vu que la mise en examen du suspect ou sa capture en vertu d'un mandat d'arrêt pouvait conduire à son placement en détention provisoire. La décision appartient au juge des libertés et de la détention qui statue par ordonnance motivée et délivre ensuite le mandat de dépôt constituant le titre de détention. Les mérites de la détention provisoire et les objections qui l'accompagnent sont régulièrement discutés dans la recherche d'une certaine cohérence des politiques criminelles[114]. À cet égard, on peut observer que si l'incarcération provisoire atteint et se maintient à une fréquence inquiétante, le législateur a néanmoins entendu en limiter, non seulement l'usage mais, par-dessus tout, la durée. « La détention provisoire ne peut excéder une durée raisonnable, au regard de la gravité des faits [...] et de la complexité des investigations nécessaires à la

(112) Art. 35 *bis*, al. 8, 2°, Ord. 2 févr. 1945.

(113) Art. 35 *bis*, al. 13, Ord. 2 févr. 1945 : « En cas d'urgence absolue et de menace d'une particulière gravité pour l'ordre public » ou « lorsque l'impossibilité d'exécuter la mesure d'éloignement résulte de la perte ou de la destruction des documents de voyage de l'intéressé, de la dissimulation par celui-ci de son identité ou de l'obstruction volontaire faite à son éloignement ».

Un dispositif analogue est applicable à l'étranger qui arrive en France sans être autorisé à entrer sur le territoire ou qui souhaite demander l'asile. Celui-ci est maintenu dans une zone d'attente « pendant le temps strictement nécessaire à son départ et, s'il est demandeur d'asile, à un examen tendant à déterminer si sa demande n'est pas manifestement infondée » (art. 35 *quarter*, Ord. 2 févr. 1945). Le juge des libertés et de la détention est saisi au bout de quatre jours à compter de la décision initiale de maintien.

(114) Ch. LAZERGES, *Introduction à la politique criminelle*, L'Harmattan, 2000.

manifestation de la vérité », nous apprend l'article 144-1 du Code de procédure pénale. Le droit à la liberté du suspect est parallèlement souligné et rappelé dans le même texte à la mémoire du juge, selon qu'il instruit ou statue sur la liberté et la détention : il « doit ordonner la mise en liberté immédiate […] dès que les conditions [justifiant la détention] ne sont plus remplies »[115].

Le suspect, une fois privé de sa liberté, peut toujours et à tout moment solliciter son élargissement en saisissant le juge d'une demande allant dans ce sens (A). Mais, en outre, le Code de procédure pénale enferme le temps de la détention provisoire dans des limites au-delà desquelles le sort du suspect doit connaître une issue, faute de quoi sa mise en liberté est acquise d'office (B).

A. LA DEMANDE DE MISE EN LIBERTÉ

Le droit de recouvrer la liberté est une prérogative permanente que le suspect, en général par l'intermédiaire de son avocat, peut exercer tout aussi librement et dans le respect de formalités réduites. Dans le cadre d'une instruction préparatoire, elle peut intervenir à deux stades juridiquement distincts : au cours de l'information *stricto sensu* (1°) ou après l'ordonnance de clôture qui précède le renvoi du suspect devant une juridiction de jugement (2°). Enfin, lorsqu'il comparaît pour être jugé, le suspect, s'il est détenu, peut encore solliciter sa libération (3°).

1. *Au cours de l'instruction préparatoire*

Conformément à l'article 148, alinéa 2, du Code de procédure pénale, « la demande de mise en liberté est adressée au juge d'instruction, qui communique immédiatement le dossier au procureur de la République aux fins de réquisitions »[116]. Elle doit être signée par le suspect et son avocat avant d'être constatée et datée par le greffe du juge d'instruction, la Cour de cassation estimant, pour cette dernière, qu'il s'agit d'une formalité substantielle[117]. Étant détenu, le suspect remet sa demande au

(115) Art. 144-1, al. 2 C. pr. pén. Pour une illustration, v. Cass. crim., 22 juill. 1997, *Bull. crim.*, n° 277 ; *D.* 1998, somm., p. 171, obs. J. Pradel. Plus loin, à l'art. 147 C. pr. pén., la même prescription est rappelée : la mise en liberté peut être ordonnée d'office par le juge d'instruction ou sur réquisition du procureur de la République. Plus loin encore, l'art. 201, al. 2 C. pr. pén. prévoit que la chambre de l'instruction peut « prononcer d'office la mise en liberté de la personne mise en examen ».

(116) La communication s'effectue au moyen d'une ordonnance de soit-communiqué n'ayant aucun caractère juridictionnel.

(117) Art. 148-6, 148-7 et 148-8 C. pr. pén. Par ex., Cass. crim., 23 mai 2001, *Bull. crim.*, n° 132.

directeur de l'établissement pénitentiaire qui doit la transmettre au même greffe.

Le juge d'instruction peut donner une suite favorable à la requête et ordonner l'élargissement du suspect, en assortissant la liberté d'un contrôle judiciaire s'il estime indispensable d'avoir recours à cette mesure[118]. Dans le cas contraire, après que le procureur de la République a fait retour du dossier et au plus tard dans les cinq jours suivant la communication, le dossier est transmis par le juge d'instruction, accompagné de son avis motivé, au juge des libertés et de la détention[119].

L'ordonnance autorisant ou s'opposant à la mise en liberté doit intervenir dans un délai de trois jours ouvrables. Par commodité, l'article 148, alinéa 3, *in fine* du Code de procédure pénale prévoit que s'il y a eu multiplicité des demandes, le juge des libertés peut y répondre par une décision unique, du moment qu'il statue dans le même délai.

Le délai d'examen de la demande semble raccourci au maximum de ce qui est matériellement possible, de telle manière que le suspect soit avisé au plus tôt de sa situation prochaine dans la maison d'arrêt. Toutefois, si le juge des libertés ne rend pas sa décision au bout de trois jours, le suspect peut « saisir directement la chambre de l'instruction de sa demande qui, sur les réquisitions écrites et motivées du procureur général, se prononce dans les vingt jours de sa saisine »[120]. Le suspect peut donc toujours vaincre la lenteur ou l'inertie du juge des libertés en s'adressant à la juridiction supérieure. Il le pourra également vis-à-vis du juge d'instruction. Depuis une loi du 6 août 1975, l'article 148-4 du Code de procédure pénale permet en effet à la personne détenue (ou à son avocat), à l'expiration d'un délai de quatre mois depuis sa dernière comparution devant le magistrat instructeur, de « saisir directement d'une demande de mise en liberté la chambre de l'instruction », laquelle doit, comme dans l'hypothèse précédente, rendre sa décision dans les vingt jours de sa saisine.

2. Après la clôture de l'instruction préparatoire

Entre la décision qui fixe définitivement l'issue de l'information judiciaire (ordonnance de règlement) et l'ouverture des débats devant la juridiction de jugement, il s'écoule une période plus ou moins longue, essentiellement faite d'attente et d'une mise en état ultime de l'affaire, un temps qui pourrait se nommer *no man's land* judiciaire, où demeure néanmoins la question de la liberté du prévenu ou de l'accusé. Cette interrogation connaît un dénouement variable selon que la personne est renvoyée devant une juridiction de jugement à raison d'un délit ou d'un crime.

(118) Art. 148, al. 4 C. pr. pén.
(119) Art. 148, al. 3 C. pr. pén.
(120) Art. 148, al. 5 C. pr. pén.

En cas de *poursuite pour délit*, si l'on s'en tient au contenu de l'article 179, alinéa 2, du Code de procédure pénale, « l'ordonnance de règlement met fin à la détention provisoire »[121]. Entre le moment où l'information judiciaire s'achève et celui où la juridiction de jugement décide de son innocence ou de sa culpabilité, le suspect doit donc normalement recouvrer la liberté. Cependant, le juge d'instruction[122] peut vouloir le maintenir en détention provisoire, qu'il soit renvoyé devant le tribunal correctionnel ou, comme cela peut arriver, devant une cour d'assises, dans le cas où le renvoi porte sur des délits connexes à un crime. À cette fin, il doit rendre une ordonnance spécialement motivée.

En cas de *poursuite pour crime*, c'est la règle inverse qui s'applique. Le suspect « reste détenu jusqu'à son jugement par la cour d'assises »[123], le mandat de dépôt antérieurement délivré conservant sa force exécutoire. Il en est de même si le suspect a été appréhendé en vertu d'un mandat d'arrêt.

Dans cet intervalle qui précède la comparution devant le tribunal ou la cour, la personne poursuivie, si elle est détenue, peut solliciter sa mise en liberté, conformément à l'article 148 du Code de procédure pénale. Elle peut le faire autant de fois qu'elle le souhaite, en particulier si la date fixée pour le jugement est éloignée dans le temps. La demande est alors examinée par la juridiction de jugement devant laquelle le prévenu ou l'accusé est renvoyé[124].

3. Devant la juridiction de jugement

Le suspect peut comparaître détenu devant la juridiction correctionnelle ou la cour d'assises. À l'occasion des débats, et à tout moment, il peut néanmoins solliciter son élargissement[125]. C'est la juridiction de jugement saisie de l'affaire qui est alors matériellement compétente pour statuer sur la ou les demandes, tribunal correctionnel ou cour d'assises[126]. La même règle s'applique en cas d'appel.

Une fois la condamnation intervenue, la personne peut toujours former un pourvoi devant la chambre criminelle de la Cour de cassation et, à

(121) Ou au contrôle judiciaire.
(122) Ce pouvoir appartient également, à titre subsidiaire, à la chambre de l'instruction (art. 181, al. 9 C. pr. pén.).
(123) Art. 181, al. 7 C. pr. pén.
(124) Art. 148-1, al. 2 C. pr. pén. Toutefois, ce même texte précise qu'en matière criminelle, « la cour d'assises n'est compétente que lorsque la demande est formée durant la session au cours de laquelle elle doit juger l'accusé. Dans les autres cas [c'est-à-dire dans l'intervalle des sessions], la demande est examinée par la chambre de l'instruction ».
(125) Art. 148-1 C. pr. pén.
(126) Art. 272-1 *in fine* C. pr. pén.

cette occasion, si elle est toujours détenue, déposer une demande de mise en liberté. Dans cette hypothèse, l'article 148-1 du Code de procédure pénale indique que la juridiction compétente est celle « qui a connu en dernier lieu de l'affaire au fond », laquelle sera donc à nouveau saisie. Cependant, cette disposition ne peut pas s'appliquer devant la cour d'assises, juridiction éphémère par essence. C'est la chambre de l'instruction qui statuera par conséquent sur la demande[127].

B. LA MISE EN LIBERTÉ ORDONNÉE D'OFFICE

Pour réduire les temps excessifs d'incarcération, le législateur a imaginé une issue automatique après l'écoulement d'un certain délai consacré aux investigations. L'objectif est de plier les procédures dans un sens qui soit compatible avec le droit qu'a le suspect d'être jugé dans un délai raisonnable, et de sanctionner par voie de conséquence les magistrats inactifs ou peu diligents. Faute de comparaître au bout d'un délai fixé par la loi, le suspect recouvre automatiquement la liberté. À cet égard, il faut distinguer selon que le suspect est soumis à une procédure accélérée (1°) ou fait l'objet d'une information judiciaire (2°) à l'issue de laquelle il est renvoyé devant une juridiction de jugement (3°).

1. *Dans les procédures accélérées*

La philosophie des procédures accélérées (comparution immédiate et comparution sur reconnaissance préalable de culpabilité, dite « plaider coupable »)[128] est d'obtenir que le suspect, objet de poursuites pénales, soit immédiatement traduit devant une juridiction de jugement (tribunal correctionnel aux fins de jugement pour la comparution immédiate[129] ; président du tribunal de grande instance aux fins d'homologation de l'accord conclu entre le procureur de la République et le suspect qui « plaide coupable »[130]). Pendant le temps requis pour mettre l'affaire en état d'être examinée par le juge du fond, la personne est retenue à la disposition des autorités pour une période de quelques heures généralement comprises dans le délai de garde à vue.

Il reste qu'une comparution intervenant, pour ainsi dire, sur-le-champ, n'est pas toujours possible. La juridiction de jugement peut souffrir d'encombrement, ce qui est une situation coutumière, ou le suspect peut vouloir disposer d'un certain temps pour préparer sa défense. À cet

(127) Art. 148-1, al. 3 *in fine* C. pr. pén.
(128) Pour des précisions sur ces procédures, v. *supra* p. 91 et s. Pour la procédure de « plaider coupable » uniquement, v. *infra* p. 189 et s.
(129) Art. 395 C. pr. pén.
(130) Art. 495-9 C. pr. pén.

égard, l'article 495-8, alinéa 5, du Code de procédure pénale prévoit que dans le dispositif du « plaider coupable », la personne « peut demander à disposer d'un délai de dix jours avant de faire connaître si elle accepte ou si elle refuse la ou les peines proposées ».

Il en résulte que le procureur de la République, dans l'intervalle de temps requis pour qu'un jugement effectif intervienne, peut solliciter le placement du suspect en détention provisoire[131]. La procédure suivie est identique pour les deux formes de comparution[132]. Le juge des libertés et de la détention est saisi par le Ministère public d'une requête tendant à obtenir l'incarcération jusqu'à l'audience prévue pour la comparution devant le juge de jugement. La décision du juge des libertés est soumise aux exigences ordinaires de motivation[133], après un débat contradictoire tenu en chambre du conseil au cours duquel le suspect, assisté de son avocat, peut demander sa mise en liberté. Elle n'est pas susceptible d'appel.

La durée de l'éventuelle détention provisoire est enfermée dans des limites très strictes destinées à permettre une décision sur le fond qui soit conforme à l'esprit de célérité qui imprègne ces procédures. Si le législateur a souhaité des dispositifs accélérés, il est de bonne logique que le suspect puisse être fixé très rapidement sur son sort, la problématique du droit d'être jugé dans un délai raisonnable subissant ici un rétrécissement substantiel.

Ainsi, dans le cas d'une *comparution immédiate*, le suspect doit être présenté devant le tribunal correctionnel dans les *trois jours* ouvrables suivant le jour du placement en détention provisoire[134]. Si le suspect *plaide coupable*, sa comparution devant le président du tribunal de grande instance doit avoir lieu « dans un délai compris entre *dix et vingt jours* à compter de la décision du juge des libertés et de la détention »[135].

Au-delà de ces délais, le défaut de comparution, quels qu'en soient les motifs, est assorti d'une même sanction : le suspect est remis d'office en liberté[136]. Le Code de procédure pénale n'a d'ailleurs pas prévu qu'un renouvellement de la mesure d'incarcération puisse être ordonné.

---

(131) En cas de comparution sur reconnaissance préalable de culpabilité, la peine proposée par le procureur de la République doit être supérieure ou égale à deux mois d'emprisonnement ferme, son exécution immédiate étant par ailleurs proposée au suspect (art. 495-10 C. pr. pén.).

(132) L'art. 495-10 C. pr. pén. (comparution sur reconnaissance préalable de culpabilité) renvoie en particulier à l'art. 396 C. pr. pén. (comparution immédiate).

(133) Pour des développements, v. *supra* p. 95 et s.

(134) Art. 396, al. 3 C. pr. pén.

(135) Art. 495-10 C. pr. pén.

(136) Art. 396, al. 3 et 495-10 *in fine* C. pr. pén.

2. En cas d'instruction préparatoire

Dans la décision qui prescrit la mise sous écrou d'un suspect dans le cadre d'une information judiciaire, il n'est pas exigé qu'y figure la durée de la détention[137], de sorte que le temps de la privation de liberté paraît indéterminé à l'origine. Sans doute le juge d'instruction peut-il y mettre un terme à tout moment, d'office ou sur réquisition du procureur de la République[138]. Toutefois, le législateur a posé des bornes au dépassement desquelles est attachée une conséquence automatique : le suspect recouvre la liberté.

À nouveau, les durées maximales de détention provisoire dépendent de la nature juridique de l'infraction dont la personne est soupçonnée, délit (a) ou crime (b), la règle connaissant des variantes lorsque le juge d'instruction décide, au cours de l'information, de modifier la qualification juridique des faits dont il est saisi (c).

a) La personne est poursuivie pour délit

Conformément à l'article 145-1 du Code de procédure pénale, « en matière correctionnelle, la détention provisoire ne peut excéder *quatre mois* [...] ». Il s'agit du délai de droit commun au terme duquel le suspect doit comparaître pour être jugé. Il est, en principe, insusceptible de prolongation, à moins que les faits n'entrent dans l'une des catégories qui le permette.

À titre exceptionnel, une série de prolongations peut être ordonnée par le juge des libertés et de la détention, ou par la chambre de l'instruction. L'ordonnance de prolongation doit être motivée, c'est-à-dire, comme l'ordonnance de placement initial, contenir l'énoncé des considérations de droit et de fait qui vont la justifier[139]. Une motivation abstraite et de pure forme, par simple référence aux termes généraux de l'article 144 du Code de procédure pénale et sans lien causal avec les faits, serait irrégulière et susceptible de censure. Tel a été le cas, par exemple, de l'arrêt de la chambre d'accusation [de l'instruction] qui, pour maintenir un suspect en détention provisoire, se bornait à invoquer la participation active du suspect à une organisation de trafic de stupéfiants, ces faits ayant troublés gravement et durablement l'ordre public. Il n'y avait en effet aucune motivation spéciale justifiant la poursuite de la mesure[140].

---

(137) Par ex., Cass. crim., 30 juin 1987, *JCP* G 1988, II, n° 21016, note P. Chambon ; Cass. crim., 3 avr. 2002, *Bull. crim.*, n° 73.

(138) Art. 147 C. pr. pén. Le même pouvoir appartient à la chambre de l'instruction (art. 201, al. 2 C. pr. pén.).

(139) Art. 145-1, al. 2 C. pr. pén., qui renvoie à l'art. 137-3 C. pr. pén. Dans ce sens, v. Cass. crim., 20 janv. 1993, *Bull. crim.*, n° 32.

(140) Cass. crim., 19 févr. 1980, *Bull. crim.*, n° 60.

La décision envisagée par le juge des libertés donne naturellement lieu à un débat contradictoire, en présence de l'avocat du détenu s'il le souhaite[141]. Le maintien en détention, lorsqu'il est prescrit, prend alors effet à compter du jour où s'achève le délai antérieur.

Quels sont ces délais de prolongation ? On en dénombre successivement plusieurs. Le juge des libertés peut l'ordonner, d'une part, pour une durée maximale de *quatre mois* lorsque le détenu a déjà été condamné définitivement « pour crime ou délit de droit commun, soit à une peine criminelle, soit à une peine d'emprisonnement sans sursis d'une durée supérieure à un an et lorsque la peine encourue est inférieure ou égale à cinq ans »[142]. Après huit mois, une nouvelle prolongation est encore possible, mais la durée totale de la détention provisoire ne peut pas excéder *un an*. Par ailleurs, une motivation spéciale doit soutenir la mesure, le juge des libertés devant faire figurer dans l'ordonnance « les indications particulières qui justifient en l'espèce la poursuite de l'information et le délai prévisible d'achèvement de la procédure »[143].

D'autre part, la durée maximale de un an peut être doublée (*deux ans*) dans deux cas de figure distincts qu'envisage l'article 145-1, alinéa 3, du Code de procédure pénale :

– Lorsque l'un des faits constitutifs de l'infraction a été commis hors du territoire national ;

– Lorsque la personne est poursuivie pour trafic de stupéfiants, terrorisme, association de malfaiteurs, proxénétisme, extorsion de fonds ou pour une infraction commise en bande organisée et qu'elle encourt une peine égale à dix ans d'emprisonnement ». Cette dernière hypothèse, on le voit, tient compte de la qualification juridique des faits et de la peine encourue par le suspect.

Enfin, le délai de deux ans peut être à nouveau prolongé de *quatre mois* « lorsque les investigations du juge d'instruction doivent être poursuivies et que la mise en liberté de la personne mise en examen causerait pour la sécurité des personnes et des biens un risque d'une particulière gravité »[144]. On observe ici que la décision échappe à la compétence maté-

(141) L'avocat est convoqué selon les dispositions de l'art. 114, al. 2 C. pr. pén., c'est-à-dire au plus tard cinq jours avant l'audience par lettre recommandée avec demande d'avis de réception, par télécopie avec récépissé ou verbalement avec émargement au dossier de la procédure.

(142) Art. 145-1, al. 1er C. pr. pén.

(143) Art. 145-3 C. pr. pén. La même règle s'applique en cas de rejet d'une demande de mise en liberté. Mais le juge des libertés et de la détention n'est pas tenu de préciser « la nature des investigations auquel le juge d'instruction a l'intention de procéder lorsque cette indication risque d'entraver l'accomplissement de ces investigations » (art. 145-3, al. 2 C. pr. pén.).

(144) Art. 145-1, al. 4 C. pr. pén.

rielle du juge des libertés, qui doit saisir la chambre de l'instruction. Il y a alors débat contradictoire, avec comparution personnelle du suspect.

La détention provisoire en matière correctionnelle peut donc, au maximum, durer ***28 mois***. Une telle durée ne trouve cependant de justification que pour les affaires les plus complexes.

b) *La personne est poursuivie pour crime*

La durée ordinaire de la détention provisoire en cette matière est de *une année*[145]. Mais ce délai est susceptible de prolongation pour une durée maximale de *six mois renouvelable* par une ordonnance motivée, conformément à l'article 137-3 du Code de procédure pénale et au terme d'un débat contradictoire.

Ce renouvellement par période de six mois est subordonné à une date butoir qui dépend de la peine encourue par le suspect[146] :

– Lorsque la peine encourue est *inférieure* à vingt ans de réclusion ou de détention criminelle, la détention provisoire ne peut pas dépasser *deux ans*. Il ne peut donc y avoir que deux renouvellements successifs de six mois ;

– Lorsque la peine encourue est supérieure ou égale à vingt ans de réclusion ou de détention criminelle, la détention provisoire ne peut pas dépasser trois ans. Il ne peut donc y avoir que quatre renouvellements successifs de six mois.

Ces deux délais maximaux peuvent encore être prolongés pour une nouvelle période de *un an* (c'est-à-dire être de trois ou de quatre ans maximum), selon qu'il s'agit :

– D'un délit (trois ans) ou d'un crime (quatre ans) dont l'un des faits constitutifs a été commis hors du territoire national ;

– D'un crime (quatre ans) constituant l'une des infractions visées aux livres II et IV du Code pénal[147] ou pour trafic de stupéfiants, terrorisme, proxénétisme, extorsion de fonds ou encore pour un crime commis en bande organisée.

Enfin, à titre exceptionnel, l'article 145-2 du Code de procédure pénale permet de prolonger de *quatre mois* l'un ou l'autre de ces délais butoirs lorsque les investigations du juge d'instruction doivent être poursuivies et que la mise en liberté de la personne mise en examen causerait pour la sécurité des personnes et des biens un risque d'une particulière

(145) Art. 145-2 C. pr. pén.
(146) Art. 145-2, al. 2 C. pr. pén.
(147) C'est-à-dire, respectivement, pour des crimes et délits contre les personnes et pour les crimes et délits contre la Nation, l'État et la paix publique (art. 145-2, al. 2 C. pr. pén.).

gravité. À l'instar de ce qui a lieu en matière correctionnelle, cette dernière décision n'est pas prise par le juge des libertés, mais pas la chambre de l'instruction.

En définitive, la détention provisoire en matière criminelle peut atteindre un maximum de ***52 mois***, soit quatre ans et quatre mois. C'est à la condition, toutefois, que le juge des libertés (ou la chambre de l'instruction) consente au renouvellement de la mesure d'incarcération. Il peut donc fort bien rejeter une demande de prolongation et même rendre une ordonnance décidant de la mise en liberté immédiate du suspect[148]. En tout état de cause, si l'information judiciaire n'est pas achevée à l'expiration du délai maximum, celui-ci est mis en liberté.

c) Le changement de la qualification juridique des faits

On sait que le juge d'instruction est saisi *in rem*, autrement dit de faits et uniquement des faits figurant dans le réquisitoire introductif ou supplétif du procureur de la République, auxquels il donne la qualification juridique qu'il estime exacte. Or, au cours des recherches, il est fort possible que la collecte progressive des preuves amène le magistrat instructeur à revenir sur la qualification qu'il avait initialement retenue. Par exemple, telle personne poursuivie pour des faits qualifiés crime d'empoisonnement ne le sera plus que pour le délit d'administration de substances nuisibles, faute d'élément intentionnel.

Quelle est l'incidence de la déqualification des faits, puis de leur requalification sur la durée maximale admise de la détention provisoire ? De ce point de vue, la solution varie selon que l'opération est de type « descendant » (on passe d'un crime à un délit) ou « ascendant » (on passe d'un délit à un crime).

Le premier cas de figure est spécialement envisagé à l'article 146 du Code de procédure pénale (le crime se transforme en délit). Lorsque la qualification criminelle ne semble pas pouvoir être retenue, le juge d'instruction communique le dossier au procureur de la République pour réquisitions. Par la suite, le juge d'instruction dispose d'une option : il peut décider de la mise en liberté du suspect, assortie ou non d'un placement sous contrôle judiciaire, ou bien saisir le juge des libertés et de la détention, par ordonnance motivée, afin de lui demander le maintien du suspect en détention provisoire. On se trouve alors dans une logique de renouvellement en matière correctionnelle. Ce sont donc les dispositions limitatives de l'article 145-1 du Code de procédure pénale qui trouvent à s'appliquer, autrement dit celles qui fixent les règles de renouvellement de

(148) Cass. crim., 6 août 2003, *D.* 2004, p. 2594, note J. Le Calvez. V. aussi, Ch. Guéry, « Le juge des libertés et de la détention : un juge qui cherche à mériter son nom… », *D.* 2004, chron., p. 583.

la détention provisoire dans le cadre correctionnel. Il faut souligner que si le maximum est déjà atteint (vingt-huit mois), la personne doit recouvrer la liberté. La durée de la détention n'est plus, en effet, en adéquation avec la nature juridique des reproches qui lui sont adressés et pour lesquels il est poursuivi.

Le second cas de figure, en revanche, est curieusement ignoré du Code de procédure pénale (le délit se transforme en crime). Toutefois, la jurisprudence a plusieurs fois estimé que le titre de détention initial demeurait valable, mais que par la suite, la détention se trouvait soumise aux règles découlant de la nouvelle qualification juridique, en l'occurrence criminelle[149]. Le juge devra ainsi se déterminer à partir de l'article 145-2 du Code de procédure pénale, de sorte que le suspect sera susceptible de rester plus longtemps sous écrou par rapport à la durée initialement prévisible.

3. *Après renvoi devant la juridiction de jugement*

À l'égard de la détention intermédiaire placée dans ce laps de temps qui sépare la fin de l'instruction et le début de l'audience de jugement, la loi fixe un ensemble de délais butoirs, selon la nature juridique des faits, au terme desquels le prévenu ou l'accusé doit comparaître[150]. Des prolongations sont prévues, mais elles sont elles-mêmes limitées dans le temps. Si le suspect ne comparaît pas à l'issue de l'un ou de l'autre de ces délais, la sanction tombe automatiquement : il y a remise en liberté.

Pour les *affaires correctionnelles*, l'article 179, alinéa 2, du Code de procédure pénale indique que le prévenu doit être jugé dans un délai de *deux mois* à compter de la date à laquelle l'ordonnance de renvoi a été rendue par le juge d'instruction. Une prolongation est envisageable à titre exceptionnel « si l'audience sur le fond ne peut se tenir à l'expiration de ce délai ». Mais le tribunal saisi devra justifier sa décision « en mentionnant les raisons de faits ou de droit faisant obstacle au jugement »[151]. Le délai de prolongation est de *deux mois*. Il est renouvelable une seule fois dans les mêmes formes, de sorte que le prévenu devra impérativement comparaître dans un délai maximal de six mois après l'ordonnance qui le renvoie devant le tribunal correctionnel. Du reste, au bout de l'éventuelle première prolongation, la comparution personnelle est de droit pour le prévenu qui en fait la demande. Et si, au bout de toutes les prolongations possibles, il n'a toujours pas comparu, « il est remis immédiatement en liberté »[152].

(149) Cass. crim., 27 mai 1997, *Bull. crim.*, n° 202.
(150) Nous envisageons uniquement le cas où le suspect est détenu.
(151) Art. 179, al. 4 C. pr. pén.
(152) Art. 179, al. 4 *in fine* C. pr. pén.

Pour les affaires criminelles, l'article 181, alinéa 8, du Code de procédure pénale précise que l'accusé doit être jugé dans un délai de un an à compter de la date de mise en accusation ou bien à compter de la date du placement en détention provisoire s'il était libre jusque-là. À défaut de quoi, il est remis en liberté. Mais la chambre de l'instruction peut, à titre exceptionnel, prolonger le maintien en détention pour une durée de six mois, au moyen d'une décision motivée, comme en matière correctionnelle. À l'issue de ce délai, la comparution de l'accusé est de droit s'il en fait la demande. Une nouvelle prolongation reste possible, de durée identique[153].

Enfin, le suspect peut interjeter appel devant la chambre de l'instruction des ordonnances rendues par le juge d'instruction, ce que lui permet l'article 181 du Code de procédure pénale. Il s'agit des décisions de mise en accusation, ainsi que de maintien en détention provisoire. La cour doit statuer dans les quatre mois de sa saisine[154], à défaut de quoi, là encore, la même sanction tombe automatiquement : le suspect recouvre liberté.

§ 3. AU STADE POST-JUDICIAIRE DE LA PROCÉDURE PÉNALE

Après qu'une condamnation pénale est devenue définitive, on a vu[155] que le condamné pouvait en espérer la remise en cause devant la cour de cassation en exerçant un recours en révision (A) ou en demandant le réexamen de la condamnation à la suite d'une décision de la Cour européenne des droits de l'homme (B). Étudions ces deux cas de figure successivement.

A. LA MISE EN LIBERTÉ EN CAS DE RÉVISION

S'il aboutit favorablement au condamné, le recours en révision s'exerce en deux temps : l'examen du recours par la Commission de révision, en premier lieu, laquelle peut décider ensuite du renvoi devant la chambre criminelle qui statue alors comme Cour de révision[156].

Or, à chacun de ces stades, la Commission ou la Cour de révision peut décider que l'exécution de la condamnation sera suspendue[157]. Il en

(153) Art. 186, al. 9 C. pr. pén.
(154) Art. 186-2 C. pr. pén.
(155) V. *supra* p. 73 et s.
(156) Art. 622 à 626 C. pr. pén.
(157) Art. 624 C. pr. pén. Pour une illustration, v. Cass. crim., 26 févr. 1997, *Bull. crim.*, n° 80.

résulte que le condamné, s'il purge une peine d'emprisonnement, pourra bénéficier d'une mesure de mise en liberté pendant le déroulement de l'instance. L'élargissement peut d'ailleurs être ordonné d'office par la juridiction saisie du recours.

Mais la liberté étant un droit de portée très générale dans le périmètre du processus pénal, rien n'empêche le condamné de prendre l'initiative de déposer lui-même, ou par l'intermédiaire de son avocat, une demande d'élargissement. Une même requête doit pouvoir être formulée devant la juridiction amenée à connaître l'affaire de nouveau, sur renvoi de la Cour de révision (tribunal correctionnel ou cour d'assises). Lorsque la Cour de révision annule la condamnation, le condamné redevient un simple suspect, créancier de la présomption d'innocence. La logique des textes impose donc qu'il puisse redevenir libre.

B. LA MISE EN LIBERTÉ EN CAS DE RÉEXAMEN DE LA CONDAMNATION PÉNALE DÉFINITIVE

De façon similaire à la procédure de révision, la demande de réexamen de l'affaire après condamnation de la France par la Cour de Strasbourg pour atteinte à une règle de la Convention européenne des droits de l'homme, est successivement étudiée par une commission, puis, éventuellement, par la Cour de cassation[158]. L'une ou l'autre de ces juridictions peut ordonner que soit suspendue l'exécution de la condamnation, de sorte que la personne peut bénéficier d'une levée d'écrou[159].

La Commission peut, selon les cas de figure, renvoyer l'affaire devant l'Assemblée plénière de la Cour de cassation ou une juridiction du fond de même ordre et de même degré que celle ayant rendu la décision litigieuse[160]. Mais à la différence de la révision, la situation de la personne est bien plus nette. Elle est en effet « considérée comme placée en détention provisoire »[161]. On constate ainsi qu'elle est redevenue un suspect justiciable, comme tout suspect, du droit à la liberté, ce qu'admet d'ailleurs l'article 626-5, alinéa 2, lui-même. Des demandes de mise en liberté peuvent donc être formées à tout moment, avec des variantes procédurales selon l'instance saisie. Lorsque l'affaire est renvoyée devant l'Assemblée plénière de la Cour de cassation, c'est la chambre de l'instruction de la cour d'appel dans le ressort de laquelle siège la juridiction ayant condamné le suspect qui est matériellement compétente[162]. Devant

(158) Art. 626-1 à 626-7 C. pr. pén.
(159) Art. 626-5, al. 1er C. pr. pén.
(160) Art. 626-4 C. pr. pén.
(161) Art. 626-5, al. 2 C. pr. pén.
(162) Art. 626-5, al. 2 *in fine* C. pr. pén.

une juridiction de jugement (tribunal correctionnel ou cour d'assises), elles sont étudiées conformément à l'article 148-1 du Code de procédure pénale, c'est-à-dire par la juridiction elle-même.

Conclusion de la première partie

Le droit à l'innocence et le droit à la liberté forment deux des points cardinaux composant l'univers protecteur du suspect à l'intérieur du procès pénal dont il est le sujet principal. L'un et l'autre sont intimement *liés à sa personne*, c'est-à-dire à son intégrité morale et à son intégrité physique. L'innocence et la liberté peuvent être sans nul doute considérées comme des états naturels de l'homme. La suspicion légitime dont il peut être l'objet, en tant que construction juridique organisant la répression des atteintes à certaines normes sociales, n'y change rien.

Cependant, deux autres points cardinaux manquent encore, pour qu'apparaisse une logique d'ensemble. Toute personne accusée d'avoir commis une action condamnable a en effet pour prérogative de pouvoir se défendre en toute liberté, sans presque aucune entrave. On est tenté de dire qu'il s'agit là de la moindre des choses. Elle doit par ailleurs être en mesure de connaître la vérité sur les imputations qui le visent. On observe ainsi que ces deux autres droits, qui s'agrègent aux précédents, sont cette fois intimement *liés à la qualité de suspect.*

TITRE 2
LES DROITS ET GARANTIES LIÉS À LA QUALITÉ DE SUSPECT

L'opération intellectuelle consistant à soupçonner ou, si l'on préfère, le raisonnement qui permet de conclure que tel individu est un « suspect » au sens du droit pénal, amène à créer un lien d'action ou d'omission, reposant sur un degré acceptable de probabilités, entre cet individu et un délit ou un crime pour lequel une punition plus ou moins sévère est encourue[1]. Une fois acquise, la qualité de suspect expose la personne qui en est revêtue à des mesures coercitives : contrôle d'identité, privation de la liberté d'aller et de venir, atteintes personnelles et patrimoniales (perquisitions, saisies, « écoutes téléphoniques », etc.). La vraisemblance d'infraction fait tomber l'individu dans un droit particulier, que l'on pourrait nommer « droit de la suspicion », droit très certainement légitime, mais également droit, pour l'essentiel, de la mise en cause et de la restriction.

Il n'est guère étonnant que la personne concernée veuille alors s'en défendre – c'est-à-dire mettre en cause sa mise en cause – et entende être instruite du fond véritable de ce que les autorités policières et judiciaires lui reprochent. Ces questions sont largement catalysées dans la problématique du procès pénal et se sont traduites par des droits et des garanties consacrés par le législateur. Le policier ou le juge soupçonne-t-il un individu d'avoir commis un crime ? La première réaction du suspect est très généralement d'exiger qu'on l'informe de ce qui lui est reproché et de s'en défendre. Même s'il avoue et que tout l'accable, il souhaite avoir cette connaissance et cherche en général à s'y opposer. Cette réactivité première, embryonnaire, innerve en réalité tout le processus judiciaire de l'affaire qui débute et va, pour une part qui ne peut pas être négligée, en façonner la physionomie. Lorsque l'article préliminaire du Code de procédure pénale, la Convention européenne des droits de l'homme ou le Pacte international relatif aux droits civils et politiques disposent que toute

(1) Pour des développements sur la notion de suspect, v. *supra* p. 13 et s.

personne accusée a le droit d'être informée de la nature et de la cause des charges retenues contre elle et d'être assistée d'un défenseur[2], il est d'abord affirmé que les prérogatives fondamentales du suspect sont de connaître et de se défendre, et qu'il est du devoir des États d'en garantir l'existence et l'effectivité. Ces deux facettes – *connaître* et *se défendre* – font partie d'une même unité fondamentale et se répondent l'une l'autre : pour le suspect, l'enjeu qui déterminera son sort est de connaître les divers éléments du dossier afin de pouvoir notamment se défendre et par l'exercice de la défense, pouvoir connaître la vérité sur l'affaire. Quand bien même est-il présumé innocent et n'a-t-il pas la charge de prouver, il est évident que, sauf hypothèse de passivité absolue, le suspect aspire, pour reprendre une formulation du Code de procédure pénale, à concourir à la manifestation de la vérité. Il en résulte ainsi que toute personne, objet de suspicion, a le droit de se défendre (chapitre 1) et le droit de connaître la vérité dans le procès au centre duquel elle est placée (chapitre 2).

(2) V. respectivement, art. prélim., III, al. 2 C. pr. pén., art. 6 § 3 Conv. EDH et art. 9 § 2 et 14 § 3 PIDCP.

CHAPITRE 1
LE DROIT DE SE DÉFENDRE

On a coutume de symboliser la justice par la représentation statufiée d'une femme dont les yeux sont recouverts d'un bandeau d'étoffe. Elle tient un glaive dans l'une de ses mains, portrait de la force, et une balance dans l'autre, dont les deux plateaux, chacun placé à une égale hauteur, donnent la vision d'une symétrie et d'un équilibre parfaits. Sans doute l'œuvre de justice, à la manière du pendule de Foucault, est-elle habitée par d'incessantes oscillations de la pensée et de la décision, qui peuvent donner d'elle une image obscure et peut-être même brouillonne. Elle est cependant assise sur une terre ferme – la règle –, qui la veut stable, cohérente et uniforme. En outre, qu'elle soit envisagée dans sa définition commutative ou bien distributive, telle que nous l'ont transmis les philosophes grecs[1] et que l'on retrouve dans la pensée des auteurs les plus contemporains, comme Rawls[2] ou Dworkin[3], le souci, et même l'obsession de justice, est dominé par un principe d'égalité des justiciables – égalité devant la norme, égalité devant le juge.

Généralement vue comme « une opération juridique à trois personnes qui implique deux parties et tiers impartial »[4], le procès, et singulièrement le procès répressif, doit accueillir cet idéal d'égalité. Comment y parvient-on avec quelque assurance ? Par des dispositions de procédure, seules à même de garantir l'efficacité des principes fondamentaux. Ainsi, l'exigence de l'égalité ou, plus précisément si l'on préfère, du traitement

(1) Sur les diverses conceptions de la justice, v. par ex., J. Ghestin, G. Goubeaux et M. Fabre-Magnan, *Traité de droit civil – Introduction générale*, 4e éd., LGDJ, 1994, nos 9 et s. ; Oppetit, *Philosophie du droit*, Dalloz, 1999, p. 33 et s.

(2) J. Rawls, *Théorie de la justice*, Seuil, 1987. V. aussi, P. Ricœur, *Le Juste*, Éd. Esprit, 1995.

(3) R. Dworkin, *L'Empire du droit*, PUF, coll. Recherches politiques, 1994.

(4) E. Jeuland, *Droit processuel*, LGDJ, coll. Systèmes, 2003, p. 212. V. également, R. Encinas de Munagorri et G. Lhuilier, *Introduction au droit*, Flammarion, coll. Champs Université, 2002, n° 3026, p. 213 et s.

égalitaire des protagonistes du procès, suppose en particulier une identité des moyens juridiques offerts aux parties dans une perspective équilibriste.

Pour le suspect, cela signifie l'accès et le respect des droits de la défense. Ces derniers constituent de ce point de vue l'un des pivots du procès équitable ou du *fair trial* anglo-saxon au sens de l'article 6, § 1 de la Convention EDH. En droit français, après que le Conseil constitutionnel a décidé que « le principe du respect des droits de la défense [constituait] un des principes fondamentaux reconnus par les lois de la République », ce qui impliquait l'existence « d'une procédure juste et équitable garantissant l'équilibre des droits des parties »[5], une consécration législative est venue avec l'article préliminaire du Code de procédure pénale[6].

Pour le suspect, il s'agit de disposer des mêmes moyens que l'accusation pour mettre en mouvement sa défense, d'avoir la faculté la plus libre de discuter et de contredire les éléments de fait et de droit versés aux débats, qui s'échafaudent et se peaufinent peu à peu, en général contre lui, de pouvoir surtout infléchir lui-même le cours de la procédure par une action directe sur la sédimentation du dossier.

Plusieurs principes dominent ainsi le déroulement du procès : égalité devant le juge et la loi, contradictoire, égalité des armes, équité de la procédure. Voilà des expressions dont la signification juridique exacte est loin d'être acquise, mais qui néanmoins s'entremêlent pour donner une présentation universaliste d'une bonne justice, inspirées par un véritable souci d'égalité entre les parties[7], et qui ont chacune d'elles l'ambition de tendre, pour s'inspirer de la formule de Mme Delmas-Marty, vers l'édification d'un procès commun de l'humanité[8]. Aux yeux du suspect, elles peuvent se résumer par l'assurance que le procès se déroulera conformément à un certain *équilibre procédural*, destiné à réduire la situation désavantageuse dans laquelle il se trouve foncièrement. Cet équilibre procédural pourrait alors se manifester de cette façon : la connaissance immédiate, exacte et entière des éléments du dossier, laquelle permettra alors l'exercice d'une défense libre et effective.

---

(5) Cons. const., 2 févr. 1995, *JO* 7 févr. 1995, p. 2097 ; *Rec. Const. const.* 1995, p. 195.

(6) Art. prélim., I C. pr. pén. : « La procédure pénale doit être équitable et contradictoire et préserver l'équilibre des droits des parties ».

(7) Le principe de l'égalité des armes est souvent placé au sommet des règles destinées à la réalisation du procès équitable, et dont découlerait notamment « le respect des droits de la défense ou encore la nécessité d'un débat contradictoire » (J.-F. Renucci, *Droit européen des droits de l'homme*, 1re éd., LGDJ, 1999, p. 205. V. aussi, H. Surrel, « L'égalité des armes », *in La diffusion du modèle européen du procès équitable*, sous la dir. de F. Sudre et C. Pichemal, La Documentation française, 2003, p. 299).

(8) M. Delmas-Marty, *Vers un droit commun de l'humanité*, entretien avec Ph. Petit, Éd. Textuel, 1996.

Transparence (§ 1) et défense (§ 2) donnent ainsi au balancier judiciaire la symétrie et la pondération qui lui sont indispensables pour satisfaire à l'idéal du procès équitable.

Section 1 Le droit à la transparence

L'exigence d'une procédure transparente postule que le suspect doit pouvoir disposer de la meilleure connaissance possible des reproches qui lui sont adressés (§ 1) et avoir accès sans entrave au dossier de la procédure, jusqu'à ce qu'une décision statuant sur son innocence ou sa culpabilité soit rendue (§ 2).

§ 1. LA CONNAISSANCE EFFECTIVE DES REPROCHES

La règle figure à l'article préliminaire du Code de procédure pénale et dans les instruments internationaux dédiés à cette question[9]. Qu'elle fasse ou non l'objet de poursuites pénales, la personne « a le droit d'être informée des charges retenues contre elle [...] »[10]. Le suspect n'a pas à craindre l'infortune d'un Joseph K. soupçonné, poursuivi, condamné et finalement mis à mort sans avoir jamais eu connaissance de ce qu'on lui reprochait[11]. La réalité (A) et l'effectivité (B) de cette obligation sont d'ailleurs, tour à tour, minutieusement réglementées par la loi.

A. L'EXISTENCE DE L'INFORMATION

Lorsqu'elle exerce officiellement la suspicion, qu'elle soit d'origine policière ou judiciaire, l'autorité est tenue d'en aviser le suspect. L'obligation a une *portée très générale*, aussi bien à l'égard du suspect lui-même

(9) Art. 6 § 2 Conv. EDH : « Toute personne arrêtée doit être informée, dans le plus court délai et dans une langue qu'elle comprend, des raisons de son arrestation et de toute accusation portée contre elle » et art. 14 § 3 *a)* PIDCP : « Toute personne accusée d'une infraction pénale a droit, en pleine égalité, au moins aux garanties suivantes : a) À être informée, dans le plus court délai, dans une langue qu'elle comprend et de façon détaillée, de la nature et des motifs de l'accusation portée contre elle ». V. aussi, art. 53 et 55 C. européen d'éthique policière (E. Janssens, « Le Code européen d'éthique policière », *Rev. pénit.* 2002, p. 1177).
(10) Art. prélim., III, al. 2, C. pr. pén.
(11) V. F. Kafka, *Le Procès*, Gallimard, 1933 et Folio, 1987, n° 1840.

que des faits litigieux, et à tous les stades de la procédure. Elle bénéficie d'abord à la personne, sans distinction d'aucune sorte et à tous les stades de la procédure, dès l'instant où elle franchit la frontière rendant la suspicion juridiquement admissible. En particulier, l'âge, la capacité juridique ou la nationalité sont des qualités indifférentes. Il faut, mais il suffit d'être soupçonné pour le suspect devienne créancier d'un droit à l'information. Il en est de même de la nature juridique et de la gravité des faits, du moment qu'ils semblent pénalement qualifiables – contravention, délit ou crime. Dans l'arrêt *Pélissier et Sassi c/ France* du 25 mars 1999, les juges de la Cour européenne ont souligné dans ce sens que la personne bénéficiait du « droit d'être informé non seulement de la cause de l'accusation, c'est-à-dire des faits matériels qui sont mis à sa charge et sur lesquels se fonde l'accusation, mais aussi de la qualification juridique donnée à ces faits et ce, d'une manière détaillée »[12]. Enfin, l'information est d'application étendue : elle apparaît dès le placement en garde à vue (1°), se poursuit devant le juge d'instruction en cas d'information judiciaire (2°) et s'impose devant la juridiction de jugement (3°)

1. En cas de placement en garde à vue

Conformément à l'article 63-1 du Code de procédure pénale : « Toute personne placée en garde à vue est immédiatement informée [...] de la nature de l'infraction sur laquelle porte l'enquête, des droits mentionnés aux articles 62-3 [faire aviser un proche], 63-3 [examen par un médecin] et 63-4 [entretien avec un avocat], ainsi que des dispositions relatives à la durée de la garde à vue prévues par l'article 63 ». L'information est effectuée par un officier de police judiciaire ou, sous son contrôle, par un agent de police judiciaire[13]. La règle est d'application uniforme, que la mesure de contrainte intervienne au cours d'une enquête de police ou sur commission rogatoire délivrée par un juge d'instruction[14].

2. En cas d'instruction préparatoire

Lorsqu'une information judiciaire est ouverte, le juge d'instruction, qui envisage une mise en examen, doit entendre au préalable le suspect au cours d'un interrogatoire de première comparution s'il ne l'a pas déjà entendu comme témoin assisté[15]. La convocation à cet interrogatoire peut intervenir selon deux modalités distinctes : par lettre recommandée ou au

(12) CEDH, 25 mars 1999, *Pélissier et Sassi c/ France*, *JCP* G 1999, I, n° 105, obs. F. Sudre. V. aussi, CEDH, 19 déc. 1989, *Brozicek c/ Italie*, Série A, n° 167.
(13) Art. 63-1, al. 1er C. pr. pén.
(14) Art. 154, al. 4 C. pr. pén., relatif aux commissions rogatoires, qui renvoie aux art. 63-1 à 65 C. pr. pén.
(15) Art. 80-1, al. 2 C. pr. pén.

moyen d'une notification effectuée par un officier de police judiciaire[16]. Mais dans un cas comme dans l'autre, le suspect doit être informé « de chacun des faits dont ce magistrat est saisi et pour lesquels la mise en examen est envisagée, tout en précisant leur qualification juridique »[17]. Par la suite, au cours de l'interrogatoire, le juge doit à nouveau porter à la connaissance du suspect « les faits ou la qualification juridique des faits qui lui sont reprochés »[18], dans le cas où « ces faits ou ces qualifications diffèrent de ceux qui lui ont déjà été notifiés »[19]. Si le suspect ne peut comprendre ni s'exprimer en langue française, ou s'il est atteint de surdité, le ministère public doit faire appel à un interprète[20].

Des dispositions similaires s'appliquent à l'égard du témoin assisté qui est un « para-suspect » ou un suspect de fait, ainsi qu'on l'a déjà souligné[21]. Lorsqu'il est entendu pour la première fois, le juge d'instruction lui donne connaissance de l'acte qui l'attire dans la procédure – réquisitoire introductif ou supplétif délivré par le procureur de la République, plainte ou mise en cause émanant de la victime, dénonciation d'un témoin[22]. Ces mêmes indications doivent figurer dans l'envoi recommandé que lui adresse le juge, aux fins d'audition, s'il estime devoir procéder de cette manière[23].

Plus généralement, en particulier lors des interrogatoires ultérieurs ou des éventuelles confrontations avec des témoins, les personnes impliquées dans la commission du délit ou du crime doivent être tenues informées par le juge des évolutions de l'affaire. Naturellement, cette communication porte au premier chef sur les faits, ainsi que sur la qualification juridique qu'il décide de retenir.

3. *En cas de renvoi devant une juridiction de jugement*

Il existe plusieurs procédés permettant au Ministère public, à la partie lésée ou à une juridiction d'instruction de saisir une juridiction de jugement aux fins d'y renvoyer le suspect pour qu'il soit déclaré innocent ou

(16) Mais une notification par lettre simple à un ancien domicile du suspect est valable dès lors qu'il est établi que celui-ci en a effectivement eu connaissance (Cass. crim., 30 mars 2004, *Bull. crim.*, n° 80).
(17) Art. 80-2, al 1er et 2 C. pr. pén. La notification est constatée par procès-verbal signé du suspect qui en reçoit copie.
(18) Pour le mineur, v. art. 10, Ord. 2 févr. 1945.
(19) Art. 116, al. 5 C. pr. pén.
(20) Art. 121, al. 2 C. pr. pén.
(21) Sur ce point, v. *supra* p. 26 et s.
(22) Art. 113-4, al. 1er C. pr. pén.
(23) Art. 113-4, al. 2 C. pr. pén.

coupable[24]. On peut les distinguer selon qu'une instruction préparatoire a précédé ou non la décision de renvoi. Pour autant, chacun des modes de saisine suppose que soient indiqués les faits reprochés et leur qualification juridique.

a) *En présence d'une information judiciaire*

La saisine de la juridiction de jugement résulte d'une ordonnance émanant du magistrat instructeur ou d'un arrêt rendu par la chambre de l'instruction, l'un ou l'autre devant alors être signifié, notamment, à la personne mise en examen[25]. Il y est mentionné « la qualification légale du fait imputé à celle-ci et, de façon précise, les motifs pour lesquels il existe [...] contre elle des charges suffisantes »[26]. S'il y a renvoi devant une cour d'assises, il est rendu en outre une ordonnance ou un arrêt de mise en accusation dans lequel doit figurer, à peine de nullité, « l'exposé et la qualification légale des faits, objet de l'accusation »[27]. Quelle que soit la nature de la décision, elle est portée à la connaissance du suspect qui s'apprête à être jugé.

b) *En l'absence d'information judiciaire*

La saisine de la juridiction de jugement peut avoir lieu selon des modalités variables. Elles sont réservées aux contraventions et à certains délits : citation directe, convocation en justice, convocation par procès-verbal, comparution immédiate, comparution sur reconnaissance préalable de culpabilité. À nouveau, quel que soit le moyen choisi, la personne renvoyée devant une juridiction de police ou correctionnelle doit être avisée avec précision des faits qui lui sont reprochés et de la qualification juridique retenue[28]. L'obligation est prescrite à peine de nullité de l'acte saisissant la juridiction.

---

(24) Nous laisserons de côté les hypothèses, rarissimes en pratique, d'auto-saisine de la juridiction de jugement, par exemple lorsqu'une infraction est commise à l'audience. Pour des développements, v. G. STEFANI, G. LEVASSEUR et B. BOULOC, *Procédure pénale*, 19e éd., Précis Dalloz, 2004, n° 832.
(25) Art. 183 C. pr. pén. (ordonnance du juge d'instruction) et 217 C. pr. pén. (arrêt de la chambre de l'instruction).
(26) Art. 184 C. pr. pén.
(27) V. art. 181, al. 3 C. pr. pén. (ordonnance du juge d'instruction) et 215, al. 1er C. pr. pén. (arrêt de la chambre de l'instruction).
(28) Art. 551, al. 2 C. pr. pén. (citation directe), 390-1, al. 2 C. pr. pén. (convocation en justice), 393, al. 1er et 394, al. 1er C. pr. pén. (convocation par procès-verbal), 395 C. pr. pén. (comparution immédiate) et 495-7 C. pr. pén. (comparution sur reconnaissance préalable de culpabilité).

B. L'EFFECTIVITÉ DE L'INFORMATION

L'obligation d'informer le suspect est soumise en outre à une *exigence d'effectivité*, de telle manière que les droits de la défense puissent s'exercer utilement. Il ne suffit pas que le suspect sache qu'il est soupçonné de quelque chose. En général, il s'en doute fort bien, par l'effet même de l'intérêt que lui portent les forces de l'ordre ou le juge. Ainsi, bien au-delà d'une simple information, la connaissance effective de la suspicion postule que l'information soit *directe*, *rapide* et *compréhensible*.

C'est au stade de la garde à vue que ces impératifs trouvent le plus nécessairement à s'appliquer.

L'information *directe* appelle peu de développements. Les éléments de fait et de droit justifiant la suspicion doivent être portés à la connaissance du suspect lui-même, par l'intermédiaire d'une personne ayant qualité pour y satisfaire (officier ou agent de police judiciaire, magistrat), sans médiation de personne (par exemple, un avocat)[29].

La connaissance des reproches doit par ailleurs intervenir *immédiatement* si l'on s'en tient à l'article 63-1 du Code de procédure pénale, c'est-à-dire aussitôt que la personne est, de manière effective, retenue sous contrainte des services de police ou de gendarmerie[30]. De ce point de vue, la disposition du Code de procédure pénale est plus rigoureuse que celle de l'article 5, § 2 de la Convention EDH et, par conséquent, davantage protectrice pour le suspect[31]. En pratique, rien ne s'oppose à ce que le suspect soit informé verbalement, ce qui est très courant et permet d'atteindre avec facilité l'objectif légal. Mais, à l'instar de la notification des délais de garde à vue et des droits prévus aux articles 63-2 à 63-4[32], l'avis au suspect doit être mentionné dans un procès-verbal que celui-ci est invité à signer[33]. On constate cependant que la condition d'immédiateté n'est pas toujours possible à mettre en œuvre. L'article 63-1 *in fine* admet que

(29) Il existe néanmoins quelques exceptions. Il en est ainsi lorsque l'information résulte d'un envoi recommandé (par exemple, une mise en examen) ou d'un exploit délivré par un huissier de justice (par exemple, une citation directe). Mais dans ces dernières hypothèses, le suspect aura généralement eu une connaissance préalable des faits et de leur qualification juridique. Ayant très probablement fait l'objet d'une mesure de contrainte (garde à vue), ils lui auront été indiqués à cette occasion.

(30) Parmi de nombreuses décisions, v. par ex., Cass. crim., 23 mars 1999, *Bull. crim.*, n° 51 ; Cass. crim., 11 oct. 2000, *Bull. crim.*, n° 296.

(31) L'information doit intervenir « dans le plus court délai ». Un certain retard est ainsi admis. Par ex., v. Comm. EDH, 5 oct. 1982, req. n° 8828, *in Code de la Convention européenne des droits de l'homme*, 2e éd., Litec, 2003-2004, p. 49 (information au bout de six heures).

(32) Sur la notification des droits, v. *supra* p. 130 et s.

(33) Art. 63-1, al. 2 C. pr. pén. En cas de refus d'émargement, il en est fait mention.

l'information soit différée d'une durée maximale de trois heures « en cas de circonstance insurmontable ». Il en sera ainsi lorsque le suspect est interpellé en état d'ivresse[34]. La même solution prévaudrait si celui-ci se trouvait sous l'empire de produits stupéfiants, ou que son état réclamait des soins urgents, ou bien encore, si un interprète était requis, mais qu'il mettait un certain temps pour se rendre au lieu d'exécution de la garde à vue[35]. Le caractère insurmontable de l'événement, dont la preuve incombe aux enquêteurs, neutralise ainsi leur obligation, mais uniquement pendant le temps nécessaire à un retour du suspect vers la conscience et la capacité à comprendre. L'ensemble est prescrit à peine de nullité, la jurisprudence rappelant avec une grande constance que tout retard qui ne serait pas couvert par une circonstance insurmontable « porte nécessairement atteinte aux intérêts de la partie qu'elle concerne »[36].

Les reproches doivent être enfin portés à la connaissance du suspect dans des conditions qui les rendent *compréhensibles*. Cet impératif se décline en de multiples obligations qui tiennent compte de l'aptitude du suspect à recevoir avec précision les motifs pour lesquels il est soupçonné, ce qui doit amener les forces de l'ordre à être didactiques dans leurs explications ou à faire appel à un tiers. Cette réception porte d'abord sur la *faculté de comprendre* la nature de l'infraction, avec tous les détails nécessaires permettant d'en mesurer la gravité, ainsi que le rôle supposé tenu par le suspect[37]. Par exemple, il ne sera généralement pas effectif d'informer l'individu qu'on le soupçonne de « complicité de soustraction frauduleuse de la chose d'autrui commise avec une arme soumise à autorisation ou dont le port est prohibé »[38], alors que la personne est impliquée dans un « braquage », ce que tout individu est en l'occurrence capable de comprendre[39]. Ensuite, il faut considérer la *capacité de perception* proprement dite des éléments portés à la connaissance du suspect dès qu'il est placé sous main de justice. L'enquêteur ou le juge doit prendre en considération l'état physique de la personne gardée à vue pour déterminer son

(34) Cass. crim., 3 avr. 1995, *Dr. pén.* 1995, comm. n° 187, note A. Maron.

(35) V. Bück, « Vers un contrôle plus étendu de la garde à vue. L'exemple du contentieux relatif à la notification immédiate des droits », *Rev. sc. crim.* 2001, p. 334.

(36) Cass. crim., 3 déc. 1996, *Bull. crim.*, n° 443. V. aussi, Cass. crim., 17 mai 2000, *Procédures* 2000, comm. n° 205, note J. Buisson.

(37) Dans ce sens, v. Cass. crim., 22 mai 2003, *Dr. pén.* 2003, comm. n° 104, note A. Maron : l'exigence d'information n'est pas satisfaite lorsque les enquêteurs se contentent d'indiquer au suspect qu'il existe des indices selon lesquels celui-ci a commis ou tenté de commettre une infraction.

(38) Art. 311-1 et 311-8 C. pén., qui incriminent le vol lorsqu'il est commis à main armée.

(39) Mais le degré d'exactitude et de précision n'est pas absolu. Les enquêteurs ne sont pas tenus d'indiquer tous les détails qu'ils ont pu recueillir. Il ne faut pas non plus perdre de vue que la qualification juridique peut être erronée, ou est susceptible d'évoluer dans le temps (v. art. 2.2.2. Circ. CRIM 00-13 F1, 4 déc. 2000).

aptitude à recevoir les informations qui lui sont destinées[40]. Une attention toute particulière doit ainsi être accordée au suspect atteint d'une incapacité juridique (curatelle, tutelle), ce que les juges de Strasbourg ont eu l'occasion de souligner[41]. De même, si la personne ne connaît pas ou ne maîtrise pas suffisamment le français, l'information doit s'effectuer « dans une langue qu'elle comprend, le cas échéant au moyen de formulaires écrits »[42]. En pratique, les organes de police ou de gendarmerie peuvent disposer de formulaires rédigés dans les langues habituellement requises dans leur ressort territorial ou d'une liste d'interprètes auxquels ils sont susceptibles de faire souvent appel[43]. Selon la même logique, si la personne « est atteinte de surdité et qu'elle ne sait ni lire ni écrire, elle doit être assistée par un interprète en langue des signes ou par toute personne qualifiée maîtrisant un langage ou une méthode permettant de communiquer avec des sourds. Il peut également être recouru à tout dispositif technique permettant de communiquer avec une personne atteinte de surdité »[44].

Les mêmes exigences se retrouvent lorsque le suspect est interrogé par un juge d'instruction, un juge des libertés et de la détention ou qu'il comparaît devant une juridiction de jugement[45].

On constate ainsi que le suspect, à tous les stades de la procédure, ne doit pas ignorer les raisons précises pour lesquelles on le soupçonne. Il fait l'objet d'une information initiale, la plus cruciale en terme de défense. Il bénéficie ensuite d'une information continue tout au long des investigations, quelle que soit la forme juridique adoptée par les autorités de poursuites, ce qui lui permet de déterminer tout aussi précisément la place qu'il tient dans le procès, les mesures ou les peines qu'il encourt et la manière par laquelle il estimera devoir se défendre. Mais cette information resterait trop éloignée du fond de l'affaire qui vient au soutien de la suspicion si le suspect ne disposait pas, en outre, d'un accès à son dossier.

---

(40) V. *supra* sur la notification différée des droits en cas de circonstance insurmontable, p. 133 et 134.

(41) CEDH, 30 janv. 2001, *Vaudelle c/ France*, *JCP* G 2001, II, n° 10526, note L. Di Raimondo. Pour des développements, v. A. Teissier, « Quelques réflexions sur l'arrêt Vaudelle », *Rev. pénit.* 2002, n° 4, p. 795.

(42) Art. 63-1, al. 3 C. pr. pén.

(43) Au stade policier de la procédure, il n'est pas indispensable que l'interprète figure au nombre des experts judiciaires ou prête serment, à la différence de la phase judiciaire (instruction préparatoire ou audience de jugement).

(44) Art. 63-1, al. 4 C. pr. pén.

(45) Art. 407 C. pr. pén. (tribunal correctionnel) et 344 et 345 C. pr. pén. (cour d'assises).

§ 2. L'ACCÈS AU DOSSIER DE LA PROCÉDURE

Le suspect et son avocat ont un accès variable aux divers actes, pièces et procès-verbaux intéressant la procédure, qui dépend de la forme retenue pour mener les investigations. On peut résumer la logique procédurale par une montée en puissance du droit d'accès au dossier au fur et à mesure que les recherches prennent une orientation juridiquement plus élaborée et que les preuves s'accumulent. D'une particulière maigreur dans les premiers temps, le droit s'étoffe peu à peu pour devenir total. De ce point de vue, la loi distingue en considération de la période du procès, préparatoire (A) ou décisoire (B).

A. AU COURS DE LA PHASE PRÉPARATOIRE DU PROCÈS

Les règles d'accès au dossier pénal connaissent d'importantes différences selon que l'ouverture d'une information judiciaire a été requise (2°) ou ne l'a pas été (1°).

1. En l'absence d'information judiciaire

Dans la phase d'enquête de police (préliminaire, flagrant délit), aucun élément de la procédure n'est délivré. Hormis l'information visant les faits reprochés que reçoit le suspect placé en garde à vue[46], puis son avocat lorsqu'il intervient[47], le dossier n'est pas consultable et leur échappe en totalité.

2. En présence d'une information judiciaire

À l'inverse de la phase strictement policière, le droit d'accès est largement garanti lorsqu'une information judiciaire est ouverte, aussi bien au bénéfice du suspect que de son conseil. Il y a, en quelque sorte, une noblesse de la communication judiciaire que la loi réserve aux infractions les plus graves et aux procédures les plus complexes.

Selon l'article 114, alinéa 3, du Code de procédure pénale, une fois que l'interrogatoire de première comparution a eu lieu, le dossier est mis « à tout moment à la disposition des avocats durant les jours ouvrables, sous réserve des exigences du bon fonctionnement du cabinet d'instruction ». À cette disposition de portée générale, le texte ajoute que dans les cas où le juge d'instruction envisage un interrogatoire du suspect ou une

(46) Art. 63-1, al. 1er C. pr. pén.

(47) Art. 63-4, al. 3 C. pr. pén. : l'avocat est averti « de la nature et de la date présumée de l'infraction sur laquelle porte l'enquête ».

confrontation, la procédure est mise à la disposition des avocats quatre jours ouvrables au plus tard avant l'audience[48]. Cette communication répond à une double exigence traditionnelle, susceptible d'être sanctionnée par l'annulation de l'interrogatoire ou de la confrontation. La première se rapporte au fond de l'affaire : la communication doit porter sur la totalité des actes, pièces et procès-verbaux de la procédure[49]. La seconde est d'ordre formel et probatoire : le dossier doit contenir une mention expresse permettant d'établir que la communication a bien eu lieu en temps et heures[50]. Ces deux impératifs sont en réalité les plus importants. Il s'agit de ceux-là mêmes qui vont, en pratique, rendre effectif l'exercice des droits de la défense.

L'accès matériel au dossier se double d'une possibilité pour l'avocat, à la suite de l'interrogatoire de première comparution, de se faire délivrer une copie de tout ou partie des pièces et actes du dossier[51]. Cette délivrance a lieu gratuitement, ce qui, là encore, va favoriser en pratique de façon significative l'exercice de la défense.

La copie ou sa reproduction totale ou partielle peut, en outre, être remise au suspect. Mais des restrictions entourent l'exercice de cette faculté. Une demande exposant la liste des pièces et des actes dont le suspect souhaite obtenir un exemplaire doit être présentée au juge d'instruction, au moyen d'une déclaration au greffe ou par lettre recommandée avec accusé de réception. Le juge dispose alors d'un délai de cinq jours ouvrables à compter de la réception de la demande pour faire connaître sa réponse. S'il s'oppose à la remise au suspect des actes et pièces demandés, il doit rendre une ordonnance spécialement motivée « au regard des risques de pressions sur les victimes, les personnes mises en examen, leurs avocats, les témoins, les enquêteurs, les experts ou toute autre personne concourant à la procédure »[52]. Dans les deux jours, cette décision est susceptible de recours devant le président de la chambre de l'instruction, lequel statue dans le délai de cinq jours ouvrables[53]. L'absence de réponse du magistrat instructeur ou du président de la chambre de l'instruction dans le délai qui leur est respectivement imparti équivaut à un accord qui autorise l'avocat à remettre à son client les éléments indiqués dans la requête.

(48) Les mêmes règles bénéficient à la partie civile.

(49) Cass. crim., 28 juill. 1958, *Bull. crim.*, n° 589.

(50) Cass. crim., 27 juill. 1906, *DP* 1907, 1, p. 334 ; Cass. crim., 10 juin 1986, *Bull. crim.*, n° 200.

(51) Art. 114, al. 4 C. pr. pén. Disposition identique au bénéfice de l'avocat de la partie civile.

(52) Art. 114, al. 8 C. pr. pén.

(53) Art. 114, al. 8 C. pr. pén. La décision du président est écrite et motivée, mais n'est pas susceptible de recours.

La copie totale ou partielle du dossier est réservée à l'usage exclusif du suspect. Il lui est interdit de le diffuser auprès de quiconque, sous peine d'une amende pouvant atteindre 3750 €[54]. Seule exception : les rapports d'expertise. Il est en effet possible de les communiquer à des tiers pour les besoins de la défense[55].

B. AU COURS DE LA PHASE DÉCISOIRE DU PROCÈS

Une fois le suspect renvoyé devant une juridiction de jugement, l'accès aux diverses pièces de la procédure est facilité, mais demeure parfois peu satisfaisant.

Il en est ainsi lorsque l'affaire prend un tour rapide et que la personne est directement renvoyée devant un tribunal de police ou correctionnel (comparution immédiate, par exemple). Son avocat, et lui seulement, peut alors accéder au dossier. Mais dans les procédures accélérées, cet accès ressemble bien souvent à une découverte un peu confuse des éléments recueillis au cours de l'enquête, généralement à charge et sans contradiction sérieuse, suivi d'un survol précipité et d'un basculement vers l'audience de jugement. Il n'est pas rare que l'avocat ouvre pour la première et dernière fois le dossier quelques minutes avant l'évocation de l'affaire. La faculté de s'entretenir très tôt avec le suspect, dès le commencement de la garde à vue[56], reste d'une portée minime en terme de défense, sinon même négligeable, faute d'accès au dossier. Il convient d'ajouter que l'avocat intervenant en garde à vue, en général avocat de permanence, n'est pas nécessairement ni même souvent celui qui assure la défense devant la juridiction de jugement.

Devant la cour d'assises, en revanche, il est prévu à l'article 279 du Code de procédure pénale que l'accusé doit recevoir automatiquement, gratuitement et en temps utile[57] une copie des procès-verbaux constatant l'infraction, des déclarations écrites des témoins et des rapports d'expertise. Il ne s'agit pas de l'intégralité des éléments du dossier, mais de ceux qui en constituent l'ossature. Cela n'empêche pas que l'accusé ou son avocat obtienne, si cela n'a pas été fait au cours de l'instruction, une copie de toutes les pièces, et singulièrement de celles qui ne font pas l'objet d'une délivrance au titre de l'article 279, tels les feuilles de renseignement, les enquêtes sur le *curriculum vitae* du suspect ou encore le réquisi-

(54) Art. 114-1 C. pr. pén. V. aussi, art. R. 15-42 à R. 15-45 C. pr. pén.
(55) Art. 114, al. 6 C. pr. pén.
(56) Pour autant que la mesure soit décidée. V. art. 63-4, al. 1er C. pr. pén.
(57) V. art. C. 472 Circ. d'application.

toire définitif du Ministère public. Mais alors, cette délivrance a lieu à leurs frais[58].

Section 2 Le droit à une défense effective

Aux yeux de la Cour de cassation, la défense « constitue pour toute personne un droit fondamental à caractère constitutionnel »[59], ce que le Conseil constitutionnel avait déjà reconnu[60] et que toutes les normes de procédures garantissent à travers le droit d'être assisté, tout au long du procès, par la personne d'un défenseur[61]. Elle peut être vue comme un droit naturel dont toute personne doit pouvoir bénéficier, qu'elle soit physique[62] ou morale[63]. Défendre est un art et une technique permettant au suspect, non seulement d'obtenir une existence réelle et sensible à l'intérieur du procès, mais, de plus en plus, de peser sur sa conduite, sur la collecte ou la révélation des preuves et, par voie de conséquence, sur son dénouement. Pour satisfaire au besoin d'équilibre à l'intérieur du processus répressif, toute personne doit être en mesure d'accéder sans entrave à un défenseur (§ 1), afin de pouvoir s'opposer librement aux éléments qui l'accusent (§ 2), dès le moment où elle est inquiétée par l'autorité policière ou judiciaire.

§ 1. LE DROIT À UN DÉFENSEUR

S'il n'existait qu'un seul droit de l'individu soupçonné, ce serait celui de pouvoir se défendre dans des conditions acceptables (A), ce qui se traduit en pratique par un accès favorisé à une personne dont la défense est la profession : l'avocat (B).

---

(58) Art. 280 et R. 154 C. pr. pén. La partie civile bénéficie également des dispositions visées aux art. 279 et 280 C. pr. pén.

(59) Cass. ass. plén., 30 juin 1995, *D.* 1995, p. 513, concl. M. Jéol et note R. Drago ; *JCP* G 1995, II, n° 22478, concl. M. Jéol et note A. Perdriau.

(60) V. notamment, Cons. const., 23 janv. 1987, *D.* 1988, p. 117, note F. Luchaire et les décisions antérieures citées (II) ; *JCP* G 1987, II, n° 20854, note J.-F. Sestier ; *AJDA* 1987, 345, note J. Chevallier ; *RDP* 1987, p. 1341, note Y. Gaudemet.

(61) Art. prélim., III, al. 2 C. pr. pén. ; art. 6 § 2 *c)* Conv. EDH ; art. 14 § 3 *b)* et *d)* PIDCP.

(62) Cass. civ., 7 mai 1828, *S.* 1828, 1, p. 93.

(63) Cass. com., 4 nov. 1987, *JCP* G 1988, II, n° 21087, note L. Cadiet.

A. LE PRINCIPE DE DÉFENSE

La défense pénale revient par tradition et par métier à l'avocat, qui est légalement qualifié d'auxiliaire de justice[64] et exerce généralement sous forme libérale. Celui-ci passe un examen au terme d'études universitaires, s'inscrit à un Barreau, est soumis à des règles de discipline, à un règlement intérieur et, à l'instar du médecin, prête un serment qui l'oblige et le protège[65]. Sa mission la plus connue est celle d'assister les suspects et de plaider leur cause devant des magistrats. Le Barreau se présente comme une micro société de quelques milliers d'âmes réparties selon une tradition bien française et séculaire : la moitié à Paris, le reste en province, l'attraction qu'exerce la capitale étant peut-être ici plus visible qu'ailleurs.

L'avocature[66] fascine tout autant qu'elle déçoit. Les étudiants de nos facultés de droit, inscrits en première année de licence, souhaitent bien souvent embrasser la profession, s'ils ne veulent pas devenir juge des enfants. Tonneau des Danaïdes et sujet inépuisable des peintres, des cinéastes et des romanciers, les avocats ont leurs vedettes et leurs heures de gloire sous la lumière des grands procès et le projecteur des mass média. Certains d'entre eux, une poignée minuscule, ont un destin, de sorte qu'ils gagneront la faveur des encyclopédies : ministre, écrivain, meneur de Révolution, président de la République. Mais la plupart, prisonniers d'une logique pesamment économique, obsédés par la course au client et par des charges fiscales accablantes, demeurent dans l'ombre de l'institution judiciaire[67].

La défense pénale est, en général, affaire de professionnels et de techniciens parce que sa matière première est le fait qui entre en collision avec le droit et l'univers clos qu'il réglemente. L'avocat est donc situé à l'épicentre de la défense. Mais ce n'est pas toujours le cas.

On constate d'abord qu'une personne mise en cause peut fort bien refuser de se défendre et décliner ou renoncer à l'assistance du moindre conseil, même si la circonstance est rarissime dans la justice ordinaire[68].

---

(64) Art. 3, al. 1er, L. n° 71-1130, 31 déc. 1971, *portant réforme de certaines professions judiciaires et juridiques*. V. aussi, D. n° 2005-790 du 12 juillet 2005, *relatif aux règles de déontologie de la profession d'avocat*, *JO* 16 juill. 2005.

(65) Art. 3, al. 2, L. 31 déc. 1971 : « Je jure, comme avocat, d'exercer mes fonctions avec dignité, conscience, indépendance, probité et humanité ». Pour des développements, v. J. Hamelin et A. Damien, *Les règles de la profession d'avocat*, 9e éd., Dalloz, 2000 ; R. Martin, *Déontologie de l'avocat*, 5e éd., Litec, 1999.

(66) D. Soulez Lariviere, *L'avocature*, Seuil, 1995.

(67) L. Karpik, *Les avocats. Entre l'État, le public et le marché. XIIIe-XXe siècles*, coll. Gallimard, Bibl. sc. humaines, 1995 ; B. Sur, *Histoire des avocats en France. Des origines à nos jours*, Dalloz, 1998.

(68) Au stade de l'instruction préparatoire, v. art. 114, al. 1er C. pr. pén. : la renonciation doit être expresse. Dans ce sens, Cass. crim., 4 janv. 1994, *Bull. crim.*, n° 2. La solution est ancienne : Cass. crim., 5 janv. 1901, *DP* 1901, 1, p. 113.

Socrate s'est ainsi présenté seul devant le tribunal de l'Hélié qui l'a condamné à mort et ne s'est jamais préoccupé de sa propre défense. La loi ne s'oppose pas à la faculté qu'a une personne inquiétée par la justice de rejeter toute défense et donc, dans une relative mesure, d'en devenir l'étranger. L'avocat reste un droit que le suspect peut invoquer à son profit, mais seulement s'il en exprime le vœu. Il n'est pas imposé, sauf en matière criminelle et en cas de procédure rapide[69], ainsi qu'à l'égard des mineurs et des personnes atteintes d'une infirmité de nature à compromettre leur défense. Dans ces hypothèses, un avocat est obligatoirement désigné[70], l'État ayant l'obligation positive d'organiser un dispositif d'accès à un défenseur[71]. Il n'en demeure pas moins que le suspect conserve le dernier mot, ce qui traduit encore, si besoin était, l'emprise qu'il exerce sur les débats : il peut en effet intimer à son avocat de garder le silence, ce qu'il sera tenu de faire en vertu des prescriptions déontologiques de son serment.

On observe ensuite que le suspect peut faire appel au défenseur qui lui convient, un occasionnel qui n'est pas nécessairement un homme de l'art. La Convention européenne des droits de l'homme souligne à cet égard que tout accusé peut obtenir « l'assistance d'un défenseur de son choix »[72]. L'article préliminaire du Code de procédure pénale, de son côté, vise le droit à un défenseur, ce qui inclue l'avocat, mais n'exclue pas qu'une personne n'ayant pas cette qualité intervienne au même titre, un parent ou un proche par exemple[73].

Mais la singularité qui s'attache à l'idée comme au principe de défense va plus loin. Il arrive en effet qu'il ne soit pas utile de solliciter une défense pour, dans certaines circonstances, obtenir la plus grande qui soit. Certains des plus obstinés défenseurs n'ont jamais été avocat, pas plus que l'accusé n'a réclamé leur secours. On a pourtant soutenu leur personne et leur cause avec une singulière ténacité, au risque d'être soi-même soupçonné et pris à partie : ainsi Voltaire pour Jean Calas, Emile

(69) Notamment en cas de comparution sur reconnaissance préalable de culpabilité (art. 495-8, al. 4 C. pr. pén. : « La personne ne peut renoncer à son droit d'être assisté par un avocat »). Dans la procédure de comparution immédiate, le caractère obligatoire de l'avocat n'est pas prévu, mais lorsqu'un accord de la personne poursuivie est sollicité (par exemple, pour être jugé le jour même), le consentement ne peut être valablement recueilli qu'en présence d'un avocat (art. 397, al. 1er C. pr. pén.).

(70) Art. 274, al. 2 et 417, al. 4 C. pr. pén.

(71) Dans ce sens, v. CEDH, 9 oct. 1979, *Airey c/ Irlande*, Série A, n° 32 ; *JDI* 1987, p. 187, chron., P. Rolland ; *Grands arrêts de la Cour européenne des droits de l'homme*, 2e éd., PUF, coll. Thémis, 2004, p. 17.

(72) Art. 6 § 2 *c)* Conv. EDH. Dans le même sens, v. art. 14, 2. *b)* et *d)* PIDCP.

(73) Art. 275 C. pr. pén. : devant la cour d'assises, « le président peut autoriser l'accusé à prendre pour conseil un parent ou ami ». Mais lorsque le conseil est imposé par la loi, il s'agit toujours d'un avocat.

Zola, Georges Clemenceau et Jean Jaurès pour le capitaine Dreyfus. C'est que, parfois, la cause dépasse l'homme. Et l'idée de défense, qui ne peut s'approprier par la délivrance d'un titre universitaire ni le port d'une robe, résiste aux réductions corporatrices et aux règles de procédure. Elle est une transcendance.

Presque tout est permis à la défense : au suspect d'abord, car c'est bien de ce qu'il va advenir de sa liberté, de son honneur et de son patrimoine qu'il s'agit ; à son défenseur, ensuite, parce qu'il en incarne l'indispensable extension, parfois la seule garantie. La pauvreté ou la richesse d'une défense, indépendamment de son efficacité, est avant tout suspendue à la valeur de ceux qui en acceptent la charge et sont capables de la porter. Mais elle dépend aussi de la place que la loi ou le juge veut bien lui accorder dans le cours de la procédure. Elle est donc infiniment fragile, indocile, menacée. Si certains procès sont apparus comme les plus louches ou les plus dérangeant de l'histoire judiciaire, c'est en raison de la médiocrité ou de l'inconsistance des actes de défense. Dans le procès des époux Ceaucescu, par exemple, qui a suivi la révolution roumaine de décembre 1989, ce qui a choqué l'opinion n'est pas tant qu'on les ait hâtivement exécutés[74], mais que leur défense ait bien eu les traits d'une figure parodique, truquée, dérisoire[75]. Une telle inconsistance n'est d'ailleurs pas toujours une spécialité des dictatures. Sous l'empire du Code d'instruction criminelle de 1808, la personne soupçonnée ne bénéficiait d'aucune protection et les droits de la défense « étaient réduits à l'état de squelette »[76] : au stade préparatoire de la procédure, où pour ainsi dire tout se joue sur le terrain de la preuve, il n'y avait pas d'accès au dossier et ni droit à un avocat. Il faudra attendre le rétablissement du titre d'avocat par Napoléon le 14 décembre 1810, qui avait disparu sous la Révolution française[77], pour qu'un principe admis et officiel de défense s'impose dans le paysage procédural français. Il faudra attendre ensuite la loi du 8 décembre 1897, dite loi *Constans*, pour que s'installe un embryon de droits de la défense, avec en particulier un droit d'assistance au bénéfice de l'inculpé pendant les interrogatoires du juge d'instruction.

(74) Il y a, dans toute tyrannie, une logique du meurtre et une ivresse égalitaire devant la violence qui rend presque naturelle l'élimination physique du chef, lorsqu'il est un jour ou l'autre renversé. On peut voir par ailleurs une poussée véritablement cathartique du peuple, propre aux souffrances qu'il a vécu, dans la disparition brutale du dictateur déchu.

(75) V. aussi, les procès sous la Révolution française, après le décret du 17 sept. 1793, dit *loi des suspects*, où l'accusé n'avait pas droit à un défenseur.

(76) J. Pradel, « Centenaire de la loi du 8 décembre 1897 sur la défense avant jugement pénal : essai d'un bilan », *D*. 1997, chron. p. 375.

(77) Les décrets du 2 sept. 1789 et du 15 juin 1791 consacrèrent la suppression de l'Ordre des avocats, jugé despotique. La défense n'était plus assurée que par des avoués et des défenseurs officieux.

L'avocat à l'intérieur de la procédure date d'à peine un siècle parce qu'il trouble indiscutablement le cours tranquille de l'institution judiciaire et parce que son utilité a pu faire l'objet de discussions. Mais cette propagation semble désormais totale, y compris même lorsque la personne fait l'objet de poursuites disciplinaires au sein de l'établissement pénitentiaire où elle est détenue. Un suspect ne devrait jamais plus redouter la solitude judiciaire, où qu'il se trouve.

B. L'ACCÈS À UN AVOCAT

Le suspect a donc le droit d'être assisté à tout moment par un avocat, ce dont il doit être avisé à diverses étapes clefs de la procédure (1°). Aucun obstacle matériel à l'exercice de ce droit n'est admis, l'État devant alors, lorsque la situation se présente, se substituer à l'ignorance du suspect ou à son impécuniosité (2°).

1. *Une information périodique*

Le suspect bénéficie de la garantie d'être avisé de son droit à l'assistance d'un avocat dès la décision de placement en *garde à vue*, quelle que soit la nature juridique de l'enquête (préliminaire, de flagrant délit ou sur commission rogatoire). Dans la notification immédiate des droits imposée à l'article 63-1 du Code de procédure pénale figure, à l'article 63-4, celui de « demander à s'entretenir avec un avocat »[78]. Ce droit est renouvelé en cas de prolongation dès que le procureur de la République l'autorise, de sorte que sur une durée maximum de quarante-huit heures, le suspect peut s'entretenir deux fois avec un conseil. Deux restrictions sont cependant posées lorsque la personne est soupçonnée de certains des crimes et délits prévus à l'article 706-73 du Code de procédure pénale (procédure applicable à la criminalité et à la délinquance organisées). Pour certaines infractions, l'intervention de l'avocat ne peut avoir lieu qu'à l'issue d'un délai de quarante-huit heures (par exemple, s'il y a eu enlèvement et séquestration commis en bande organisée)[79]. Pour d'autres (trafic de stupéfiants et terrorisme), l'avocat ne peut rencontrer le suspect qu'après soixante-douze heures[80].

On a souvent critiqué l'irruption de l'avocat au stade de la garde à vue, en particulier au motif que ne disposant pas d'un accès au dossier, sa

(78) Pour le mineur, v. art. 4, IV, Ord. 2 févr. 1945.

(79) Art. 63-4, al. 7 C. pr. pén., qui renvoie à l'art. 706-73, 4°, 6°, 7°, 8° et 15° C. pr. pén.

(80) Art. 64-3, al. 7 C. pr. pén., qui renvoie à l'art. 706-73, 3° et 11° C. pr. pén. En cas de prolongation, un nouvel entretien est possible à la demande du gardé à vue (art. 706-88, al. 6 C. pr. pén.).

présence serait un peu vaine et même inutile, sinon encombrante. L'assertion n'est pas inexacte en pratique. Combien d'avocats ne se déplacent en garde à vue que pour être sollicité d'une cigarette par le suspect ? Il faut cependant considérer l'avocat, personnage tiers et indépendant, non pas spécialement comme un défenseur au sens traditionnel qu'on lui reconnaît, mais comme un observateur du déroulement de la mesure de contrainte à laquelle l'individu est soumis, à la façon un *inspecteur des droits fondamentaux* « vérifiant si les conditions matérielles et juridiques de la garde à vue sont respectées »[81]. Au terme de l'entretien, qui dure trente minutes, l'avocat peut d'ailleurs formuler des observations écrites qui sont jointes à la procédure[82].

Si l'ouverture d'une *information judiciaire* est requise, le magistrat instructeur a l'obligation d'informer le suspect de son droit à l'assistance d'un avocat dès l'interrogatoire de première comparution, lorsqu'il envisage sa mise en examen[83]. Étant également une personne soupçonnée, une disposition de même contenu bénéficie au témoin assisté dès sa première audition[84]. Lorsque le juge des libertés et de la détention est saisi (par exemple, d'une demande de placement en détention provisoire), il est à nouveau rappelé au suspect son droit d'être assisté par un conseil au cours de l'audience contradictoire, dans l'hypothèse – sans doute peu fréquente en pratique – où aucun conseil ne serait encore intervenu ou n'aurait été désigné à ce stade[85].

Devant la *juridiction de jugement*, le suspect est avisé une nouvelle fois par son président qu'il peut solliciter l'assistance d'un avocat[86]. Lorsqu'il y a renvoi devant une cour d'assises, l'information est donnée par le président ou son délégué au cours de la procédure préparatoire à l'audience, lorsqu'il rend visite au suspect au lieu de la maison d'arrêt où il est détenu ou, s'il est libre, au greffe de la cour où il aura été convoqué[87]. L'article 317, alinéa 1er, du Code de procédure pénale rappelle à cet égard qu'à l'audience de jugement, « la présence d'un défenseur auprès de l'accusé est obligatoire », de sorte que si aucun avocat n'a été choisi ou désigné dans la phase préparatoire, le président de la cour

(81) J. Pradel, « Centenaire de la loi du 8 décembre 1897 sur la défense avant jugement pénal : essai d'un bilan », *préc.*, p. 377.
(82) En cas de déferement différé, v. art. 803-3 C. pr. pén. V. aussi, *supra* p. 109 et 110.
(83) Comb. art. 80-1, al. 2 et 116, al. 4 C. pr. pén. ; art. 80-2 et 116, al. 3 C. pr. pén. Pour le mineur, v. art. 10, Ord. 2 févr. 1945.
(84) Art. 113-3 C. pr. pén.
(85) Art. 145, al. 5 C. pr. pén.
(86) Art. 417, al. 2 C. pr. pén. (pour le tribunal correctionnel) et 512 C. pr. pén. (pour la chambre des appels correctionnels).
(87) Art. 272, 272-1 et 274, al. 1er C. pr. pén. La même règle vaut en cas d'appel et à l'égard des mineurs (art. 20, al. 10, Ord. 2 févr. 1945).

d'assises en commettra un d'office, y compris si l'accusé s'y oppose et que l'avocat, sur ses injonctions, demeure taisant.

2. *Le droit à la commission d'office et à la gratuité*

L'accès à un défenseur serait dépourvu d'effectivité si le droit qui le fonde se heurtait à des obstacles matériels. Il arrive assez souvent en effet que le suspect ne connaisse aucun avocat ou bien ne dispose pas des ressources pécuniaires suffisantes pour le désintéresser de ses honoraires. Dans ces deux cas de figure, qui généralement se cumulent, l'État doit se substituer à l'ignorance ou à la carence de la personne soupçonnée, en particulier lorsque l'intervention d'un avocat est rendue obligatoire par une disposition législative. En France, la substitution s'accomplit par le biais de la commission d'office[88] ou de la désignation.

L'obligation faite à l'État de fournir un défenseur puise ses racines dans de multiples textes[89]. Elle s'applique dès le placement en garde à vue et tout au long du processus pénal jusqu'à l'audience de jugement, y compris lorsque l'affaire en vient à être examinée par la Cour de cassation[90]. Dans de nombreux barreaux, il existe une « permanence pénale », sorte de Samu judiciaire bien souvent composé de jeunes avocats qui se sont portés volontaires. Ils ont vocation à intervenir le plus fréquemment au stade de la garde à vue, devant le juge des libertés saisi d'une demande de placement ou de maintien en rétention d'un étranger faisant l'objet d'une mesure d'éloignement du territoire, mais également dans les procédures accélérées (comparution immédiate, composition pénale, « plaider coupable »). Les frais d'intervention de l'avocat sont alors pris en charge par le Trésor public si les conditions de l'aide juridictionnelle sont réunies. La désignation est ordonnée par le bâtonnier de l'Ordre des avocats ou, pour l'hypothèse qui le concerne, par le président de la Cour d'assises ou du tribunal correctionnel[91]. L'avocat a le devoir d'assister le suspect dans le respect de son serment. Il ne peut se soustraire à l'obligation qui lui est faite, même s'il est désigné à l'audience par le président de la juridiction après que la personne poursuivie l'a récusé à la barre[92]. Sans doute l'intensité du devoir est-elle assez puissante. Mais à l'impossible, nul

(88) Qui doit être distinguée de l'aide juridictionnelle. L'ensemble est réglementé par la loi n° 91-647 du 10 juill. 1991, *relative à l'aide juridique*, dispositif élaboré qui comprend l'aide juridictionnelle et l'aide à l'accès au droit.

(89) Notamment, v. art. 6 § 2 *c)* Conv. EDH ; art. 14 § 2 *d)* PIDCP.

(90) Dans ce sens, v. CEDH, 25 sept. 1992, *Pham Hoang c/ France*, *JCP* G 1993, I, n° 3654, § 16, obs. F. Sudre.

(91) Art. 9 L. 31 déc. 1971. V. aussi, art. 272, 272-1 et 274 C. pr. pén. (cour d'assises) et 417, al. 2 C. pr. pén. (tribunal correctionnel). Même disposition pour le mineur.

(92) Dans ce sens, v. Cass. civ. 1re, 15 nov. 1989, *Bull. civ.* I, n° 347. À moins de faire approuver au préalable ses motifs d'excuse ou d'empêchement.

n'est tenu. Un avocat pourra toujours faire état d'un empêchement ou d'une excuse légitime pour s'en affranchir ou pour abandonner en cours la défense du suspect[93]. Dans ce cas, un nouvel avocat est requis. Il ne doit jamais y avoir de rupture dans le *continuum* de la défense. En pratique, cela peut d'ailleurs justifier un renvoi de l'affaire.

§ 2. LA LIBERTÉ DE LA DÉFENSE

Le suspect est libre de se défendre contre les accusations portées sur sa personne et il n'a pas à en rendre compte. Il n'existe pas de responsabilité civile, pénale ou disciplinaire du suspect à raison de l'exercice de la défense. Il n'a pas non plus, en principe, à subir de conséquences nuisibles ou défavorables à sa cause qui seraient liées à une tactique ou à une stratégie particulière de défense. Ainsi, la culpabilité du prévenu ou de l'accusé ne pourrait valablement être déduite de son mutisme au cours du procès ou encore d'une stratégie de rupture conduisant à mettre en cause l'institution judiciaire ou la forme de gouvernement que la Nation s'est donnée. La culpabilité judiciaire doit reposer sur des preuves en relation avec un agissement réprimé par la loi pénale et sur l'intime conviction, non pas sur l'idée que l'on se fait d'une défense convenable ou judiciairement correcte.

Il y aurait cependant quelque angélisme à croire que l'attitude du suspect au cours de son procès serait indifférente aux yeux des magistrats, et singulièrement devant les jurés d'une cour d'assises où l'apparence, la parole et le doute sont au cœur de l'audience. Pour autant, parce que la défense est une épreuve de force et une dialectique, elle connaît un déploiement de moyens où toutes les formes d'expression ont droit de cité – l'écrit, la parole, le geste, le maintien. Cette liberté de la défense se concrétise par la distribution d'un ensemble de droits que le suspect et son conseil peuvent utiliser dans le cadre de la loi avec un degré minimum de restriction. Deux directions peuvent être tour à tour empruntées : la voie de l'expression (A) et la voie du silence (B), ces deux voix étant toujours une façon de se faire entendre.

A. LE DROIT DE S'EXPRIMER

Il faut d'abord considérer que les échanges entre le suspect et son avocat doivent avoir lieu sans entrave. Il s'agit là d'un pré-requis en l'absence duquel toute défense serait dérisoire, et qui vise aussi bien les

(93) Art. 9 L. 31 déc. 1971 et art. 159 D. 27 nov. 1991. Le motif allégué par l'avocat doit être approuvé par le bâtonnier ou le président de la juridiction.

entretiens que les correspondances écrites (1°). À cette condition et bien souvent par l'entremise de son conseil, le suspect doit pouvoir se faire entendre des autorités policières et judiciaires qui le mettent en cause (2°) et s'opposer aux accusations comme aux preuves qui s'accumulent contre lui (3°).

1. *Le droit à la confidentialité et au secret*

Afin de se faire entendre dans des conditions qui assurent l'exercice de la défense, le suspect doit avant tout pouvoir tisser et entretenir avec son avocat des relations libres et confidentielles. En dehors des pièces figurant dans le dossier de la procédure, le suspect ignore tout de ce qui se dit entre policiers et magistrats. L'exigence d'égalité entre les parties impose donc qu'il bénéficie de la même situation, de ce droit d'éclipse, en quelque sorte, et il serait déloyal que les informations qu'il décide d'échanger avec son conseil fussent captées à leur insu.

Plusieurs dispositions sont prévues dans ce sens.

En premier lieu, le devoir de respecter la *confidentialité des conversations* successives intervenant entre le suspect et l'avocat est garanti dès le stade de la garde à vue[94]. Il en est de même en cas de placement en détention provisoire : l'avocat peut librement et aussi fréquemment qu'il le souhaite rendre visite à son client[95], comme si, en définitive, le suspect était en liberté. En pratique, un entretien dans un local privé et salubre devrait pouvoir être organisé à chaque fois qu'il est requis, mais l'état matériel des commissariats de police, des brigades de gendarmerie et des établissements pénitentiaires ne permet pas toujours de l'envisager avec décence. Au cours des audiences d'instruction ou préparatoire à la comparution devant une juridiction de jugement, le suspect peut s'entretenir discrètement avec son avocat sans que le juge ne puisse s'y opposer ni s'immiscer dans l'échange. Par exemple, en cas de procédure de comparution sur reconnaissance préalable de culpabilité, le « suspect peut librement s'entretenir avec son avocat, hors la présence du procureur de la République »[96], avant de faire connaître sa réponse à la proposition de peine qui lui est soumise. Il est par ailleurs admis que le juge d'instruction ne peut ordonner une interception des conversations téléphoniques entre l'avocat et la personne poursuivie[97], à moins que l'avocat ne soit lui-

(94) Art. 63-4, al. 3 C. pr. pén. : « L'avocat désigné peut communiquer avec la personne gardée à vue dans des conditions qui garantissent la confidentialité de l'entretien ». V. aussi, pour le mineur, art. 4, IV, Ord. 2 févr. 1945.
(95) Art. 716, al. 2 C. pr. pén. V. aussi, art. D. 66 à D. 68 C. pr. pén., sur les modalités de visite au parloir de la maison d'arrêt.
(96) Art. 495-8, al. 5 C. pr. pén.
(97) Cass. crim., 10 mai 1994, *Bull. crim.*, n° 180 ; Cass. crim., 15 janv. 1997, *Bull. crim.*, n° 14 ; *Dr. pén.* 1997, comm. n° 55, note A. Maron.

même suspect, la mesure n'ayant alors pour objet que de rechercher la preuve de sa participation éventuelle à une infraction[98]. Enfin, la phase de jugement proprement dite connaît la même liberté, et il n'est pas rare que le prévenu ou l'accusé fasse parvenir un billet à son avocat ou se penche vers lui pour un bref échange. Dans le rituel judiciaire, les chuchotements sont monnaie courante.

En second lieu, la *correspondance écrite* entre l'avocat et son client est couverte par le secret et ne peut être saisie, ni par un policier ou un agent de l'administration pénitentiaire, ni par le juge. La protection bénéficie aussi bien au suspect qu'à son conseil. D'un côté, lorsqu'une perquisition est effectuée au cabinet ou au domicile de l'avocat, les correspondances et, de façon générale, tous les documents destinés à exercer les droits de la défense ne peuvent pas être saisis. De l'autre, lorsque le suspect est placé en détention provisoire, le courrier qu'il reçoit ou expédie dans le cadre de sa défense échappe au contrôle des correspondances, à toute communication au juge d'instruction et à leur éventuelle retenue[99]. Les documents écrits se rapportant à la défense sont inviolables.

2. Le droit d'être entendu

Rien n'empêche le suspect de s'adresser aux enquêteurs ou aux magistrats en charge de son dossier. Il peut faire des déclarations, répondre aux questions qu'on lui pose, écrire au juge d'instruction ou au procureur de la République. Aucune restriction n'est posée, et il sera tenu compte des propos du suspect dans l'entreprise de récolement des preuves, du moment que ces paroles sont obtenues loyalement[100].

De même, lorsqu'une audience a lieu (devant le juge d'instruction, le juge des libertés et de la détention ou devant une juridiction de jugement) et qu'elle se termine par une décision juridictionnelle, la personne poursuivie peut s'exprimer en prenant la parole au moment qu'elle souhaite, en dehors des aspects formels propres aux interrogatoires. Ce droit d'expression est même codifié. Le respect des droits de la défense conduit non seulement à donner la parole au suspect lorsqu'il la demande, mais à la lui donner en dernier, après que toutes les autres parties ont fait valoir leurs arguments et leurs points de vue et après la plaidoirie de son avocat[101]. Cette ultime voix qui s'exprime face aux juges, qui restera comme

(98) Cass. crim., 14 nov. 2001, *Bull. crim.*, n° 238 ; Cass. crim., 1er oct. 2003, *Bull. crim.*, n° 177. Dans ce cas, le bâtonnier est informé de la mesure (art. 100-7, al. 2 C. pr. pén.).

(99) Art. D. 69 C. pr. pén. et D. 415, D. 416 et D. 419 C. pr. pén.

(100) Sur la loyauté dans l'administration de la preuve, v. *infra* p. 179 et s.

(101) Art. 536 C. pr. pén. (tribunal de police), 460, al. 2 (tribunal correctionnel), 346, al. 3 C. pr. pén. (cour d'assises) et 513, al. 4 C. pr. pén. (chambre des appels correctionnels).

la dernière impression d'audience, est considérée comme « une règle générale et fondamentale [qui] domine tous les débats […] »[102]. Elle ne pourrait être ignorée sans qu'il en résulte une atteinte aux droits de la défense[103].

Le droit de s'exprimer inclue celui d'avoir *accès gratuitement à un interprète*[104] lorsque le suspect ne connaît pas ou maîtrise mal la langue française, ou s'il est atteint d'une infirmité interdisant qu'il puisse normalement faire connaître ses réponses ou ses arguments (illettrisme, surdité, mutité, surdi-mutité). Il est « le plus petit dénominateur commun des droits de la défense »[105] et vise, à ce titre, n'importe quelle phase de la procédure : au cours de la garde à vue[106], pendant la période de détention provisoire[107] et à l'occasion des diverses audiences où une décision est rendue[108].

Enfin, *l'absence du prévenu ou de l'accusé* à l'audience de jugement n'interdit pas qu'il puisse se faire entendre par l'intermédiaire d'un conseil. Par dérogation au principe de la comparution personnelle devant ses juges, le suspect peut demander à être jugé sans être physiquement présent en étant représenté par un avocat. Cette possibilité n'est ouverte que pour les délits et les contraventions[109]. La conformité de cette procédure au droit d'être jugé équitablement résultera précisément du ministère d'avocat à l'audience, qui fera alors entendre les moyens de défense de la personne poursuivie. Celui-ci peut en effet « intervenir au cours des débats, [et] est entendu dans sa plaidoirie »[110]. La décision que rend le tribunal est ainsi considérée comme contradictoire, ce qui la rend attaquable par voie d'appel. En revanche, devant la cour d'assises, la comparution personnelle de l'accusé est impérative sans interruption, à moins que celui-ci ne trouble l'ordre dans la salle d'audience et ne fasse l'objet d'une mesure d'expulsion[111] ou que son état de santé lui interdise d'assister aux débats.

(102) Cass. crim., 21 mars 1913, *DP* 1916, 1, p. 181 ; Cass. crim., 25 nov. 1998, *Bull. crim.*, n° 316.
(103) Cass. crim., 11 déc. 1990, *Bull. crim.*, n° 425.
(104) Le droit est expressément rappelé à l'art. 6 § 3 *e)* Conv. EDH : « Tout accusé a droit [… de] se faire assister gratuitement d'un interprète, s'il ne comprend pas ou ne parle pas la langue employée à l'audience ».
(105) Art. 6 Conv. EDH, *in Code de la Convention EDH*, 2e éd. Litec, 2003-2004, p. 110, n° 0367. Pour une illustration, v. CEDH, 21 févr. 1984, *Luedicke, Belkacem et Koch c/ RFA*, Série A, n° 73.
(106) Art. 63-1, al. 4 C. pr. pén. Pour une illustration, v. Cass. crim., 29 juin 2005, *JCP* 2005, IV, n° 2912.
(107) Art. D. 418 C. pr. pén.
(108) Art. 121, al. 2 C. pr. pén. (juridiction d'instruction), 272, al. 4, 344 et 345 (cour d'assises), 407 et 408 C. pr. pén. (tribunal correctionnel). Ce même droit appartient au témoin, et, notamment, au témoin assisté (art. 102 C. pr. pén.).
(109) Art. 411 C. pr. pén. (tribunal correctionnel) et 544 C. pr. pén., qui renvoie à l'art. 411 (tribunal de police).
(110) Art. 411, al. 2 C. pr. pén.
(111) Art. 322 C. pr. pén.

Il arrive parfois que le suspect ait décidé de ne pas comparaître (par exemple, il est en fuite), en dépit d'un acte de convocation régulier dont il a eu connaissance (en général, une citation). Sauf s'il fournit au juge une excuse valable ou si le tribunal ordonne un renvoi de l'affaire[112], un jugement peut être rendu à son encontre, qui sera alors considéré comme étant contradictoire à signifier. Cependant, les droits de la défense sont préservés : « si un avocat se présente pour assurer la défense du prévenu, il doit être entendu s'il en fait la demande »[113]. Il en est de même en matière criminelle. La loi du 9 mars 2004 a supprimé l'ancienne contumace pour y substituer une procédure de défaut criminel[114] qui aménage les droits de la défense. La présence d'un avocat à l'audience permet de mener les débats selon les mêmes dispositions que si l'accusé comparaissait, à quelques détails près liés à cette absence. La contradiction et une défense pourront donc avoir lieu. Seul écueil à ces garanties : si aucun avocat ne se présente, la cour d'assises peut néanmoins statuer[115]. Elle n'est pas tenue, par exemple, de désigner un défenseur. L'avocat est ainsi obligatoire lorsque l'accusé est présent, mais facultatif s'il est en fuite ou absent pour une autre cause. Il y a là une anomalie procédurale qui n'a pas d'explication et qui rompt sèchement le principe d'équilibre entre les parties, indispensable à l'exigence du procès équitable.

Enfin, lorsque l'acte de convocation est irrégulier et que le prévenu ne se présente pas (par exemple, il ne l'a pas reçu), il est jugé par défaut, ce qui ouvre la voix de l'opposition. Mais, là encore, la défense n'est jamais écartée, de sorte que si un avocat se présente, il doit pouvoir s'exprimer s'il en fait la demande au président de la juridiction. La décision ainsi rendue est alors contradictoire à signifier[116].

3. *Le droit de contredire*

C'est l'un des piliers du procès équitable. Tout élément versé au dossier de la procédure doit pouvoir être librement discuté, contredit, critiqué par le suspect. En matière pénale, en tant que dialectique de la conviction, l'importance du principe du contradictoire n'échappe à personne (a). Mais c'est dans l'art de la plaidoirie qu'elle atteint sa dimension véritablement esthétique (b).

---

(112) Art. 410-1 C. pr. pén. La peine encourue doit être supérieure ou égale à deux ans. Le tribunal peut décerner un mandat d'amener ou d'arrêt.
(113) Art. 410, al. 3 C. pr. pén.
(114) Pour des développements, v. *supra* p. 69 et 70.
(115) Art. 379-3, al. 3 C. pr. pén.
(116) Art. 412 C. pr. pén.

a) Le principe de la contradiction

Le droit de discuter et de contredire le bien-fondé des accusations portées à l'encontre du suspect relève, pour reprendre l'expression de MM. Cadiet et Jeuland, de la « quintessence processuelle »[117]. C'est en procédure civile que ce principe directeur, sans lequel le procès n'existe pas, est solennellement posé : « Nulle partie ne peut être jugée sans avoir été entendue ou appelée ». Mais la règle est de portée universelle et il n'est guère surprenant qu'elle trouve sa terre de prédilection en matière pénale, où dominent les droits de la défense[118]. Elle se trouve d'ailleurs consacrée à l'article préliminaire du Code de procédure pénale comme à l'article 6 § 1 de la Convention EDH. Toute décision de justice, qu'elle provienne d'un magistrat instructeur, du juge des libertés et de la détention ou d'une juridiction de jugement doit refléter cette exigence absolue. L'ordonnance, le jugement ou l'arrêt doit être rendu contradictoirement, faute de quoi celui-ci s'expose à la censure ou à la procédure de défaut[119].

L'exigence est spécialement rappelée pour certaines des juridictions de jugement. Ainsi, devant le tribunal correctionnel, « le juge ne peut fonder sa décision que sur des preuves qui lui sont apportées au cours des débats et contradictoirement discutées devant lui »[120]. Il y a là le témoignage que la procédure qui l'a précédée a permis à la personne soupçonnée de prendre connaissance de tous les éléments du dossier[121] et de comparaître, afin d'exercer utilement les droits de la défense. Le suspect doit être en mesure de s'opposer à un témoignage[122] ou à une déclaration de la partie civile, à une preuve matérielle, à une expertise, quel que soit le stade de la procédure. On observera à cet égard que devant la cour d'assises, le président peut faire retirer temporairement un ou plusieurs accusés de la salle d'audience à l'occasion de l'interrogatoire d'un coaccusé ou de l'audition d'un témoin[123]. Mais, afin que cette décision soit régulière, l'article 339 *in fine* du Code de procédure pénale précise

(117) L. Cadiet et E. Jeuland, *Droit judiciaire privé*, 4e éd., Litec, 2004, n° 663. V. aussi, H. Houbron, *Loyauté et vérité – Étude de droit processuel*, Thèse Reims, 2005, nos 192 et s., et 237 et s.

(118) Motulsky considérait le principe de la contradiction comme un aspect des droits de la défense, ces derniers ayant « un caractère plus général » (H. Motulsky, *Cours de droit processuel*, textes réunis par M. Capel, Éd. Montchrestien, 1973, p. 147). Pour une illustration, v. Cass. crim., 12 oct. 1972, *Bull. crim.*, n° 286.

(119) Sur ce point, v. *supra* p. 67 et s.

(120) Art. 427, al. 2 C. pr. pén. (tribunal correctionnel). V. aussi, art. 536 (tribunal de police) et 512 C. pr. pén. (chambre des appels correctionnels).

(121) H. Croze, Ch. Morel et O. Fradin, *Procédure civile*, Litec, 2001, n° 541 : « [...] le débat contradictoire suppose donc la transparence de l'information entre les plaideurs ». Sur le droit à la transparence, v. *supra* p. 129 et s.

(122) Ce qui n'est pas toujours aisé en cas de témoignage anonyme.

(123) Art. 339 C. pr. pén.

qu'après le retour des intéressés à l'audience, « il a soin de ne reprendre la suite des débats qu'après avoir instruit chaque accusé de ce qui s'est fait en son absence, et ce qui en est résulté ».

Le principe du contradictoire chevauche d'autres principes qui permettent ensemble, par leur combinaison, d'atteindre au moins théoriquement l'idéal du procès équitable : l'égalité des armes, la liberté de la défense, mais aussi d'autres préceptes un peu plus techniques comme l'accès au dossier de la procédure, la loyauté dans l'administration des preuves et dans les débats. Le contradictoire est bien une norme transcendante du procès qui innerve son déroulement total et la totalité de ses acteurs : le magistrat qui juge et les parties qui expriment leurs prétentions – Ministère public, partie civile et, bien sûr, le suspect. Chacun doit l'observer scrupuleusement, car c'est en raison de ce scrupule procédural que chacun peut en bénéficier. On peut dire que le contradictoire se rapporte à une sorte de discipline du procès – transparence et discussion – qui vaut à la fois comme règle de droit et devoir des participants. L'une des missions essentielles du juge est d'ailleurs de s'en assurer à tout moment. Et au titre de son serment, l'avocat est tenu de s'y conformer[124].

b) La plaidoirie

On a beaucoup et fort bien écrit sur l'art et la nécessité de plaider une cause en justice[125], et il n'est pas dans l'intention de ce propos d'y revenir. La plaidoirie est une pratique détachée, qui répond à ses propres normes, mais elle se présente aussi comme la tentative de construction d'un lien social particulier avec un public insaisissable – les juges. L'avocat poursuit un objectif plus ou moins ambitieux selon les données matérielles de l'affaire, l'attitude de son client comme des autres parties et, plus généralement, en considération du climat donné au procès, sur lequel il n'a pas toujours d'emprise et, bien sûr, selon son état d'esprit. Tout va également dépendre de la stratégie retenue. Dans le procès ordinaire, l'objectif est bien distribué : obtenir une nullité, faire éclater l'innocence ou peser du plus grand poids qui soit raisonnable sur le *quantum* de la peine. Dans le procès de rupture, il n'y a rien de cela. L'avocat cherche avant tout à rétablir le sens et l'esthétique de l'action menée par le prévenu ou l'accusé qui l'a conduite devant le juge. Les questions d'innocence, de culpabilité ou de peines sont secondaires, sinon mêmes indifférentes.

(124) V. art. 5 Règl. int. harmonisé des Barreaux de France : « L'avocat doit respecter le principe du contradictoire ».
(125) Par ex., v. J.-D. Bredin, « Qu'est la plaidoirie devenue ? », *Mélanges J. Buffet*, Petites Affiches, 2004, p. 59 ; J.-D. Bredin et Th. Lévy, *Convaincre – Dialogue sur l'éloquence*, Éd. O. Jacob, 1997 ; A. Garapon, *Bien juger – Essai sur le rituel judiciaire*, Éd. O. Jacob, coll. Opus, 1997, p. 143 ; J. Verges, *Dictionnaire amoureux de la justice*, Plon, 2002.

Le défenseur, qu'il soit ou ne soit pas avocat, ainsi que le suspect lui-même, sont presque entièrement libres de leurs paroles et du ton pour les exprimer. Cela signifie d'abord que le président de la juridiction doit faire en sorte qu'ils ne se trouvent pas dans état de fatigue excessif par un prolongement inconsidéré de l'audience[126]. Un avocat exténué par de trop longs débats n'est pas un avocat serein ni libre d'accomplir la défense. Cela signifie ensuite qu'il n'existe aucune limitation légale de durée, même s'il est fréquent, devant le tribunal de police ou correctionnel, que le président avertisse les défenseurs que leur temps d'expression sera compté, ce qui n'est pas sans entraver parfois la tactique de défense et, dans le principe, n'est pas acceptable[127]. Cette liberté de parole et de ton est garantie par une immunité judiciaire. L'article 41, alinéa 3, de la loi du 29 juillet 1881 dispose en effet que « ne donneront lieu à aucune action en diffamation, injure ou outrage [...] les discours prononcés ou les écrits produits devant les tribunaux ». La règle vaut devant toute juridiction au sein de laquelle peuvent être exercés les droits de la défense, qu'elle soit d'instruction[128] ou de jugement[129]. Le suspect et son défenseur sont ainsi assurés de pouvoir sans crainte faire entendre leur point de vue et leurs arguments, à moins que les propos ou l'écrit ne soient étrangers à la cause[130].

Dans certaines affaires, l'avocat ne séduit pas. Il envoûte. Et il faut bien admettre que le style est ici radicalement indispensable. C'est, pour reprendre Alain, « cette poésie en prose »[131] qui finira par séparer dans les salles d'audience le maître-rhéteur de ceux qui se contentent de faire des phrases. Et l'on s'incline devant le talent de l'orateur, devant l'adresse du tribun, même si l'efficacité n'est finalement pas toujours au rendez-vous. On peut bien faire une plaidoirie magnifique du point de vue du style et de la rhétorique ; cela ne signifie pas toujours qu'on a bien plaidé, c'est-à-dire avec de l'efficacité au bout de la parole. Les juges et les jurés ont en effet ceci de remarquable qu'ils se méfient du brio et des effets rhétoriques de l'avocat lorsqu'il plaide une cause. Et la tragédie de l'avocat, lorsqu'il remplit son office, est qu'il ignore l'influence que son discours a pu exercer sur l'esprit des juges. Au mieux en a-t-il une vague idée selon le résultat judiciaire et selon son caractère.

---

(126) CEDH, 19 oct. 2004, *Makhfi c/ France*, *JCP* G 2005, I, n° 103, § 7, obs. F. Sudre (en l'espèce, l'avocat dut plaider devant la cour d'assises à 4 heures du matin, après 14 heures de débats. Naturellement, l'état de fatigue, qui atteint aussi bien les juges que les parties, corrompt tout le procès et le rend indiscutablement inéquitable).

(127) V. aussi, art. 199, al. 2 C. pr. pén. : devant la chambre de l'instruction, les avocats qui en font la demande présentent des « observations sommaires ».

(128) Cass. crim., 4 juin 1997, *Bull. crim.*, n° 223 (pour un procès-verbal d'audition dressé par un OPJ agissant sur commission rogatoire).

(129) Cass. req., 29 oct. 1894, *DP* 1895, 1, p. 61 ; Cass. crim., 4 juin 1997, *Bull. crim.*, n° 223.

(130) V. par ex., Cass. crim., 4 mai 1972, *Bull. crim.*, n° 157 ; Cass. crim., 8 juin 1999, *Bull. crim.*, n° 127.

(131) ALAIN, Avec Balzac, *in Balzac*, Éd. Gallimard, 1999, p. 16.

Pour autant, les juges et les jurés, même s'ils sont méfiants, ne pardonneront pas une défense médiocre, fut-elle pour un accusé à l'égard de qui ils n'éprouvent qu'aversion. Il en est ainsi comme de la décision judiciaire elle-même. Une mauvaise défense, où l'avocat ne tient pas son rang ni le rôle qui lui revient, suscite le malaise, crée une connivence inquiétante, rompt implicitement la quête intuitive d'équilibre et le sentiment d'un jugement bien rendu.

La justice se manifeste donc aussi à travers la forme. Cependant, l'ambiguïté demeure totale : une bonne plaidoirie amène-t-elle une bonne décision ? Une mauvaise défense conduit-elle à un jugement corrompu ? Ce n'est pas sûr. On peut bien caricaturer le procès et la justice des tribunaux correctionnels et des cours d'assises, la décision, elle, échappe à toute caricature. On ne connaîtra jamais les ressorts de l'intime conviction et le ministère de l'avocat, dans cette équation fuyante, a quelque chose de mystique.

B. LE DROIT DE NE PAS S'EXPRIMER

On connaît la défense par action, la plus visible et la plus théoriquement efficace, mais elle n'est pas la seule. Il est assez fréquent qu'elle ait aussi lieu par omission. Face à ses accusateurs, le suspect peut vouloir ne pas s'exprimer et, plus singulièrement, ne pas répondre aux questions que lui posent tour à tour les juges, les policiers et les gendarmes. La disposition est devenue populaire avec les séries policières d'outre-atlantique. Il n'y a pas ici une arrestation qui ne contienne cette sorte de sésame incantatoire offert à tout suspect : « *You have the right to remain silent* – Vous avez le droit de garder le silence », dont l'origine remonte à ce très célèbre arrêt *Miranda* rendu en 1966 par la Cour suprême des États-Unis[132].

Le droit de garder le silence, comme le droit à un avocat, constituent sans nul doute, et ensemble, l'alpha et l'oméga de la défense. On le fait découler de la présomption d'innocence. Les motifs pour se taire sont d'ailleurs variés, mutisme ou stratégie.

Techniquement, une distinction s'impose pour la pleine compréhension de cette prérogative dans la procédure pénale française. Le droit de ne pas s'exprimer s'entend d'abord comme étant celui, pour le suspect, d'être un « muet volontaire »[133] au cours de la procédure (1°). Elle sup-

(132) *Miranda v. Arizona* (1966), 384 U. S. 436, 444, 478-479. Pour des précisions, v. M. AYAT, « Le silence prend la parole. La percée du droit de se taire en droit international pénal », *Rev. pénit.* 2002, n° 4, p. 705, spéc. p. 711 ; A. LEVASSEUR, *Droit des États-Unis*, Précis Dalloz, 1994, n° 322.
(133) A. ASTAING et G. CLÉMENT, *Les « muets volontaires » dans la procédure pénale française de l'époque moderne et contemporaine*, Éd. Kluwer Law Internationale, Tijdfchricht voor rechtgefchiedenif, t. 70, 2002, p. 291.

pose par ailleurs que ce même suspect ne soit pas contraint de s'incriminer à travers ses propres déclarations, ce qui soulève entre autre la problématique de l'aveu (2°).

1. *Le droit de rester silencieux*

Le droit de ne faire aucune déclaration aux organes policiers ou judiciaires s'applique à tous les stades du processus répressif et commence dès qu'une personne se trouve impliquée sous la qualification de « personne soupçonnée »[134]. Si la règle peut découler de l'article 14 § 3 *g)* du Pacte international relatif aux droits civils et politiques[135], elle est cependant de source essentiellement prétorienne, notamment à travers l'interprétation constructive effectuée par la Cour de Strasbourg au moyen de l'article 6 de la Convention. Celle-ci admet ainsi qu'il existe un « droit de se taire » depuis l'arrêt *Funke c/ France* du 25 février 1993, droit déduit de la présomption d'innocence, inclus dans les droits de la défense et associé aux objectifs du procès équitable[136]. Il est d'application générale, englobant « tous les types d'infraction criminelle, de la plus simple à la plus complexe »[137]. Un suspect peut donc fort bien ne jamais rien dire, ni spontanément, ni à la demande de ceux qui l'interrogent – enquêteurs, procureur de la République, juge d'instruction, juge des libertés et de la détention, juge de jugement.

Le droit de demeurer silencieux avait été consacré en France au stade de la garde à vue par la loi du 15 juin 2000 et faisait l'objet d'une information immédiate[138]. Mais au gré des incessantes rectifications du Code de procédure pénale, on a pu observer une érosion de ce droit[139] que le législateur a finalement escamoté à l'occasion de la loi du 18 mars 2003. *Exit* désormais l'information du droit au silence au stade policier du processus pénal.

---

(134) Dans ce sens, CEDH, 8 févr. 1996, *John Murray*, *in Grands arrêts de la Cour européenne des droits de l'homme*, 2e éd., PUF, Coll. Thémis, 2004, n° 30, p. 287. Pour des développements, v. M.-E. Boursier, *Le principe de loyauté en droit processuel*, Dalloz, coll. Nouv. bibl. thèses, 2003, nos 258 et s.

(135) « Toute personne accusée d'une infraction pénale a droit, en pleine égalité, au moins aux garanties suivantes : [...] À ne pas être forcée de témoigner contre elle-même ou de s'avouer coupable ». La règle, en revanche, est absente de la Conv. EDH.

(136) CEDH, 25 févr. 1993, *Funke c/ France*, *JCP* G 1993, II, n° 22073, note R. Garnon et A. Garnon.

(137) CEDH, 17 déc. 1996, *Saunders*, *JCP* G 1997, I, n° 4000, § 18, obs. F. Sudre ; *Rev. sc. crim.* 1997, p. 478, obs. R. Koering-Joulin.

(138) Art. 63-1, al. 1er C. pr. pén., réd. L. 15 juin 2000 : l'intéressé est « [...] immédiatement informé qu'il a le droit de ne pas répondre aux questions des enquêteurs ».

(139) Art. 63-1, al. 1er C. pr. pén., réd. L. 4 mars 2002 : la personne est « [...] immédiatement informée qu'elle a le choix de faire des déclarations, de répondre aux questions qui lui seront posées ou de se taire ».

La règle apparaît désormais au seul stade de l'instruction préparatoire, ce qui, en pratique, vise un nombre marginal d'affaires. Selon l'article 116, alinéa 4, du Code de procédure pénale, avant de procéder à l'interrogatoire de première comparution, le magistrat avertit en effet la personne « qu'elle a le choix soit de se taire, soit de faire des déclarations, soit d'être interrogée ». Le Code de procédure pénale ne prévoit aucune autre information, ni devant le juge des libertés et de la détention, ni dans les procédures d'enquête autres que l'information judiciaire (enquêtes douanières, citation directe, procédures accélérées, etc.) – ce qui concerne la très grande majorité des investigations et des poursuites –, ni enfin au stade du jugement. Si le droit au silence existe, le suspect n'en est pas averti, sauf peut-être par l'avocat qui peut lui rendre visite au cours de la garde à vue, encore que la situation ne soit pas systématique et qu'il n'y soit nullement tenu. Il en résulte qu'en l'état du droit français, un suspect ne peut renoncer à se taire en pleine connaissance de cause au stade policier.

Mais surtout, le droit de garder le silence serait vide de signification et se retournerait contre son bénéficiaire si les organes de l'accusation ou de jugement pouvaient en tirer des conséquences qui seraient défavorables au suspect, et notamment tirer du silence un acquiescement aux diverses affirmations des accusateurs, parmi lesquelles on trouve l'aveu de culpabilité. Pour autant, ce n'est pas l'analyse que retient la Cour européenne dans l'arrêt *John Murray*. Si elle considère que le silence ou le mutisme gardé par le suspect ne peut à lui seul fonder une condamnation, le droit qui s'y attache n'est pas absolu. Il n'est pas interdit aux enquêteurs « de prendre en compte le silence de l'intéressé, dans des situations qui appellent assurément une explication de sa part, pour apprécier la force de persuasion des éléments à charge »[140]. Le silence peut donc être utilisé contre le suspect et servir l'intime conviction du juge. Mais c'est à la condition qu'il vienne « corroborer d'autres éléments à charge »[141].

2. *Le droit de ne pas s'auto-incriminer*

Puisqu'il est présumé innocent et que la charge de la preuve ne lui incombe pas, le suspect n'est pas tenu par un devoir de collaborer avec les autorités policières ou judiciaires. Ce droit de ne pas s'auto-incriminer (ou de témoigner contre soi-même) est un corollaire du droit au silence. Les juges de la Cour européenne l'ont notamment indiqué à l'occasion des affaires précitées *Funke* et *John Murray*. Mais aucune disposition de cette nature n'existe dans le Code de procédure pénale.

(140) CEDH, 8 févr. 1996, *John Murray*, *in Grands arrêts de la Cour européenne des droits de l'homme*, *op. cit.*, n° 30, p. 287, § 47.
(141) A. Gouttenoire, obs. sous CEDH, 8 févr. 1996, *John Murray*, *op. cit.*, p. 292.

S'il parle, un suspect peut tout dire. Ne prêtant pas serment de dire la vérité[142], on ne peut lui faire le reproche de s'en détourner ni de travestir la réalité. La liberté de la défense implique le mensonge et le suspect n'est pas le débiteur d'un devoir de loyauté à l'égard des autorités policière et judiciaire[143], même s'il serait pour le moins excessif, et même inexact, d'estimer qu'il existe un *droit* de mentir.

Il en ressort que l'aveu, pour produire un quelconque effet juridique à l'encontre du suspect, doit intervenir avec un minimum de spontanéité[144]. La confession de culpabilité obtenue après l'exercice de violences verbales ou physiques est inefficace, et ses auteurs doivent être châtiés. De façon générale, l'usage de la coercition est prohibé, ce qui n'empêche pas, conformément à ce qu'indique la Cour de Strasbourg dans l'arrêt *Saunders*, qu'il soit recouru à des mesures de contrainte, du moment qu'elles « existent indépendamment de la volonté du suspect, par exemple les documents recueillis en vertu d'un mandat, les prélèvements d'haleine, de sang, d'urine ainsi que de tissus corporels en vue d'une analyse d'ADN »[145]. Dans tous les cas où l'intégrité physique ou psychologique du suspect est considérée, aucune investigation ne peut être entreprise sans son accord libre et éclairé, faute de quoi les agissements pourraient être qualifiés de mauvais traitements, sinon même d'actes de torture[146]. En définitive, et à l'instar du droit au silence *stricto sensu*, le droit de ne pas s'auto-incriminer n'interdit pas au juge, au moyen de présomptions de fait, d'en tirer certaines conséquences qui seraient défavorables au suspect ; mais c'est à la condition, et toujours, que puissent pleinement s'exercer les droits de la défense.

Comme dans le récit de Vercors, *Le silence de la mer,* où une famille française pendant la Deuxième Guerre mondiale répondait à l'occupation de sa demeure par un officier de la Wehrmacht en adoptant le mutisme le plus total[147], rien n'interdit au suspect d'embrasser la même attitude tout au long de son procès. Mais en général, il ne se rend pas à cette extrémité. Lorsqu'ils sont soupçonnés de participation à un délit ou à un crime, les

(142) L'obligation qu'avait l'inculpé de prêter serment de dire la vérité a été abrogée par le décret des 8 et 9 oct. 1789.

(143) H. Houbron, *op. cit.*, nos 140 et s. Pas plus d'ailleurs qu'il ne doit de loyauté à son avocat.

(144) Sur ce point, v. notamment, *L'aveu – Histoire, sociologie, philosophie* (sous la dir. de R. Dulong), coll. Droit et justice, PUF, 2001.

(145) CEDH, 17 déc. 1996, *Saunders,* préc., § 69.

(146) Pour des illustrations, v. CEDH, 18 janv. 1978, *Irlande c/ Royaume Uni, Annuaire Conv. EDH* 1978, p. 603 (pour des privations de repos) ; CEDH, 25 avr. 1978, *Tyrer*, *Annuaire Conv. EDH* 1978, p. 613 ; CEDH, 27 août 1992, *Tomasi*, *Annuaire Conv. EDH* 1992, n° 20, p. 163 ; CEDH, 28 juill. 1999, *Selmouni*, *D.* 2000, somm. p. 31, obs. Y. Mayaud et somm. p. 179, obs. J.-F. Renucci.

(147) Vercors, *Le silence de la mer*, Éd. de Minuit, 1942 et Albin Michel, 1951.

individus parlent souvent, ne serait-ce que pour nier leur éventuelle implication. Bien mieux, l'idéal du procès équitable leur permet d'intervenir directement dans la marche de la procédure et dans la réunion des preuves dans la perspective de faire apparaître la vérité.

CHAPITRE 2
LE DROIT À LA VÉRITÉ

L'objet comme l'enjeu du processus pénal consiste à faire toute la lumière possible sur un délit ou un crime, en tant que fait perturbateur de l'ordre social. Il s'agit ainsi d'en reconstituer l'exact déroulement, d'en déterminer les protagonistes (auteurs, complices, victimes, témoins), de définir un rapport de qualification avec une ou plusieurs règles du Code pénal ou d'un autre code accueillant des incriminations et des peines, de juger de la compatibilité des agissements avec les normes de la responsabilité pénale et, enfin, de fixer si besoin une sanction elle-même prévue et réglementée. Un idéal de vérité judiciaire domine dans cette recherche, un besoin de savoir que dicte l'issue possible du procès, c'est-à-dire celle d'infliger une peine amputant le condamné de sa liberté ou d'une partie de son patrimoine. Mais à toute investigation policière ou judiciaire, à toute suspicion, fut-elle légitime, correspond son propre spectre : celui de l'erreur, de la méprise.

Dans un procès, chacun doit pouvoir s'assurer de la réalité et de la sincérité de ce qu'avance un adversaire. Le principe du contradictoire, l'intransigeance que permettent les droits de la défense, sont d'excellentes garanties. Mais cela ne suffit pas. Par un effet de reflux du système inquisitorial, que l'on peut largement observer dans la procédure pénale française depuis quelques décennies, les parties, et plus uniquement le Ministère public, peuvent faire irruption dans le cours du procès. Cette tendance est palpable pour le suspect. Non seulement peut-il intervenir dans la manière dont le procès se déroule (section 1), mais il a le pouvoir d'exercer ou de faire exercer un contrôle sur la façon dont la preuve est administrée et sur l'utilisation qui en sera faite (section 2).

Section 1 Le droit d'intervenir dans la conduite du procès

Le suspect étranger dans son procès ne relève plus que de la seule histoire du droit. Informé des reproches et des charges retenus à son encontre, assisté d'un ou de plusieurs avocats, il peut activement faire entendre sa voix, en particulier devant les magistrats désignés pour conduire l'information judiciaire ou pour siéger en audience de jugement, autrement dit lorsque la suspicion entraîne des poursuites pénales. Ce droit d'intervention est permanent et s'engage dans deux directions principales.

En premier lieu, indépendamment du fond de l'affaire, le suspect peut remettre en cause certaines des décisions propres à la procédure menées à son encontre (§ 1). Sur le fond du dossier lui-même, en second lieu, il pourra participer aux décisions relatives à la conduite du procès, par l'influence que le Code de procédure pénale l'autorise à exercer sur l'administration de la preuve (§ 2).

§ 1. LE DROIT DE CONTESTER CERTAINES DÉCISIONS DE LA PROCÉDURE

Le suspect peut s'opposer à la qualification juridique des faits de la poursuite dans la perspective, notamment, de remettre en cause la compétence d'attribution d'un tribunal ou d'une cour. Par exemple, en obtenant la « déqualification-requalification » d'un crime en délit avant l'audience de jugement[1], la cour d'assises ne sera pas saisie des faits, mais le tribunal correctionnel, de sorte que toute la configuration du procès s'en trouvera changée. Le suspect peut également contester la compétence territoriale de la juridiction d'instruction ou de jugement, ou encore demander la récusation d'un expert ou d'un interprète. Certaines des décisions qui déterminent le cadre permettant la conduite du processus pénal sont ainsi soumises à son appréciation et peuvent être combattues. Mais c'est dans la composition elle-même des juridictions chargées de son affaire que le suspect a la faculté d'intervenir de la façon la plus énergique et, en définitive, la plus spectaculaire.

(1) Une fois les débats ouverts, on sait qu'un changement de qualification juridique des faits au cours de l'audience est sans incidence sur la compétence d'attribution en vertu du principe de plénitude de juridiction (art. 231 C. pr. pén.).

Parmi les composantes traditionnelles du droit au procès équitable, on trouve celle qu'ont toutes les parties, au premier rang desquelles figure le suspect, de bénéficier d'un juge qui soit à la fois indépendant et impartial[2]. Il est unanimement admis que le juge est toujours présumé impartial[3]. Mais dans un procès, il arrive que la suspicion ne soit pas toujours cantonnée à la personne dont la responsabilité pénale est recherchée. Elle peut atteindre le juge ou la juridiction elle-même, lorsqu'il existe des raisons suffisantes de croire que l'un ou l'autre ne présente pas de garanties suffisantes d'impartialité. Un suspect, comme tout autre partie d'ailleurs, doit pouvoir compter sur un juge dépourvu de parti pris à son égard, qu'il soit favorable ou défavorable. Le professeur Vitu voit en particulier dans l'exercice de la récusation en matière pénale l'une des manières par laquelle s'expriment les droits de libre défense de la personne poursuivie[4], ce que la jurisprudence admet d'ailleurs depuis fort longtemps[5]. Naturellement, la même analyse peut être effectuée vis-à-vis du renvoi d'une juridiction à une autre pour cause de suspicion légitime.

Devant un tel risque, plusieurs modalités d'action sont ouvertes au suspect par la loi. À titre préventif, il peut solliciter que le juge ou la juridiction qu'il soupçonne soit dessaisi de l'affaire (A). Mais s'il échoue dans sa prétention ou s'il s'aperçoit tardivement d'une cause rendant douteuse la présomption d'impartialité, une fois la décision rendue à son encontre, il peut encore demander qu'une juridiction supérieure l'annule (B).

A. LE DROIT D'OBTENIR LE DESSAISISSEMENT DU JUGE OU DE LA JURIDICTION

Le Code de procédure pénale prévoit deux dispositifs spécifiques selon que la suspicion porte sur un seul juge ou gagne l'ensemble de la juridiction. Dans le premier cas, la récusation du magistrat peut être solli-

(2) V. notamment, art. 6 § 1 Conv. EDH ; art. 14 § 1 PIDCP.

(3) Sur l'affirmation de la présomption simple d'impartialité, v. CEDH, 23 juin 1981, *Le Compte, Van Leuven et De Meyere*, Série A n° 43, § 55 ; CEDH, 10 oct. 1982, *Piersack*, Série A, n° 53, § 30 ; CEDH, 24 mai 1989, *Hauschildt*, Série A, n° 154, § 41. Il s'agit, selon nous, d'une présomption quasi légale.
La question de l'indépendance ne sera pas étudiée, celle-ci n'étant pas spécifiquement liée au procès, à la différence de l'impartialité, mais au statut de la magistrature. Sans doute un juge « dépendant » peut-il rendre des décisions partiales, mais ce n'est pas systématique ni toujours vrai. De même, un juge indépendant peut fort bien être d'une totale partialité.

(4) A. Vitu, « La récusation en matière pénale », *Mélanges J. Vincent*, Dalloz, 1981, p. 430.

(5) V. Cass. crim., 13 févr. 1846, *DP* 1946, 1, p. 153, qui expose que « le droit de récusation se lie essentiellement au droit de la défense ».

citée (1°). Dans le second, il peut être demandé le renvoi pour cause de suspicion légitime (2°). Dans les deux, pour le demandeur, il s'agit toujours d'obtenir un dessaisissement au profit d'un juge ou d'une juridiction présentant cette fois des garanties suffisantes d'impartialité.

1. La récusation

La récusation peut se définir comme étant la procédure par laquelle une partie, au premier rang de laquelle on trouve le suspect, sans s'opposer à la saisine de la juridiction dans son ensemble, demande que l'un des juges qui la composent, « dont la situation particulière rend l'impartialité suspecte »[6], soit écarté de la connaissance de l'affaire et remplacé. Tous les juges du siège sont récusables. Dans le procès pénal, sont donc concernés le juge d'instruction, le juge des libertés et de la détention et les magistrats de la juridiction de jugement, y compris les magistrats de la Cour de cassation[7].

La récusation, généralement vue comme un incident de procédure[8], vise à la fois la *faculté* dont dispose librement le suspect pour refuser le jugement d'un magistrat dont il redoute la partialité et, précisément, la *procédure* tendant à en obtenir le dessaisissement.

Une liste limitative des causes de récusation est prévue à l'article 668 du Code de procédure pénale[9]. Le suspect, auquel incombe la charge de la preuve, est tenu d'établir l'existence de motifs rendant vraisemblables le risque d'impartialité. Cependant, la charge de la preuve a été facilitée par le législateur au moyen d'un déplacement de son objet. Le demandeur n'est pas, *stricto sensu*, obligé de prouver qu'il existe bel et bien un risque de partialité. Il lui suffit d'établir que le juge, au cas particulier, se trouve dans l'une ou l'autre des situations de fait prévues par la

(6) E. GARSONNET et Ch. CÉZAR-BRU, *Traité théorique et pratique de procédure civile et commerciale*, 3e éd., Recueil Sirey, 1913, t. 3, n° 495. V. aussi, Ph. NERAC, « Les garanties d'impartialité du juge répressif », *JCP* 1978, I, n° 2890, § 12 et s. ; S. JOSSERAND, *L'impartialité du magistrat en procédure pénale*, LGDJ, coll. Bibl. sc. crim., t. 33, 1998 ; D. ROETS, *Impartialité et justice pénale*, Cujas, 1997 ; A. VITU, « La récusation en matière pénale », *Mélanges dédiés à Jean Vincent*, Dalloz, 1981, p. 427.
(7) Le Ministère public, parce qu'il est partie au procès pénal, n'est pas récusable. Art. 669, al. 2 C. pr. pén. : « Les magistrats du Ministère public ne peuvent être récusés ». Cette règle est régulièrement rappelée : par ex., v. Cass. crim., 6 janv. 1998, *JCP* G 1998, IV, n° 2017 ; *Procédures* 1998, comm. n° 96. V. également, M. VIALA, « Le Ministère public peut-il être récusé ? », *Gaz. Pal.* 1980, 1, doctr. p. 163.
(8) Dans ce sens, v. notamment, L. CADIET et E. JEULAND, *op. cit.*, n° 859 ; J. VINCENT et S. GUINCHARD, *Procédure civile*, 25e éd., Précis Dalloz, 1999, n° 1161. La procédure de récusation est réglementée aux art. 669 à 674-2 C. pr. pén.
(9) *Voir note page suivante.*

loi. Or, la preuve de cette situation est en général aisée à rapporter : par exemple, que le juge est parent du tuteur de l'une des parties (art. 668, 3° C. pr. pén.). Une fois que l'une ou l'autre des situations indiquées dans le texte est établie, le législateur, par l'effet d'une présomption irréfragable, pose l'existence d'un risque de partialité à l'encontre du magistrat. L'article 668 du Code de procédure pénale institue de la sorte une règle de preuve. Il est suffisant de démontrer que le juge se trouve dans l'un des cas énumérés pour provoquer l'application de l'impératif contenu dans la règle de droit[10] et pour que la récusation du magistrat soit immédiatement acquise, sans autre appréciation[11].

La récusation est ainsi subordonnée à une preuve. Il existe toutefois une importante exception : les jurés de la cour d'assises, qui sont récusables discrétionnairement. Aucune justification n'est en effet demandée.

---

(9) Art. 668 C. pr. pén. : « Tout juge ou conseiller peut être récusé pour les causes ci-après : 1° Si le juge ou son conjoint ou son partenaire lié par un pacte civil de solidarité ou son concubin sont parents ou alliés de l'une des parties ou de son conjoint, de son partenaire lié par un pacte civil de solidarité ou de son concubin jusqu'au degré de cousin issu de germain inclusivement. La récusation peut être exercée contre le juge, même au cas de divorce ou de décès de son conjoint, de son partenaire lié par un pacte civil de solidarité ou de son concubin, s'il a été allié d'une des parties jusqu'au deuxième degré inclusivement ; 2° Si le juge ou son conjoint ou son partenaire lié par un pacte civil de solidarité ou son concubin, si les personnes dont il est le tuteur, subrogé tuteur, curateur ou conseil judiciaire, si les sociétés ou associations à l'administration ou à la surveillance desquelles il participe ont intérêt dans la contestation ; 3° Si le juge ou son conjoint ou son partenaire lié par un pacte civil de solidarité ou son concubin est parent ou allié, jusqu'au degré indiqué ci-dessus, du tuteur, subrogé tuteur, curateur ou conseil judiciaire d'une des parties ou d'un administrateur, directeur ou gérant d'une société, partie en cause ; 4° Si le juge ou son conjoint ou son partenaire lié par un pacte civil de solidarité ou son concubin se trouve dans une situation de dépendance vis-à-vis d'une des parties ; 5° Si le juge a connu du procès comme magistrat, arbitre ou conseil, ou s'il a déposé comme témoin sur les faits du procès ; 6° S'il y a eu procès entre le juge, son conjoint, son partenaire lié par un pacte civil de solidarité ou son concubin, leurs parents ou alliés en ligne directe, et l'une des parties, son conjoint ou ses parents ou alliés dans la même ligne ; 7° Si le juge ou son conjoint ou son partenaire lié par un pacte civil de solidarité ou son concubin ont un procès devant un tribunal où l'une des parties est juge ; 8° Si le juge ou son conjoint ou son partenaire lié par un pacte civil de solidarité ou son concubin, leurs parents ou alliés en ligne directe ont un différend sur pareille question que celle débattue entre les parties ; 9° S'il y a eu entre le juge ou son conjoint ou son partenaire lié par un pacte civil de solidarité ou son concubin et une des parties toutes manifestations assez graves pour faire suspecter son impartialité ».

(10) Dans ce sens, v. R. DECOTTIGNIES, *Les présomptions en droit privé,* LGDJ, coll. Bibl. dr. privé, 1949, n°s 10 et 66 et s.

(11) Par ex., v. CA Rennes, 12 juill. 1977, *D.* 1978, IR 155, obs. P. Julien. Le juge est lié par la preuve que le plaideur a effectivement rapportée. Pour des développements, v. F. DEFFERRARD, *La suspicion légitime*, LGDJ, coll. Bibl. dr. privé, 2000, n°s 219 et 382 et s.

Il est même interdit d'indiquer les motifs de la récusation[12], ce qui fait de ce droit une disposition véritablement mystique. En accord avec l'accusé, c'est en général l'avocat de la défense qui exerce ce droit en pratique. Il dispose de cinq possibilités en premier ressort et de six à hauteur d'appel[13]. L'effectivité du droit de récusation est ici garantie par trois dispositions : en premier lieu, la liste des jurés de session est signifiée à l'accusé « au plus tard l'avant-veille de l'ouverture des débats »[14]. Selon l'article 282, alinéa 2, du Code de procédure pénale, cette liste « doit contenir des indications suffisantes pour permettre l'identification des jurés, à l'exception de celles contenant leur domicile ou résidence » (nom de famille, prénom, date et lieu de naissance, profession). En dernier lieu, si une telle formalité n'était pas accomplie ou contenait des irrégularités (par exemple, une signification tardive ou incomplète), l'accusé pourrait demander l'annulation du tirage au sort du jury de jugement et de tous les débats subséquents. Devant la cour d'assises, l'exercice de la récusation est donc libre et largement garanti. Mais elle répond à des considérations psychologiques ou stratégiques assez obscures.

2. *Le renvoi pour cause de suspicion légitime*

Conformément à l'article 662 du Code de procédure pénale, « en matière criminelle, correctionnelle ou de police, la chambre criminelle de la Cour de cassation peut dessaisir toute juridiction d'instruction ou de jugement [...] pour cause de suspicion légitime ». La demande vise à obtenir que l'affaire soit enlevée à une juridiction dans son ensemble, lorsqu'elle est soupçonnée de partialité, et transmise ensuite pour y être jugée à une autre juridiction, celle-ci étant de même ordre et de même degré[15].

Le demandeur au renvoi doit rapporter la preuve d'un danger affectant la présomption d'impartialité des magistrats composant la juridiction d'instruction ou de jugement[16]. La preuve est administrée au moyen de divers indices permettant de considérer, selon toute vraisemblance, que la juridiction saisie est susceptible de rendre une décision partiale.

---

(12) Art. 297, al. 2 C. pr. pén. La même règle vaut à l'égard du Ministère public. Pour des développements, v. W. ROUMIER, *L'avenir du jury criminel*, LGDJ, coll. Bibl. sc. crim., 2003.

(13) Art. 298 C. pr. pén. Le Ministère public, quant à lui, peut seulement récuser au maximum quatre jurés en premier ressort et cinq en appel.

(14) Art. 282, al. 1er C. pr. pén.

(15) Cette procédure n'est pas applicable à la Cour de cassation (Cass. crim., 15 juin 1934, *Bull. crim.*, n° 119), ni au Ministère public qui est partie principale (Cass. crim., 27 janv. 1993, *Bull. crim.*, n° 49).

(16) *Voir note page suivante.*

De ce point de vue, la loi ne donne aucune définition ni critère permettant de retenir le risque de partialité. La jurisprudence a cependant déterminé avec précision la nature des indices dont l'établissement peut conduire à cette preuve. Le demandeur, en l'occurrence le suspect, qui est tenu de mettre en cause l'impartialité des juges à peine de rejet, doit fonder sa suspicion sur des éléments objectifs et précis, revêtant une certaine gravité[17]. Selon la Cour de cassation, « ces éléments objectifs [doivent être] de nature à faire naître un doute sur l'impartialité » de la juridiction[18]. L'obligation d'alléguer des faits pertinents justifie par conséquent le rejet de toute suspicion reposant sur des éléments erronés[19], vagues ou imprécis[20], ou sur des circonstances que le demandeur a lui-même entraîné ou provoqué[21]. Il est indispensable que l'hypothèse d'une décision fondée sur un préjugement soit suffisamment probable pour conduire à écarter, dans l'espèce, la présomption générale d'impartialité dont bénéficie tout magistrat.

B. LE DROIT D'OBTENIR L'ANNULATION DE LA DÉCISION

On sait qu'en principe, la demande en récusation doit être présentée *in limine litis*[22], à moins que dans le déroulement ultérieur du procès, des circonstances interviennent ou soient portées à la connaissance de la partie

(16) Mais la procédure de renvoi pour cause de suspicion légitime ne concerne pas que les juridictions collégiales. Elle s'applique également aux juridictions constituées par un seul magistrat. Il en est ainsi de la juridiction d'instruction (v. par ex., Cass. crim., 10 déc. 1987, *JCP* G 1988, II, n° 20988, note W. Jeandidier), qui présente la particularité d'être également récusable (art. 669, al. 1er C. pr. pén.). La même règle doit s'appliquer au juge des libertés et de la détention. En cas de récusation collective (chaque juge composant la juridiction est individuellement récusé), il est procédé comme en matière de suspicion légitime.

(17) Dans ce sens, v. art. C. 662.3 Circ. 1er mars 1993 : « La suspicion n'est légitime que si elle repose sur un motif sérieux de craindre que les magistrats d'une juridiction ne soient pas en mesure de statuer en toute indépendance et en toute impartialité ». Cette exigence probatoire est ancienne. V. notamment dans ce sens, Cass. crim., 8 nov. 1913, *Bull. crim.*, n° 494, qui pose l'exigence de motifs « pertinents et suffisants ».

(18) Cass. crim., 3 nov. 1994, *Bull. crim.*, n° 351.

(19) Cass. crim., 9 mai 1932, *Bull. crim.*, n° 126 ; Cass. crim., 18 mai 1955, *Bull. crim.*, n° 252 ; *JCP* G 1955, II, n° 8767, note P. Chambon.

(20) Cass. crim., 2 mai 1867, *Bull. crim.*, n° 106 ; Cass. crim., 3 août 1950, *Bull. crim.*, n° 233.

(21) Cass. crim., 29 févr. 1912, *Bull. crim.*, n° 116 ; Cass. crim., 18 mai 1955, *Bull. crim.*, n° 252 ; *JCP* G 1955, II, n° 8767, note P. Chambon.

(22) Art. 669, al. 4 C. pr. pén., qui dispose : « La partie qui aura procédé volontairement devant une cour, un tribunal ou un juge d'instruction ne sera pas reçue à demander la récusation [...] ».

intéressée qui rendent le magistrat soupçonnable[23]. En revanche, la demande de renvoi pour cause de suspicion légitime peut intervenir à tout moment de l'audience, même s'il est préférable de l'exercer dès l'instant où les éléments démontrant le risque de partialité sont connus. La limite est fixée à la clôture des débats. Au-delà, la mise en cause de l'impartialité d'un juge ou d'une juridiction serait déclarée irrecevable.

Toutefois, en vertu du droit visé à l'article 6 § 1 de la Convention EDH à ce que sa cause soit jugée par un tribunal impartial, le suspect (comme toute autre partie) peut toujours demander *a posteriori* la censure de la décision rendue en saisissant une juridiction d'appel ou la Cour de cassation. Que le danger de partialité porte sur l'éventuel préjugement d'un ou de plusieurs magistrats résultant d'un sentiment ou d'une opinion personnelle (démarche subjective) ou bien qu'elle résulte d'une composition ne présentant pas de garantie suffisante d'impartialité (démarche objective)[24], il s'agit en toutes hypothèses d'obtenir que l'affaire soit de nouveau examinée par d'autres juges. La juridiction saisie d'un tel recours doit s'assurer[25] que le droit du suspect à un tribunal impartial est satisfait en vérifiant, comme le rappelle la Cour européenne, « si les appréhensions de l'intéressé peuvent passer pour objectivement justifiées »[26]. La demande doit donc reposer sur des éléments précis et objectifs permettant de jeter un doute légitime sur l'impartialité de la juridiction dont l'attitude ou la composition est mise en cause.

Cette faculté d'influence sur la composition des juridictions successivement appelées à connaître du dossier ne constitue pas l'unique moyen par lequel un suspect peut se faire entendre. Il peut intervenir directement

(23) Art. 669, al. 4 C. pr. pén. : la récusation peut toutefois être demandée à « raison des circonstances survenues depuis [le commencement des débats], lorsqu'elles seront de nature à constituer une cause de récusation ». Par exemple, le mariage, au cours du procès, entre un parent d'un des juges et un parent d'une partie.

(24) Sur la notion d'impartialité telle que la Cour européenne l'a définie, v. les décisions de principe : CEDH, 10 oct. 1982, *Piersack*, Série A, n° 53 ; CEDH, 26 oct. 1984, *De Cubber*, Série A, n° 86 ; CEDH, 24 mai 1989, *Hauschildt*, Série A, n° 154 ; CEDH, 22 juin 1989, *Langborger*, Série A, n° 155. Pour des développements, v. R. Koering-Joulin, « La notion européenne de « tribunal indépendant et impartial » au sens de l'article 6 § 1 de la Convention européenne de sauvegarde des droits de l'homme », *Rev. sc. crim.* 1990, p. 765 ; M.-C. Nagouas-Guérin, *Le doute en matière pénale*, Dalloz, coll. Nouv. bibl. thèses, 2002, n°s 366 et s. ; J. Normand, « Le droit à un tribunal impartial devant les juridictions de l'ordre judiciaire (art. 6 § 1 Conv. EDH) et la composition des juridictions », *RTD civ.* 1993, p. 875.

(25) CEDH, 23 avr. 1996, *Remli*, *JCP* G 1997, I, n° 4000, 26, obs. F. Sudre ; *Rev. sc. crim.* 1996, p. 930, obs. L.-E. Pettiti. La Cour européenne rappelle qu'il s'agit d'une obligation incombant à toutes les juridictions nationales.

(26) CEDH, 23 avr. 1996, *Remli*, préc.

dans le processus d'administration de la preuve, c'est-à-dire dans la matière même du procès.

§ 2. LE DROIT DE PARTICIPER AUX DÉCISIONS DU PROCÈS

L'influence que le suspect est susceptible d'exercer sur le processus répressif peut adopter deux directions. Le Code de procédure pénale lui permet, en premier lieu, de demander au juge que certains actes soient accomplis dans la perspective que les investigations ainsi diligentées aboutissent à un résultat qui l'innocente ou, à tout le moins, amoindrisse la peine prononcée si sa responsabilité pénale est reconnue (A). En second lieu, lorsque le juge prend certains actes, parfois de sa propre initiative, le suspect peut les contester en exerçant à leur encontre une voie de recours (B).

A. LE DROIT DE DEMANDER L'ACCOMPLISSEMENT DE CERTAINS ACTES

Pour l'essentiel, de telles demandes sont formées au cours de l'instruction préparatoire, s'il en existe une (1°). Mais elles peuvent tout aussi bien être présentées à l'audience de jugement (2°).

1. *Au cours de l'instruction préparatoire*

L'indépendance reconnue au magistrat instructeur lui confère toute latitude pour accomplir lui-même ou faire diligenter tout acte d'investigation qu'il juge utile à la manifestation de la vérité. L'impartialité qui l'élève en principe au-dessus des mêlées du procès, comme pour tout juge du siège, se traduit en outre par une instruction conçue « à charge et à décharge »[27]. Or, à cet égard, le juge d'instruction n'est pas seul. Le suspect, comme d'ailleurs le Ministère public ou la partie civile, peut solliciter de ce même juge qu'il ordonne l'accomplissement de toute espèce d'actes qui, à ses yeux, « lui paraissent nécessaires à la manifestation de la vérité »[28]. Ce droit est uniformément admis à n'importe quel moment de l'instruction. Il est toutefois rappelé au moment où l'instruction arrive à son terme et que le juge envisage de rendre une ordonnance de règlement qui va déterminer la suite de l'affaire. Celui-ci doit en effet, conformément à l'article 175, alinéa 1er, du Code de procédure pénale, en informer

(27) Art. 81, al. 1er C. pr. pén.
(28) Art. 82-1, al. 1er C. pr. pén.

les parties et leurs avocats, lesquels disposent alors d'un délai de vingt jours pour déposer notamment une demande d'acte[29].

Il existe une identité symétrique des actes susceptibles d'être ordonnés. Ce que le juge peut vouloir au cours de l'information judiciaire, le suspect peut le lui demander également. L'article 82-1 du Code de procédure pénale procède à une énumération des actes possibles – son interrogatoire, l'audition d'un témoin (qui peut être un témoin assisté)[30], une confrontation, un transport sur les lieux, la production d'une pièce – avant de viser toute espèce d'acte. Sur le terrain de l'expertise, la disposition est successivement complétée par l'article 81, alinéa 8, du Code de procédure pénale, qui autorise le suspect à demander que soit prescrit un examen médical ou un examen psychologique, et par les articles 156, alinéa 2 et 167 alinéa 3, qui permettent de solliciter une expertise ou un complément d'expertise.

Techniquement, la demande d'acte est formulée par écrit et doit contenir une motivation[31]. L'article 82-1, alinéa 1er, du Code de procédure pénale précise que la requête doit porter sur des actes déterminés – par exemple, que tel objet soit soumis à une expertise ou que telle personne soit placée sur écoute téléphonique – de telle sorte, sans doute, que puisse être respecté le principe de spécialité des commissions rogatoires et que le suspect, en définitive, ne s'empare pas de l'instruction par une demande générale d'investigation. Lorsque l'acte sollicité est une audition, le suspect devra en outre indiquer l'identité de la personne.

Il faut considérer que pour la personne soupçonnée, l'intérêt des prérogatives qui lui sont ici accordées par le Code de procédure pénale ne réside pas dans une demande d'actes qu'elle a toujours pu exposer de manière plus ou moins formelle, ne serait-ce que par conformité à la liberté de la défense, et que le juge peut toujours refuser parce qu'il est indépendant des parties qui peuplent l'instruction. En revanche, depuis la loi du 4 janvier 1993, si le juge n'entend pas faire droit à une demande, il devra « rendre une *ordonnance motivée* au plus tard dans le délai d'*un mois* »[32]. Autrement dit, le juge est bien libre d'accorder ou de rejeter une demande d'investigation judiciaire émanant du suspect. Mais il sera tenu de répondre aux demandes qui lui sont faites au moyen d'une décision juridictionnelle motivée, c'est-à-dire une décision explicitant en quoi

(29) Art. 175, al. 2 C. pr. pén.

(30) V. aussi, art. 6 § 3 *d)* Conv. EDH, qui permet à toute personne accusée d'interroger ou faire interroger les témoins à charge et obtenir la convocation et l'interrogation des témoins à décharge dans les mêmes conditions que les témoins à charge.

(31) L'art. 81, al. 10 C. pr. pén. organise la procédure de demande, à peine de nullité.

(32) Le délai court à compter de la réception de la demande (art. 81, al. 8, 82-1, al. 2, 156, al. 2 et 167, al. 4 C. pr. pén.).

l'acte sollicité n'est pas utile à l'instruction. Si le juge ne donne pas de suite favorable à une demande, il sera alors toujours possible au suspect d'interjeter appel de l'ordonnance[33].

La décision devra en outre intervenir dans un délai assez court – un mois. Cependant, quel que soit l'acte et le texte qui le sous-tend, le *silence* du juge dans le délai légal autorise le suspect à saisir directement le président de la chambre de l'instruction. Celui-ci dispose alors de huit jours pour décider s'il y a lieu de saisir ou de ne pas saisir la chambre de l'instruction de la demande d'acte à l'égard duquel le juge d'instruction est demeuré taisant[34]. En cas de rejet, le dossier est renvoyé au juge d'instruction, la décision du président étant insusceptible de recours. En revanche, si le président décide de satisfaire la demande du suspect, il « transmet le dossier au procureur général qui procède ainsi qu'il est dit aux articles 194 et suivants », c'est-à-dire selon la procédure ordinaire suivie devant la chambre de l'instruction.

2. *Au cours de l'audience de jugement*

À l'audience de jugement devant le tribunal correctionnel ou de police, parce qu'une instruction définitive plus ou moins élaborée à toujours lieu et que le débat sur la preuve, porté par l'exigence de contradiction, y est parfois assez vif, le prévenu peut demander l'accomplissement de certains actes. Il y procède par voie de conclusions, auxquelles le tribunal est tenu de répondre[35]. Il peut en outre demander qu'il lui soit donné acte de certains événements intervenus au cours de l'audience, c'est-à-dire que ces événements soient constatés par écrit sur le registre d'audience (naguère, on disait le plumitif) tenu par le greffier : par exemple, une parole émanant d'un témoin ou un incident quelconque entre parties.

Au cours des débats devant la cour d'assises, indépendamment de la voie du « donné acte », l'accusé et son avocat sont libres de former toutes demandes par voie de conclusions, auxquelles elle est tenue de répondre[36]. Rien n'interdit non plus au président de la cour d'assises, en vertu du pouvoir discrétionnaire qu'il tient de la loi[37], d'ordonner des mesures d'inves-

---

(33) V. *infra* p. 170 et 171.
(34) Art. 186-1, al. 3, 4 et 5 C. pr. pén.
(35) Pour le tribunal correctionnel, v. art. 459 C. pr. pén. (pour le cas particulier du transport sur les lieux, v. art. 456 C. pr. pén.). Pour le tribunal de police, v. art. 536 C. pr. pén., qui renvoie notamment aux dispositions applicables devant le tribunal correctionnel.
(36) Art. 315 et 316 C. pr. pén. La même règle vaut également pour la partie civile. Pour une illustration, v. Cass. crim., 30 avr. 1985, *Bull. crim.*, n° 163 ; *Rev. sc. crim.* 1986, p. 407, obs. A. Braunschweig.
(37) Art. 310 C. pr. pén.

tigation que l'accusé aurait pu lui soumettre. À cet égard, la cour pourrait fort bien ordonner un acte sollicité par la défense et relevant du pouvoir présidentiel : par exemple, une mesure d'expertise[38].

B. LE DROIT DE CONTESTER L'ACCOMPLISSEMENT DE CERTAINS ACTES

Tout au long du processus pénal, des décisions sont prises par le juge, qu'il soit d'instruction ou de jugement, qui vont chacune imprimer un rythme aux recherches. Pour autant, le suspect n'est pas maintenu à l'écart de ces décisions. Si on a vu qu'il pouvait demander que des actes soient ordonnés, et si par ailleurs le juge n'est pas tenu d'y répondre favorablement, des voies de recours sont néanmoins aménagées. Le suspect peut ainsi s'opposer à un refus (1°). Il peut en outre contester certains des actes pris à l'initiative du juge (2°).

1. Le recours contre le refus d'accomplir certains actes

Il faut distinguer selon que le suspect fait l'objet d'une instruction préparatoire ou qu'il est renvoyé devant une juridiction de jugement.

a) Devant la juridiction d'instruction

Sans pour autant statuer sur le fond de l'affaire, le juge d'instruction ou le juge des libertés et de la détention est souvent amené à rendre diverses décisions qui ne font pas droit à une demande émanant du suspect. Or, on observe qu'un grand nombre d'entre elles sont susceptibles de recours. Globalement, il en existe deux grandes catégories.

Les plus connues sont celles qui privent le suspect de sa *liberté*, ou bien la limitent, et contre lesquelles celui-ci dispose toujours d'une voie de contestation : par exemple, une ordonnance portant refus de mise en liberté[39].

Les plus significatives pour l'issue de la procédure sont les décisions relatives à la *preuve* : par exemple, l'acte par lequel un juge d'instruction refuse d'ordonner une expertise ou l'audition d'un témoin.

Cependant, en application de l'article 186-1, alinéa 1er, du Code de procédure pénale, le suspect peut interjeter appel devant le président de la chambre de l'instruction des ordonnances qui refusent d'accéder à une demande d'acte formée régulièrement, qu'il s'agisse d'un examen ou

(38) Cass. crim., 12 mai 1970, *D.* 1970, p. 515, rapp. F. Chapar ; Cass. crim., 26 juill. 1971, *Bull. crim.*, n° 241.

(39) Pour des développements, v. *supra* p. 112 et s.

d'une expertise, d'un interrogatoire, de l'audition d'un témoin ou de la partie civile, d'une confrontation, d'un transport sur les lieux ou de toute espèce d'acte destiné à la manifestation de la vérité[40]. La procédure est alors identique à celle pour laquelle le juge d'instruction n'a pas répondu à une demande d'acte dans le délai de un mois[41].

b) *Devant la juridiction de jugement*

À l'audience de jugement, le tribunal correctionnel ou de police peut rendre des décisions avant-dire droit qui rejettent une demande d'acte émanant du suspect. Il en est ainsi du jugement qui refuse une nouvelle demande d'expertise[42] ou le bénéfice d'une immunité parlementaire[43]. Le suspect peut néanmoins interjeter appel à leur encontre[44]. Au cas particulier des témoins, lorsque le prévenu en fait régulièrement citer, notamment pour qu'ils soient confrontés à lui, le tribunal est tenu de les entendre, quand bien même auraient-ils déjà été entendus au cours de la phase policière du procès (enquête préliminaire ou de flagrant délit) ou à l'occasion de l'instruction préparatoire. À hauteur d'appel, la règle est de même application. Mais si les témoins ont été entendus en première instance, le Ministère public peut s'opposer à une nouvelle audition. La cour d'appel tranche alors l'incident avant tout débat au fond. S'il est fait droit au refus, la décision doit être motivée[45] et demeure, en tout état de cause, justiciable d'un pourvoi en cassation.

Devant la Cour d'assises, les *incidents contentieux* noués par le refus d'ordonner un acte sont réglés par une décision séparée de celle devant intervenir ultérieurement sur le fond, selon la procédure visée à l'article 316 du Code de procédure pénale. La Cour, dans sa formation restreinte aux magistrats professionnels, délibère ainsi et tranche l'incident en prenant soin de ne pas préjuger de l'issue du procès. Au premier degré, les arrêts contentieux ne peuvent faire l'objet d'un recours. Mais s'il y a appel de l'arrêt rendu sur le fond, la décision contentieuse n'a pas autorité de la chose jugée devant la Cour d'appel d'assises. Celle-ci pourrait donc fort bien accorder à l'accusé l'acte qui lui a été refusé en première instance. Par ailleurs, lorsque l'incident contentieux se cristallise à hauteur d'appel, il reste possible de former à son encontre un pourvoi en cassation, mais en même temps que l'arrêt sur le fond. Enfin, lorsque le refus

(40) L'art. 186-1, al. 1er C. pr. pén. vise successivement les art. 81, al. 9, 82-1, 82-3, 156, al. 2 et 167, al. 4 C. pr. pén..

(41) Art. 186-1, al. 2, 3 et 4 C. pr. pén..

(42) CA Douai, 15 avr. 1964, *D.* 1964, p. 316 ; Cass. crim., 10 mars 1987, *Bull. crim.*, n° 115.

(43) Cass. crim., 9 juill. 1984, *Bull. crim.*, n° 311 ; *D.* 1985, p. 78, note J.-M. R.

(44) Art. 507 et 508 C. pr. pén. pour le tribunal correctionnel et art 549 C. pr. pén. pour le tribunal de police.

(45) Cass. crim., 27 juin 2001, *Bull. crim.*, n° 164.

résulte d'une ordonnance du président rendue en application de son pouvoir discrétionnaire, l'accusé pourra toujours se pourvoir en cassation s'il y a eu atteinte aux règles élémentaires des débats, droits de la défense ou principe de la contradiction.

2. Le recours contre certains actes ou pièces de la procédure

Il est possible de retenir la même subdivision que celle précédemment décrite : le suspect peut en effet demander l'annulation de certains actes ou pièces de la procédure devant la juridiction d'instruction (a) ou de jugement (b).

a) Devant la juridiction d'instruction

À l'instar du ministère public, de la partie civile ou du témoin assisté, le suspect peut, en toute matière, saisir la chambre de l'instruction « aux fins d'annulation d'un acte ou d'une pièce de la procédure »[46]. Dans l'ensemble, les éléments de preuve obtenus par le juge d'instruction ou les enquêteurs, et figurant dans les actes qui vont former la matière première du dossier, doivent avoir été obtenus conformément à la loi, sans avoir porté atteinte aux droits ni aux intérêts de la défense. Par l'effet de ce contrôle, il s'agit d'expurger rétroactivement la procédure des opérations que le suspect estime irrégulière, voire parfois de la vider de toute substance.

De ce point de vue, le domaine de la nullité est à la fois vaste et limité.

Vaste car il englobe aussi bien l'acte d'instruction que la pièce résultant dudit acte, que celui-ci ait été accompli par le juge d'instruction lui-même ou par ceux qu'il charge d'y procéder par commission rogatoire. On y inclura naturellement les actes préalables accomplis au cours de l'enquête de police dans la mesure où ils font partie de la procédure d'instruction ouverte par la suite[47]. Par exemple, une garde à vue ou une vérification d'identité[48].

Limité car tous les actes ou les pièces ne seront pas annulables. La nullité doit en effet se présenter comme la seule sanction possible qui soit de nature à atteindre l'irrégularité, de telle sorte que seuls seront attaquables les actes qui, par ailleurs, ne sont pas susceptibles d'une voie de

(46) Art. 170 C. pr. pén. Elle peut être également relevée d'office par la chambre de l'instruction (art. 174 al. 1er et 206 C. pr. pén.).
(47) Cass. crim., 30 juin 1987, *Bull. crim.*, n° 276 (pour une enquête préliminaire).
(48) Sur ce dernier point, v. art. 78-3 *in fine* C. pr. pén.

recours (appel). Il en est ainsi des décisions relatives à la détention provisoire ou au contrôle judiciaire[49].

Notre Code de procédure pénale connaît deux grandes catégories de nullités pouvant atteindre des actes d'instruction ou des enquêtes de police : les nullités textuelles et les nullités substantielles (ou virtuelles).

Les nullités textuelles et les nullités substantielles (ou virtuelles). On entend d'abord par *nullité textuelle* tous les cas d'annulation expressément prévus par la loi lorsqu'une formalité de procédure n'a pas été accomplie. Il en existe un certain nombre, disséminées dans le Code de procédure pénale, que la personne, fût-elle ou non mise en examen[50], peut invoquer à son bénéfice. Par exemple, en matière de perquisitions, de saisies et de visites domiciliaires, l'article 59 alinéa 2 du Code de procédure pénale prévoit que les formalités mentionnées aux articles 56, 56-1, 57 et 59 « sont prescrites à peine de nullité ». Ainsi, la perquisition dans le cabinet d'un avocat soupçonné d'infraction ou à son domicile, ne peut être accomplie que par un magistrat et en présence du bâtonnier de l'Ordre ou de son délégué[51].

On entend ensuite par *nullité substantielle* (ou *virtuelle*) celle pouvant frapper un acte ou une pièce qui non seulement compromet les intérêts des parties, et singulièrement ceux de la défense, mais, de façon plus générale, méconnaît les règles fondamentales de la procédure ou de l'organisation judiciaire. À côté des nullités textuelles, la jurisprudence, assez tôt et sous l'empire du code d'instruction criminelle, avait admis que l'on pût demander et obtenir la nullité d'un acte ou d'une pièce pour l'un de ces motifs, même si l'hypothèse n'avait pas été prévue par la loi. Par exemple, le fait d'obtenir frauduleusement un aveu[52]. Avec les lois des 4 janvier et 24 août 1993, la notion et le domaine des nullités substantielles ont été consacrés. Selon l'article 171 du Code de procédure pénale, en effet, « il y a nullité lorsque la méconnaissance d'une formalité substantielle prévue par une dispositions du présent code ou tout autre disposition de procédure pénale a porté atteinte aux intérêts de la partie qu'elle concerne ». La même règle est rappelée à l'article 802 du Code de procédure pénale, mais cette disposition est de portée générale et ne vise donc

(49) Art. 173, al. 3 C. pr. pén. : l'action en annulation n'est « pas applicable aux actes de procédure qui peuvent faire l'objet d'un appel de la part des parties, et notamment des décisions rendues en matière de détention provisoire ou de contrôle judiciaire ».

(50) Distinction effectuée par la loi aux art. 95 et 96 C. pr. pén.

(51) Art. 56-1 C. pr. pén.

(52) Cass. crim., 12 juin 1952, *JCP* 1952, II, n° 7241, obs. J. Brouchot.

pas uniquement les procédures menées devant la juridiction d'instruction[53].

On constate à la lecture de ces deux textes que l'annulation n'est pas obligatoirement obtenue. Une *preuve* est requise. Le demandeur doit en effet établir que l'irrégularité qu'il soulève a porté atteinte à ses intérêts et qu'il souffre donc d'un préjudice. Il s'agit-là de l'application d'une règle générale de procédure selon laquelle il n'y a pas de nullité sans grief[54].

Dans cette matière, cependant, le juge ordonnera la nullité sans que la preuve d'un grief soit requise lorsque l'irrégularité concernera une règle d'ordre public : par exemple, en cas de violation d'une règle de compétence juridictionnelle[55]. Par exception, il faut également indiquer que la preuve d'un grief n'est pas demandée non plus dans les procédures visant des infractions à la loi sur la presse[56].

Procédure. Techniquement, quels que soient le type de nullité et sa cause, une requête motivée doit faire l'objet d'une déclaration au greffe de la chambre de l'instruction émanant de la partie elle-même ou de son avocat. Toutefois, la déclaration est susceptible d'être effectuée par lettre recommandée avec demande d'avis de réception, ce qui peut être utile lorsque le demandeur ne réside pas dans le ressort de la juridiction compétente. Si le suspect est détenu, la déclaration est présentée au chef de l'établissement pénitentiaire, qui la transmet sans délai au greffe de la chambre de l'instruction[57].

Il faut souligner à cet égard que les requêtes en nullité sont soumises à des délais butoirs qui interviennent au fur et à mesure du déroulement de la procédure. En quelque sorte, la loi ouvre des « fenêtres de tir » en dehors desquels la demande en nullité sera déclarée irrecevable, et qui vont dépendre du moment où est pris l'acte litigieux. Il en résulte que si le suspect entend saisir la chambre de l'instruction, il devra invoquer au moment où il s'adresse à elle *toutes* les nullités susceptibles d'affecter le

(53) Art. 802 C. pr. pén. : « En cas de violation des formes prescrites par la loi à peine de nullité ou d'inobservation des formalités substantielles, toute juridiction, y compris la Cour de cassation, qui est saisie d'une demande d'annulation ou qui relève d'office une telle irrégularité ne peut prononcer la nullité que lorsque celle-ci a eu pour effet de porter atteinte aux intérêts de la partie qu'elle concerne ».

(54) Art. 114, al. 2 NCPC : « La nullité ne peut être prononcée qu'à charge pour l'adversaire qui l'invoque de prouver le grief que lui cause l'irrégularité, même lorsqu'il s'agit d'une formalité substantielle ou d'ordre public ».

(55) Par ex. aussi, d'un délai pour exercer une voie de recours. Pour des développement, v. G. Clément, « De la règle Pas de nullité sans grief, en droit judiciaire et en procédure pénale », *Rev. sc. crim.* 1984, p. 433.

(56) Cass. crim., 25 fév. 1980, *Bull. crim.*, n° 70 ; Cass. crim., 17 mars 1981, *Bull. crim.*, n° 96.

(57) Pour des précisions, v. art. 173 C. pr. pén.

dossier[58]. Une barrière est ensuite refermée derrière lui et une demande ultérieure sera déclarée irrecevable, sauf si le suspect ignorait l'existence de la cause d'annulation. Ainsi, pour les actes accomplis avant l'interrogatoire de première comparution devant le magistrat instructeur, interrogatoire compris, il devra faire état de tous les moyens de nullité dans un délai de six mois à compter de la notification de la mise en examen[59]. Par la suite, s'agissant des actes accomplis au cours de l'instruction, toute demande d'annulation devra être formée dans les six mois qui suivent chacun des interrogatoires ultérieurs[60].

La procédure emprunte alors une voie ordinaire devant la chambre de l'instruction, qui exerce en principe son office pendant le déroulement de l'information judiciaire. Mais parfois, la nullité n'apparaît qu'après que l'ordonnance de clôture a été rendue, une fois le dossier transmis à la chambre de l'instruction aux fins d'examen de régularité de l'ensemble de la procédure. Dans ce cas, la Chambre est matériellement compétente pour relever d'office les nullités affectant le dossier[61].

Conséquences juridiques de l'annulation. L'étendue de l'annulation d'un acte ou d'une pièce, qui relève à ce titre de l'appréciation souveraine du juge[62], est variable selon son importance dans la procédure. Elle peut ainsi se limiter à une partie seulement de l'acte incriminé ou à l'acte dans son entier. Toutefois, le suspect pourra dans certains cas obtenir que l'annulation frappe et l'acte dans son entier et, par un *effet domino*, l'ensemble de la procédure subséquente. Tel sera le cas si les opérations accomplies trouvent leur support nécessaire dans l'acte litigieux qui les a précédés ; s'ils se trouvent, en quelque sorte, dans sa dépendance[63].

De façon générale, un acte annulé ne peut plus avoir d'incidence sur le cours de l'instruction. Il ne peut en aucune façon être utilisé à l'appui d'une décision ou comme élément de preuve, que ce soit au stade de l'instruction ou du jugement. L'interdiction est nettement posée à l'article 174 *in fine* du Code de procédure pénale : « Il est interdit de tirer des actes et des pièces ou partie d'un acte ou de pièces annulées aucun renseignement contre les parties, à peine de poursuites disciplinaires pour les avocats et

(58) Art. 174 C. pr. pén.
(59) Art. 173-1, al. 1er C. pr. pén.
(60) Art. 173-1, al. 1er *in fine* C. pr. pén., disposition issue de la loi du 9 mars 2004. Ces règles s'appliquent également au témoin assisté et à la partie civile.
(61) Cass. crim., 6 mai 2003, *Bull. crim.*, n° 92.
(62) Art. 174, al. 2 du C. pr. pén. : « La chambre de l'instruction peut décider si l'annulation doit être limitée à tout ou partie des actes ou pièces de la procédure viciée ou s'étendre à tout ou partie de la procédure ultérieure et procède comme il est dit au troisième alinéa de l'article 206 ».
(63) Cass. crim., 4 juin 1969, *Bull. crim.*, n° 186 ; Cass. crim., 4 juin 1997, *Bull. crim.*, n° 221.

les magistrats »[64]. Au cas particulier, si l'annulation vise la mise en examen, autrement dit s'il n'existe pas d'indices graves et/ou concordants de participation aux faits, il faut noter que la loi en indique la conséquence juridique : le suspect est considéré comme témoin assisté à compter de son interrogatoire de première comparution et pour l'ensemble de ses interrogatoires ultérieurs[65]. Pour le suspect, la mise à néant d'un acte irrégulier peut donc se révéler cruciale, et même déterminante pour son sort pénal. Par exemple, en cas d'annulation de la mise en examen, il doit être immédiatement mis en liberté s'il avait été placé en détention provisoire, ou bénéficier d'une levée de son contrôle judiciaire.

La sanction principale de l'irrégularité d'un acte d'instruction est donc son retrait du dossier. Mais des sanctions peuvent également venir frapper l'auteur de l'acte, notamment lorsque la commission de cet acte résulte d'une faute professionnelle. Des *sanctions disciplinaires* peuvent ainsi être mise en œuvre contre le greffier, l'officier de police judiciaire ou les magistrats responsables (juge d'instruction, juge des libertés et de la détention, procureur de la République). Des *sanctions civiles* peuvent également être ordonnées, par l'engagement de la responsabilité civile des auteurs fautifs[66]. Des *sanctions pénales*, enfin, sont susceptibles d'être prononcées, en particulier s'il y a eu détention arbitraire du suspect. Toutefois, de telles poursuites sont rares en pratique.

b) Devant la juridiction de jugement

Le dispositif des nullités est différent si la juridiction de jugement a été saisie directement ou la suite d'une information judiciaire.

En l'absence d'information judiciaire préalable. Dans ce premier cas de figure, très fréquent en pratique (par exemple, citation directe, procédure de comparution immédiate), le suspect peut toujours demander la nullité de certains actes de l'enquête et de la poursuite exercés antérieurement à son encontre[67]. Indépendamment de la catégorie d'annulation en

---

(64) Normalement, lorsqu'un acte ou une pièce de l'instruction est annulé, celui-ci doit être retiré du dossier (art. 174 al. 3 C. pr. pén.), le retrait d'un acte de la procédure étant indivisible (Cass. crim., 28 juin 2000, *Bull. crim.*, n° 252). Ils sont ensuite classés au greffe de la cour d'appel. La situation est un peu différente lorsqu'il y a eu annulation partielle d'un acte. Dans ce cas, une copie certifiée conforme est établie et classée au greffe de la cour. Puis, la partie litigieuse de l'acte est cancellée (elle est rendue illisibles sur l'acte) et maintenue dans le dossier.

(65) Art. 174-1 C. pr. pén. Dans ce sens, v. Cass. crim., 1er oct. 2003, *Bull. crim.*, n° 177 ; *D.* 2004, *somm.*, 672, obs. J. Pradel.

(66) Art. 136, al. 2 C. pr. pén.

(67) Art. 385, al. 4 C. pr. pén.

cause, la loi précise néanmoins que « les exceptions de nullité doivent être présentées avant toute défense au fond»[68], sous peine d'irrecevabilité[69].

En présence d'une information judiciaire préalable. En principe, la décision qui renvoie un prévenu ou un accusé devant une juridiction de jugement (ordonnance ou arrêt de règlement) a pour effet de *purger la procédure des vices de l'instruction préparatoire*. Il en est ainsi devant le tribunal correctionnel. Conformément à l'article 385 du Code de procédure pénale, « le tribunal correctionnel a qualité pour constater les nullités des procédures qui lui sont soumises sauf lorsqu'il est saisi par le renvoi ordonnée par le juge d'instruction ou la chambre de l'instruction ». Il en est pareillement devant la cour d'assises. La décision qui renvoie l'accusé devant cette juridiction a notamment pour conséquence d'assainir l'ensemble du dossier de toutes cause d'annulation d'un acte ou d'une pièce susceptibles de l'affecter.

Néanmoins, cette règle finalement sévère ne vaut qu'autant que l'ordonnance ou l'arrêt de règlement, qui met un terme à l'instruction préparatoire, a bien été portée à la connaissance des parties et donc du suspect. C'est qu'en effet l'article 175 alinéa 2 du Code de procédure pénale prévoit que l'avis de clôture de l'information aux parties ouvre un délai de vingt jours leur permettant de demander au juge d'instruction de nouveaux actes ou de présenter toute requête, et notamment tout requête en nullité. Si la formalité d'envoi de l'avis de clôture n'avait pas été respectée, privant ainsi les intéressés des dispositions de l'article 175, le tribunal correctionnel ou la cour d'assises deviendrait alors compétent pour contrôler la régularité de la procédure. Enfin, au cas particulier des procédures criminelles, si une cause d'annulation survient entre l'arrêt de renvoi devenu définitif et la constitution du jury de jugement, il reste possible d'en saisir la cour dès que ce jury est précisément désigné au terme du tirage au sort. La cour, en formation restreinte, tranche alors la demande comme s'il s'agissait d'un incident contentieux[70]. Tel serait le cas d'une irrégularité que soulèverait l'accusé et qui aurait été commise à l'occasion de l'exercice du droit de récusation[71].

(68) Art. 385 *in fine* C. pr. pén.
(69) Cass. crim., 19 sept. 1994, *Bull. crim.*, n° 298.
(70) Art. 305-1 C. pr. pén., qui renvoie à l'art. 316 C. pr. pén.
(71) Cass. crim., 23 déc. 1986, *Bull. crim.*, n° 388 ; Cass. crim., 18 mai 1989, *Bull. crim.*, n° 208.

Section 2 Le droit à la preuve

Dans le cœur du procès répressif, il est banal de rappeler que c'est la preuve effectivement obtenue devant un juge, soumise au principe de la contradiction, qui va pour l'essentiel déterminer le sort du suspect, qu'il soit ou non objet de poursuites. C'est elle qui va conduire le ministère public, auquel cette fonction appartient au premier chef, à déclencher des poursuites pénales ou, au contraire, à n'en décider aucune. C'est elle qui, lorsque l'affaire prend une tournure judiciaire, va former la condition en l'absence de laquelle les poursuites peuvent être abandonnées. C'est elle qui, devant le juge de jugement, soumise aux rigueurs, mais également aux aléas de l'intime conviction, conduira enfin à déclarer la culpabilité ou, à l'inverse, à reconnaître l'innocence.

L'article 427 alinéa 1er du Code de procédure pénale institue le principe de la liberté de la preuve en matière pénale. L'existence et la valeur des éléments de l'affaire ne reçoivent aucune limite dans leurs modalités, dès l'instant où ils subissent le flux et le reflux du contradictoire : indices, présomptions de fait ou de droit, témoignages, écrits, aveux etc.

Parmi les métamorphoses récentes de la procédure pénale, on peut constater la place toute particulière conférée au suspect. Dans la collation des preuves, on a ainsi vu que celui-ci pouvait jouer un rôle actif en sollicitant, par exemple, que soit accompli tel ou tel acte qu'il estime nécessaire à la manifestation de la vérité[72]. Il lui est également possible de déterminer en grande partie l'issue du procès par la faculté dont il dispose, dans un certain nombre de cadres juridiques précis, de reconnaître sa culpabilité (§ 2).

Cependant, il ne faut jamais perdre de vue l'objectif dominant toute recherche probatoire : faire apparaître la vérité de l'affaire, c'est-à-dire son existence et son exactitude, autant que faire se peut. La vérité, paradigme du procès, est très certainement un devoir attaché à la fonction et la dignité judiciaire. Et pour le suspect, tout comme pour la victime, mais pour des raisons bien différentes, elle se présente comme un droit. Or, de ce point de vue, la liberté d'établissement de la preuve ne signifie nullement la licence des moyens pour y parvenir. Des barrières sont ainsi dressées pour prévenir ou sanctionner toute espèce de dérive (§ 1).

§ 1. LE DROIT À UNE CERTAINE QUALITÉ DE PREUVE

Afin de produire des effets de droit, la preuve pénale doit avoir été obtenue selon des procédés loyaux, notamment à l'égard du suspect (A), et en exécution de méthodes scientifiquement admises (B).

---

(72) V. *supra* p. 167 et s.

A. UNE PREUVE OBTENUE LOYALEMENT

Un devoir de loyauté vient tempérer la libre recherche des preuves en tant qu'il se présente bien souvent comme une condition de la vérité judiciaire. Il en résulte que certains procédés sont interdits parce que la vérité judiciaire ne s'obtient pas à n'importe quel prix (1°). Parallèlement, l'essor d'une certaine forme de criminalité a conduit le législateur à revenir sur un précepte attaché à toute mise en cause, précepte selon lequel la personne accusée doit toujours pouvoir faire face à son accusateur. Dans certains cas, le témoignage anonyme est admis comme mode de preuve (2°).

1. *L'interdiction de certains procédés de preuve*

Parce que la preuve est susceptible de soutenir une condamnation pénale, la loyauté, comme devoir et comme moyen de moraliser les comportements, participe de la légitimité de la décision de justice et du degré d'adhésion qu'elle cherche à rencontrer, aussi bien chez les parties au procès que dans l'opinion. C'est d'abord avec l'abandon de la preuve légale au profit de l'intime conviction que la loyauté a vu le jour dans les mœurs policières et judiciaires[73]. C'est ensuite avec la montée des droits reconnus au suspect qu'une véritable discipline probatoire s'est peu à peu ordonnée, sous le contrôle de la loi et la sanction possible du juge.

Aucun principe de loyauté ne figure expressément dans le Code de procédure pénale. Tout au plus est-ce par l'exigence d'équité figurant à l'article préliminaire[74] que le devoir émerge, pour s'inscrire en filigrane tout au long du processus pénal et embrasser ses intervenants principaux – forces de l'ordre et magistrat. Il n'est cependant pas douteux qu'il existe et la Cour de cassation l'a rappelé à plusieurs reprises[75].

On observe à cet égard que l'exigence de loyauté, parce qu'elle est susceptible de degrés, s'impose avec des variations qui dépendent de la qualité et du rôle de son débiteur et donc, en définitive, du moment de la procédure (a). Reste que dans un cas comme dans l'autre, la preuve déloyalement obtenue peut être censurée, comme peuvent être sanctionnés ceux qui en font usage (b).

(73) Pour des éléments historiques, v. A. Astaing, *Droits et garanties de l'accusé dans le procès criminel (XVIe–XVIIIe siècle) : Audace et pusillanimité de la doctrine pénale française*, PUAM, 1999 ; H. Houbron, *Loyauté et vérité – Étude de droit processuel*, Thèse Reims, 2004, n°s 398 et s.

(74) On peut le deviner également dans le rappel figurant à l'art. 81 al. 1er C. pr. pén., selon lequel le juge d'instruction instruit « à charge et à décharge ».

(75) Cass. crim., 27 fév. 1996, *Bull. crim.*, n° 93 ; *JCP* 1996, II, n° 22629, note M.-L. Rassat. V. aussi, Cass. crim., 5 mai 1999, *Bull. crim.*, n° 87.

a) L'étendue du devoir de loyauté

Noblesse oblige, ce devoir est très élevé à l'égard du juge. Il l'est moins vis-à-vis du policier, du gendarme ou de l'agent des douanes pour des motifs tenant prioritairement à l'efficacité de la répression. Il apparaît enfin assez réduit lorsqu'il s'agit de la victime.

Le devoir de loyauté des magistrats. Le magistrat du siège, et notamment le juge d'instruction qui informe en vue de découvrir la vérité, ne peut user de moyens d'administration de la preuve qui pourraient corrompre la dignité judiciaire, faite de pondération comme de neutralité. La jurisprudence l'a consacré explicitement dans une affaire demeurée célèbre où un juge d'instruction, afin de confondre un député qu'il soupçonnait d'être impliqué dans un trafic de décorations, avait entre autres imité la voix d'un suspect[76]. La justice doit toujours procéder à visage découvert et un magistrat ne saurait agir autrement qu'en vertu de cette qualité. L'exclusion des procédés déloyaux ne vise pas uniquement le magistrat à titre personnel, mais également les personnes auxquels il délègue ses prérogatives d'investigation par commission rogatoire, juge ou officier de police judiciaire[77].

Le juge du Parquet, parce qu'il appartient au corps de la magistrature, est de la même façon tenu par ce devoir de loyauté, qui adopte alors, nous semble-t-il, une résonance particulière en raison de ce qu'étant partie au procès pénal, il n'est pas à proprement parler soumis à l'obligation d'être impartial, à la différence des juges du siège. Qu'il dirige l'action de la police judiciaire ou intervienne dans la détermination des poursuites ou encore dans des procédures parallèles (composition pénale, « plaider coupable »), il serait condamnable qu'il cherchât à circonvenir le suspect par des ruses, des artifices ou tout autre procédé déloyal. La présence de l'avocat constitue à cet égard une garantie indiscutable.

Le devoir de loyauté des enquêteurs. C'est sur le territoire policier du procès, où l'infraction est généralement mise à jour, que l'impératif de loyauté donne lieu aux interrogations les plus vives. Les ruses, les artifices, les stratagèmes étudiés y sont monnaie courante et s'il n'y a pas de raison de s'en émouvoir, c'est encore à la condition que les techniques auxquels il est fait appel ne conduisent pas à obtenir une preuve par un détournement de la loi, ou par la force, ou n'amènent à déterminer

(76) Cons. sup. magistr., 31 janv. 1888, *S.* 1889, I, p. 241, note J.-E. L. V. aussi, M. Rousselet, « Les ruses et artifices dans l'instruction criminelle », *Rev. sc. crim.* 1946, p. 50.
(77) V. Cass. crim., 12 juin 1952, *Imbert*, *Bull. crim.*, n° 153 ; *S.* 1954, 69, note A. Légal ; *JCP* 1952, II, n° 7241, obs. J. Brouchot.

l'infraction elle-même en provoquant un éventuel auteur ou un complice. En d'autres termes, entre la méthode admissible et la méthode répréhensible, le critère est celui du rôle tenu par l'enquêteur. Est ainsi prohibé l'obtention d'un aveu ou de tout autre élément de preuve à la suite de mauvais traitements, de menaces ou évidemment de torture[78]. De même, la provocation est condamnée lorsqu'elle consiste à inciter une personne à commettre une infraction, pour ensuite s'en saisir et le livrer à la justice : par exemple, en se présentant comme vendeur de produits stupéfiants[79]. Ce sont les « stratagèmes actifs »[80] que frappe le juge, ou bien des machinations. Tel serait le cas des agissements d'un agent des forces de l'ordre, qui peuvent au demeurant être qualifiés pénalement, accomplis dans le but d'inciter une personne, par une influence déterminante sur sa raison, à commettre une infraction[81]. Dans la dialectique du gendarme et du voleur, les frontières doivent demeurer visibles et reconnaissables.

Le devoir de loyauté des victimes. La Chambre criminelle de la Cour de cassation accueille avec une certaine bienveillance les preuves produites par des victimes, eussent-elles été obtenus grâce à l'accomplissement d'une infraction pénale. « Aucune disposition légale, affirme-t-elle, ne permet aux juges répressifs d'écarter les moyens de preuve produits par les parties au seul motif qu'ils auraient été obtenus de façon illicite ou déloyale »[82]. Le modèle de l'intime conviction permet ainsi au juge d'apprécier la force de toute espèce de preuve. Toutefois, le respect des droits de la défense implique qu'une telle preuve, à l'instar des autres, puisse être discutée contradictoirement.

Deux illustrations permettront de souligner cette tendance.

---

(78) Pour des développements, v. not., H. Matsopoulou, *Les enquêtes de police*, « Bibl. sc. crim. », LGDJ, 1996, n° 876 et s.

(79) M.-E. Boursier, *Le principe de loyauté en droit processuel*, Nouv. Bibl. Thèses, Dalloz, 2003, n° 179 et s ; P. Maistre du Chambon, « La régularité des « provocations policières » : l'évolution de la jurisprudence », *JCP* 1989, II, n° 3422. V. Cass. crim., 27 fév. 1996, *Bull. crim.*, n° 93 ; *JCP* 1996, II, n° 22629, note M.-L. Rassat ; Cass. crim., 5 mai 1999, *Bull. crim.*, n° 87.

(80) G. Stéfani, G. Levasseur et B. Bouloc, *Procédure pénale*, 19e éd., Précis Dalloz, 2004, n° 146, p. 117. V. aussi, P. Bouzat, « La loyauté dans la recherche des preuves », *Mélanges Hugueney*, 1964, p. 155.

(81) Sous réserve, dans le cadre des infractions visées à l'art. 706-73 C. pr. pén. (criminalité et délinquance organisées) et sur commission rogatoire du juge d'instruction, de la possibilité d'infiltration des milieux suspects pouvant impliquer la commission de certains délits par les agents infiltrés (art. 706-81 et s. C. pr. pén.) et la possibilité de sonorisation des lieux privés à l'insu des suspects (art. 706-96 et s. C. pr. pén.).

(82) Par ex., pour un enregistrement effectué par caméra à l'insu du suspect, v. Cass. crim., 6 avril 1994, *Bull. crim.*, n° 136. V. aussi, Cass. crim., 15 juin 1993, *D.* 1994, 613, note C. Mascala ; Cass. crim., 19 janv. 1999, *JCP* 1999, II, n° 10156, note D. Rebut.

On sait que la Chambre criminelle de la Cour de cassation, après avoir développé une interprétation divergente de celle de la Chambre sociale[83], a considéré que le fait pour un salarié de se procurer un document, propriété de son employeur, pour asseoir une preuve dans un conflit l'opposant à lui, ne constituait pas un vol[84].

La Cour de cassation, selon des motifs identiques, a par ailleurs validé la pratique dite du « testing »[85]. Pour des mouvements de lutte contre les discriminations, cette méthode consiste à rapporter la preuve du délit prévue et réprimé l'article 225-1 du Code pénal au moyen d'une mise en scène conçue pour démontrer l'existence d'un filtrage à l'entrée de certains établissement de nuit qui serait fondé sur des considérations d'origine ou de race. En dépit de l'opacité avec laquelle cette preuve est administrée, sa production aux débats est admise dès l'instant, là encore, où elle peut être librement discutée et combattue par le ou les suspects.

b) *Les sanctions attachées à la preuve déloyalement obtenue*

La déloyauté dans la recherche des preuves est condamnable pour le dommage qu'elle inflige aux droits de la défense, ce que la jurisprudence a eu maintes fois l'occasion d'affirmer[86]. C'est également le principe de loyauté lui-même, comme norme comportementale autonome, et comme facteur légitimant de la preuve obtenue, qu'il est question de protéger. De ce point de vue, les sanctions sont de nature multiples.

Et d'abord, dans le cadre de la procédure, le juge de jugement saisi avec le dossier de preuves obtenues déloyalement peut tout simplement les écarter des débats, étant toujours libre de leur accorder la valeur et la force qu'il souhaite. Dans le processus d'intime conviction, il pourrait donc fort bien ne pas tenir compte des preuves extorquées au moyen de procédés qu'il réprouve.

Plus sévèrement à l'égard de la poursuite, il est ensuite possible pour le suspect de demander et d'obtenir la nullité de l'enquête ou de l'acte d'instruction, ce qui peut avoir pour conséquence, à titre d'*effet domino*

(83) Sur ce point, v. H. Houbron, *op. cit.*, n°s 512 et s.

(84) Cass. crim., 11 mai 2004 (2 arrêts), *D.* 2004, p. 2326, note H. K. Gaba ; *Dr. pénal* 2004, *comm.*, n° 122, obs. M. Véron.

(85) Cass. crim., 11 juin 2002, *Bull. crim.*, n° 131 ; *RTD civ.* 2002, p. 498, obs. J. Mestre et B. Fage ; *Petites Aff.*, 6 janv. 2003, p. 15, note F. Ringel. V. aussi, L. Collet-Askri, « Testing or not testing ? La Chambre criminelle de la Cour de cassation valide ce mode de preuve, serait-il déloyal (à propos de l'arrêt de la Chambre criminelle du 11 juin 2002 », *D.* 2003, *chron.*, 1309.

(86) Par ex., Cass. crim., 12 juin 1952, *Imbert, préc.* ; Cass. crim., 9 oct. 1980, *JCP* 1981, II, n° 19578, note G. di Marino.

procédural, de conduire à la nullité de toute la procédure subséquente[87]. Si la preuve litigieuse était essentielle, l'affaire peut alors se retrouver vide de toute substance, et les investigations ou la poursuite être abandonnées.

En outre, et de toutes les façons, une personne qui serait condamnée sur la foi d'une telle preuve pourrait toujours contester la décision en exerçant une voie de recours (appel, pourvoi en cassation), y compris une demande en révision. Une condamnation assise sur une preuve déloyale est viscéralement périssable et sans cesse sous la menace d'une annulation.

Parallèlement, les magistrats ou les agents des forces de l'ordre qui seraient convaincus de manœuvres déloyales encourraient les foudres disciplinaires de leur hiérarchie professionnelle.

2. La question du témoignage anonyme

Un suspect ne dispose pas seulement du droit de connaître les accusations portées contre lui ; il a aussi celui de connaître l'identité de celle ou de celui qui l'accuse, même de façon partielle, et d'y être confronté, tant il est vrai que la pertinence d'une preuve orale dépend bien souvent de la qualité de son auteur, de son caractère et des liens qui l'unissent au suspect.

Cette faculté relève du libre exercice des droits de la défense et de l'application équitable de la contradiction. Elle est consacrée très explicitement à l'article 6 § 3 d) de la Convention EDH[88]. Il est du reste très fréquent en pratique que l'identité des accusateurs (victime, témoin, policier) figure dans les procès-verbaux versés à la procédure, qu'aient lieu des confrontations au cours de la garde à vue ou de l'instruction préparatoire, et que les divers protagonistes de l'accusation viennent apporter leur témoignage et se soumettent aux interrogations de la personne poursuivie au jour du jugement.

Or, dans le cadre de certaines infractions, parce que des menaces de toutes natures peuvent peser sur eux et que les enquêteurs ne peuvent pas s'en passer, il est possible de recueillir des témoignages anonymes[89]. La protection contient deux paliers. À la demande du témoin, et sur autorisation du procureur de la République ou du juge d'instruction, celui-ci peut

(87) Cass. crim., 27 fév. 1996, *Bull. crim.*, n° 93 ; *JCP* 1996, II, n° 22629, note M.-L. Rassat ; *D.* 1996, 316, note Ch. Guéry ; Cass. crim., 5 mai 1999, *Bull. crim.*, n° 87.
(88) « Tout accusé a droit notamment à : [...] interroger ou faire interroger les témoins à charge et obtenir la convocation et l'interrogation des témoins à décharge dans les mêmes conditions que les témoins à charge ».
(89) Art. 706-57 et s. C. pr. pén., issus de la loi du 15 nov. 2001.

« déclarer comme domicile l'adresse du commissariat ou de la brigade de gendarmerie »[90]. Ensuite, mais seulement en cas de procédure portant sur un crime ou un délit puni d'au moins trois ans d'emprisonnement le témoignage peut être recueilli anonymement, c'est-à-dire sans que l'identité du témoin soit mentionnée sur le procès-verbal, sur autorisation du juge des libertés et de la détention[91]. Il suffit d'établir qu'il existe des menaces graves pesant sur la vie du témoin, sur celle de sa famille ou de ses proches. Le suspect ignorera de la sorte l'adresse et parfois l'identité de celle ou de celui qui l'accuse ou concours à étayer une accusation. Elle ne sera pas non plus confrontée à lui, à tout le moins pas à visage découvert.

Les droits de la défense sont néanmoins aménagés, de telle manière que l'opacité de la procédure frappée d'anonymat ne soit pas totale, alors que c'est la transparence, en principe, qui prédomine[92]. Ainsi, une confrontation est toujours possible à la demande du suspect, mais elle sera alors techniquement organisée de telle manière que l'anonymat demeure[93]. De plus, la loi interdit au juge de jugement de fonder une déclaration de culpabilité sur la seule foi d'un témoignage anonyme, y compris lorsqu'il résulte d'une confrontation sollicitée par le suspect[94].

À cet égard, et en dépit de l'article 6 § 3 d) de la Convention EDH, les juges de Strasbourg ont admis la faculté de recours au témoignage anonyme, mais sous d'importantes réserves qui garantissent l'exercice des droits de la défense[95] : que la déposition anonyme soit justifiée par des motifs pertinents, qu'un principe de proportionnalité viennent faire le départage entre les nécessités de l'anonymat et les droits de la défense et, enfin, qu'une éventuelle condamnation ne repose pas sur ces seules dépositions[96].

---

(90) Art. 706-57 al. 1er C. pr. pén. La même règle bénéficie aux « personnels concourant à la procédure » (art. 62-1 C. pr. pén., qui renvoie aux art. 16 à 29 C. pr. pén.).

(91) Art. 706-58 C. pr. pén.

(92) Sur le droit à la transparence, v. *supra* p. 135 et s.

(93) Art. 706-61 C. pr. pén. La loi vise « un dispositif technique » ou « des procédés techniques appropriés ». On songe à des glaces sans tain, au masquage électronique de la voix etc., ce qui pose très certainement des difficultés de simple pratique.

(94) Art. 706-62 C. pr. pén. V. aussi, CEDH, 20 sept. 1993, *Saïdi c/ France*, Série A, n° 261-C.

(95) CEDH, 20 nov. 1989, *Kostovski c/ Pays-Bas*, *Rev. sc. crim.* 1990, p. 388, obs. L.-E. Pettiti ; *Rev. trim. dr. h.* 1990, p. 267, obs. J. Callewaert ; CEDH, 26 mars 1996, *Doorson c/ Pays-Bas*, *Rev. sc. crim.* 1997, p. 484, obs. R. Koering-Joulin ; CEDH, 23 avril 1997, *Van Mechelen c/ Pays-Bas*, *JCP* 1998, I, n° 107, n° 31, obs. F. Sudre. Pour des développements, v. M. Guerrin, « Le témoignage anonyme au regard de la jurisprudence de la Cour européenne des droits de l'homme », *Rev. trim. dr. h.* 2002, p. 45.

(96) J. Le Calvez, « Les dangers du « X » en procédure pénale : opinion contre le témoin anonyme », *D.* 2002, *chron.*, 3024.

B. UNE PREUVE OBTENUE SCIENTIFIQUEMENT

« Prouver, c'est faire approuver », nous dit Lévy-Brühl[97]. Il faut bien admettre que la propagation des sciences exactes dans l'administration d'une preuve, dont l'objet est de permettre que soit mis un terme à un ensemble d'interrogations complexes et passées, suspendues comme une menace à l'intérieur d'un conflit, a quelque chose d'apaisant pour l'esprit. Les résultats qu'elle propose alimentent en effet le dossier selon des méthodes qui tendent à les rendre *de facto* légitime.

Pour autant, la science des éprouvettes et des ordinateurs n'est pas la pierre philosophale. Elle n'abolit pas le raisonnement, et singulièrement le raisonnement de l'enquêteur ni celui du juge – du moins doit-on le souhaiter. Pour le policier, la multitude des faits et des suspects dans une même affaire oblige souvent à effectuer des choix, à déterminer des orientations dans le cœur de l'enquête. Pour le juge, entre les preuves qui lui sont soumises et la décision juridictionnelle, il y a ce filtre indispensable du syllogisme et cet *imperium* qui clôt et légitime. La preuve, même revêtue de la dignité scientifique, n'en demeure pas moins un élément comme un autre. Et dans cette architecture, le suspect, et d'une façon toujours plus opérationnelle, peut faire entendre sa voix.

Il existe de nombreux procédés scientifiques autorisés, auxquels il est couramment fait appel : par exemple, une prise de sang permettant de rechercher les traces de produits stupéfiants ou une expertise balistique permettant de reconstituer une fusillade[98]. Mais aux questions que la science veut résoudre viennent parfois s'agréger de nouvelles incertitudes, que cette science est d'ailleurs fréquemment capable de calculer et de mettre en équations : telle technique est fiable à tant de pourcentage ; jusqu'à l'irréfutabilité, il existe donc telle marge d'erreur, telle probabilité que l'on se soit trompé sur le résultat obtenu. C'est l'étendue de cette distance, cette statistique de l'inconnaissable soumise au magistrat qui, en définitive, signe l'admission ou le rejet de la science probatoire, et détermine tout autant le degré de soumission de la justice aux experts et aux sachants. On comprend ainsi que la jurisprudence hésite a rendre juridiquement admissible des preuves obtenues au moyen de procédés dont la pertinence et l'infaillibilité scientifiques, au moins en théorie, ne s'élève pas à un rang suffisamment acceptable pour décider du sort pénal d'un suspect.

Il en est ainsi des techniques dont la mise en œuvre postule la participation directe d'une personne – suspect, témoin, victime, enquêteur – au

(97) H. Lévy-Brühl, *La preuve judiciaire. Etude de sociologie juridique*, Lib. M. Riviere, 1964, p. 22.
(98) Pour des développement sur la preuve scientifique, v. G. Dalbignat-Deharo, *Vérité scientifique et vérité judiciaire en droit privé*, préf. L. Cadiet, « Bibl. Inst. A. Tunc », LGDJ, 2004.

processus probatoire, et qui peuvent s'analyser, selon l'expression d'un auteur, en une « effraction de conscience »[99], en raison de ce que le libre-arbitre est altéré, voire aboli. Le suspect doit pouvoir être assuré que les preuves, qui sont susceptibles de conduire à sa condamnation (ou même à une privation temporaire de sa liberté), ne reposent pas sur des investigations hasardeuses.

Trois procédés sont de la sorte bannies du répertoire des dispositifs admis : la détection du mensonge, la narco-analyse et l'hypnose.

Le *détecteur de mensonge* ou polygraphe de Keeler, ou bien encore *lie detector,* est le premier d'entre eux. Un appareil mesurant une série de paramètres physiologiques de la personne qui s'y soumet – pulsations cardiaques, pression artérielle, rythmes respiratoires, niveau de sudation – est sensé mettre en lumière un certain stade émotionnel révélateur d'un tréfonds psychologique : l'intéressé ment ou dit la vérité. Le polygraphe ne dit pas si les éléments fournis par le «détecté » sont vrais ou faux. Il indique seulement son état intentionnel probable – menteur ou pas. En dépit de résultats intéressants, le diagnostic du détecteur de mensonge n'a jamais convaincu en France les enquêteurs ni les juges, et de façon générale, le procédé se heurte à une vive hostilité de la doctrine[100]. Le procédé a au fond quelque chose d'« américain » qui suscite la réticence et une certaine angoisse, de la même façon sans doute que le profilage criminel peine à s'imposer en procédure pénale.

Une identique aversion frappe la *narco-analyse*. On a observé qu'en injectant à une personne un produit de la classe des psychotropes (par exemple, du penthotal, dit *sérum de vérité*), celle-ci se retrouvait plongée dans un état de narcose, c'est-à-dire de sommeil artificiel, au cours duquel, soudain privée des barrages psychologiques qu'elle dresse par méfiance ou inhibition, elle est susceptible de répondre à des questions. Si la technique peut être employée à des fins thérapeutiques, mais de plus en plus rarement, elle est en revanche proscrite dans la recherche des preuves judiciaires. Elle est en effet jugée par trop aléatoire. Elle est en outre tout à fait contraire aux droits et garanties élémentaires de la défense, comme elle sacrifie le principe de dignité de la personne humaine.

C'est enfin à l'égard de l'*hypnose* que la Cour de cassation a eu l'occasion de manifester sa réprobation. À l'occasion d'une commission rogatoire ayant prescrit d'entendre un témoin sous hypnose, elle a considéré que la technique violait « le principe de la légalité dans l'administration de la preuve, notamment les articles 81, 101 à 109 du Code de procé-

(99) H. MATSOPOULOU, Les enquêtes de police, *op. cit.*, n°s 881 et s.

(100) Pour des développements, v. H. MATSOPOULOU, Les enquêtes de police, *op. cit.*, n°s 893 et s.

dure pénale »[101]. Le rapport d'expertise versé aux débats a donc été annulé.

Indépendamment de l'atteinte à la loyauté ou à la dignité de la personne, il prévaut l'idée que le suspect doit pouvoir compter sur des techniques d'investigation qui ne disqualifient pas le droit d'accéder à la vérité judiciaire ni l'exercice libre de la défense.

Parfois, la vérité jaillit d'un enchevêtrement de recherches dont les résultats permettent de converger vers un dénouement : l'infraction s'est déroulée de telle manière et son auteur probable est tel individu. Dans ce processus, le suspect peut fort bien n'y avoir pris aucune part, ou presque aucune. Mais il arrive aussi qu'il détermine la preuve centrale du procès, et ainsi la décision judiciaire finale, par une déclaration dans laquelle il admet purement et simplement sa participation aux faits.

§ 2. LA FACULTÉ DE DÉTERMINER LA PREUVE

L'abolition de la torture dans le processus pénal, la progression exponentielle de la qualité et de la place de la preuve scientifique n'y changent rien : l'aveu demeure la reine des preuves. Elle est toujours recherchée, ne serait-ce que parce qu'elle permet de conclure le dossier avec, en quelques sortes, l'approbation du principal intéressé[102]. Aucune valeur particulière n'est accordé à l'aveu : il se présente comme un élément de preuve ordinaire, « laissé à la libre appréciation des juges »[103]. Il reste que, de façon générale, la personne qui avoue devient immédiatement un suspect, si elle ne l'était pas jusque-là, et elle abandonne alors à l'enquêteur comme au juge le soin d'en tirer les conséquences juridiques.

Cependant, sous la poussée d'une certaine contractualisation de la procédure pénale, le suspect peut fixer l'issue judiciaire s'il accepte de reconnaître sa culpabilité devant le ministère public dans certaines infractions et si donc, il consent à offrir la preuve demandée. Il ne le fera que s'il y trouve un intérêt, qui consiste généralement en une peine faible, au *quantum* connu d'avance et certain. Ce qui rendent séduisantes les procédures légales

(101) Cass. crim., 12 déc. 2000, *Bull. crim.*, n° 369 ; *Rev. sc. crim.* 2001, p. 611, obs. A. Giudicelli ; *D.* 2001, 1340, note D. Mayer et J.-F. Chassaing ; *JCP* 2001, II, n° 10495, note C. Puigelier ; *Dr. pénal* 2001, *comm.*, 38, obs. A. Maron ; *Procédures* 2001, *comm.*, 70, obs. J. Buisson. Dans le même sens, pour un placement sous hypnose du suspect pendant la garde à vue, v. Cass. crim., 28 nov. 2001, *Bull. crim.*, n° 248.

(102) Sur l'aveu, v. notamment, *L'aveu – Histoire, sociologie, philosophie* (sous la dir. de R. Dulong), Coll. Droit et justice, PUF, 2001.

(103) Art. 428 et 536 C. pr. pén.

d'aveu, c'est leur célérité et leur prévisibilité – déroulement et sanction. Outre la médiation pénale[104], deux institutions ont été spécialement créées à cet effet : la composition pénale (A) et la comparution sur reconnaissance préalable de culpabilité, également nommée « plaider coupable » (B).

A. LA COMPOSITION PÉNALE

D'après l'article 41-2 du Code de procédure pénale, le procureur de la République peut proposer une composition pénale au suspect, c'est-à-dire une peine assortie de modalités d'exécution, s'il « reconnaît avoir commis un ou plusieurs délits punis à titre de peine principale d'une peine d'amende ou d'une peine d'emprisonnement d'une durée inférieure ou égale à cinq ans »[105] ou une contravention[106].

La loi limite le champ d'application du texte : il ne peut en effet concerner les mineurs ni s'appliquer à certaines infractions expressément indiquées : délits de presse, homicides involontaires et délits politiques[107]. Par ailleurs, la loi détermine limitativement les peines susceptibles d'entrer dans le champ de la mesure : le suspect peut ainsi se voir proposer le versement d'une amende de composition au Trésor public, selon un calendrier précis, ou la remise de son véhicule pour une durée maximale de six mois, ou encore l'accomplissement d'un stage de citoyenneté[108].

La composition pénale, si elle aboutit, ne met pas en mouvement l'action publique et réserve naturellement les droits de la victime[109]. C'est la raison pour laquelle on la classe parmi les modes alternatifs aux poursuites, à l'instar de la médiation pénale. Cela étant dit, le suspect qui accepte une composition pénale ne se retrouve pas dans une situation juridique très différente d'une personne condamnée après déclenchement de

(104) Pour des développements sur cette question, v. G. Blanc, « La médiation pénale », *JCP G* 1994, I, n° 3760.

(105) Art. 41-2 al. 1er C. pr. pén. La procédure peut également concerner des contraventions connexes, le cas échéant. L'ensemble a été revu par la loi du 9 mars 2004. Sur ce point, v. B. de Lamy, « La loi n° 2004-204 du 9 mars 2004 portant adaptation de la justice aux évolutions de la criminalité », *D.* 2004, *chron.*, 1982 (2e partie).

(106) Art. 41-3 C. pr. pén.

(107) Art. 41-2 al. 11 C. pr. pén.

(108) V. successivement, les 1°, 3° et 13° de l'art. 41-2 al. 2 C. pr. pén. Le texte prévoit, pour les délits et les contraventions connexes, un total de treize sanctions possibles, destinée à personnaliser la peine en considération de la nature et de la gravité des faits, ainsi que des ressources du suspect.

(109) Art. 41-2 al. 2 et 9 C. pr. pén.

l'action publique : la mesure est en effet inscrite au bulletin n° 1 du casier judiciaire[110] et les faits peuvent compter au titre de la récidive légale.

D'un point de vue procédural, une proposition est portée à la connaissance du suspect, qui est par ailleurs informé de son droit de se faire assister d'un avocat avant de donner sa réponse[111]. En cas d'acceptation, le procureur de la République saisit alors le président du Tribunal de grande instance ou du Tribunal d'instance, selon la nature de l'infraction[112], afin que celui-ci valide la mesure de composition et la rende exécutable. Mais la validation n'est jamais assurée, le juge de jugement disposant de toute liberté d'appréciation. Seulement, s'il y a refus, l'accord entre le Parquet et le suspect devient caduc.

La composition pénale est destinée à permettre le traitement judiciaire rapide d'affaires mineures, mais volumineuses et encombrantes, et où les préjudices – celui porté à l'ordre social, celui infligé à la victime – restent minimes. Le suspect n'est pas obligé d'accepter la composition, ce qui signifie qu'il n'est jamais tenu d'avouer, en particulier s'il estime ne pas être l'auteur des faits. Mais dans ce cas, l'action publique est systématiquement déclenchée, à moins qu'un élément nouveau ne surgisse entre temps[113].

B. LA COMPARUTION SUR RECONNAISSANCE PRÉALABLE DE CULPABILITÉ (LE *PLAIDER COUPABLE*)

En contrepartie d'un aveu, le suspect peut se voir proposer une peine inférieure à celle qu'il encourrait s'il était traduit devant une juridiction de jugement selon une procédure ordinaire[114], lorsque l'infraction en cause est un délit puni « à titre principal d'une peine d'amende ou d'une peine d'emprisonnement d'une durée inférieure ou égale à cinq ans »[115].

Dans le principe du plaider coupable, il n'y a pas de négociation possible sur la nature ni sur le *quantum* de la peine que propose le procureur de la République ; c'est « à prendre ou à laisser ». La singularité du « plaider » coupable est que, précisément, le suspect ne plaide pas, pas plus que son avocat, même si dans la pratique il est probable que des discussions, fussent-elles très sommaires, s'engagent entre le procureur de la Répu-

(110) Art. 41-2 al. 10 C. pr. pén.
(111) Art. 41-2 al. 6 C. pr. pén.
(112) V. respectivement les art. 41-2 al. 6 et 41-3 al. 3 C. pr. pén.
(113) Art. 41-2 al. 7 C. pr. pén. L'action publique est également déclenchée si la personne « n'exécute pas intégralement les mesures décidées ».
(114) Le suspect peut, par ailleurs, demander le bénéfice de cette procédure (art. 495-7 et 495-10 C. pr. pén.). C'est peut-être le seul moment où il peut, à proprement parler, plaider coupable.
(115) Art. 495-7 C. pr. pén. Pour des précisions, v. B. DE LAMY, « La loi n° 2004-204 du 9 mars 2004 portant adaptation de la justice aux évolutions de la criminalité », *D.* 2004, *chron.*, 1986 (2e partie).

blique, le suspect et son conseil. Pour autant, ce qui jettent une ombre inquiétante sur l'institution tient au fait que le déroulement de la procédure, avant son éventuelle homologation devant le tribunal de grande instance, est abandonné au bon vouloir du ministère public qui y a recours. Il peut en effet, et en toute liberté, adopter toutes les postures – justice négociée, c'est-à-dire plus naturellement admise et comprise par le suspect, ou bien justice rigidifiée, c'est-à-dire possiblement sans nuance. Les droits de la défense risquent d'en souffrir, et un certain stakhanovisme judiciaire, aussi déplorable pour l'institution que ses longueurs, peut tenter les meilleures intentions, aussi bien celle des juges que des avocats.

Il reste que la reconnaissance de la culpabilité, dont le champ d'application demeure assez restreint[116], est entourée de plusieurs garanties, afin que la décision du suspect – acceptation ou refus – intervienne en toute connaissance de cause. De ce point de vue, la procédure est divisée en deux cycles successifs (devant le ministère public, puis devant le tribunal de grande instance), l'aboutissement du premier conditionnant l'ouverture du second. Ainsi, pour être valable et produire des effets de droit, l'aveu doit être libre et éclairé (1°). La procédure est par ailleurs soumise au contrôle juridictionnel d'un magistrat du siège (2°).

1. *Une reconnaissance libre et éclairée*

Le procureur de la République, s'il l'estime opportun, fait une proposition de peine (amende et/ou emprisonnement, chacune pouvant être assortie du sursis) à laquelle le suspect est invité à réfléchir. Dans ce cadre, il faut noter que l'offre du procureur de la République doit avoir lieu en présence de l'avocat du suspect[117], lequel est choisi ou désigné selon les modalités ordinaires. Ensuite, cet avocat dispose d'un accès immédiat au dossier et peut librement s'entretenir avec son client, « hors la présence du procureur de la République »[118]. Le suspect peut alors vouloir disposer d'un délai de réflexion, qui lui sera accordé dans la limite de dix jours au cours desquels il peut être placé sous contrôle judiciaire ou en détention provisoire par le juge des libertés et de la détention[119]. Enfin, pour clore ce

(116) Art. 495-16 C. pr. pén. Outre la limitation de l'art. 495-7 C. pr. pén., la procédure ne s'applique pas aux mineurs, ni aux délits de presse, d'homicide involontaire, politique ou aux délits dont la procédure de poursuite est prévue par une loi spéciale.
(117) Art. 495-8, al. 4 C. pr. pén.
(118) Art. 495-8, al. 5 C. pr. pén.
(119) Art. 495-8, al. 5 et 495-10 C. pr. pén. S'il souhaite l'une ou l'autre de ces mesures, le procureur de la République présente le suspect devant le juge des libertés et de la détention. L'incarcération n'est possible qu'à titre exceptionnel et uniquement si la peine proposée par le Parquet est supérieure ou égale à deux mois fermes. La comparution doit intervenir dans un délai compris entre dix et vingt jours suivant la décision du juge des libertés et de la détention, faute de quoi le suspect est mis en liberté.

premier cycle, l'acceptation ne peut valablement intervenir qu'en présence de l'avocat[120]. Les droits de la défense sont donc préservés à ce stade.

2. Une reconnaissance soumise à contrôle juridictionnel

Le second cycle de la procédure se déroule devant un magistrat de jugement. L'aveu du suspect, qui conditionne l'ensemble de la procédure, ainsi que la peine, objet de l'accord, sont soumis au président du tribunal de grande instance, ou à un juge délégué par lui, aux fins d'homologation. Celui-ci est saisi par le procureur de la République au moyen d'une requête. Mais il ne s'agit pas d'une audience traditionnelle de jugement. Si la procédure se déroule bien en audience publique[121], si le suspect et son avocat sont évidemment entendus, l'article 495-9 alinéa 2 *in fine* du Code de procédure pénale précise, après que la Cour de cassation et le Conseil d'État ont exprimé un avis contraire[122], que « la présence du procureur de la République à cette audience n'est pas obligatoire »[123].

À cette occasion, le magistrat doit vérifier « la réalité des faits et leur qualification juridique »[124], de sorte que le contenu et la sincérité de la reconnaissance de culpabilité, entre autres, feront l'objet d'un contrôle. Il n'est donc pas une chambre d'enregistrement qui validerait d'un œil distrait l'accord *Parquet-Suspect*. Sa décision – une ordonnance – doit être motivée, notamment « par les constatations [...] que la personne [...] reconnaît les faits qui lui sont reprochés et accepte la ou les peines proposées par le procureur de la République »[125]. Il doit dans le même temps s'assurer que « ce ou cette peine est justifiée au regard des circonstances de l'infraction et de la personnalité de son auteur »[126], sans pour autant disposer du pouvoir de la modifier. L'homologation n'est donc jamais une certitude et l'opération peut échouer, faute d'avoir convaincu le président du TGI.

Pour le suspect, il y avait cependant un danger : que son aveu, englouti dans une procédure invalidée, ne refasse surface peu après devant

(120) Art. 495-9, al. 1er C. pr. pén. Le texte, qui n'envisage que l'acceptation, ne dit pas si, en cas de refus, celui-ci doit également intervenir en présence de l'avocat, situation qui semble néanmoins s'imposer.

(121) Sur ce point, v. Cons. const., 2 mars 2004, déc. n° 2004-492 DC, *JO* 10 mars 2004, p. 4637.

(122) C. cass., avis, 18 avr. 2005, *D.* 2005, IR p. 1114 et *D.* 2005, p. 1200, note J. Pradel ; CE, ord. réf., 11 mai 2005, *D.* 2005, IR p. 1379, ndlr A. Astaix ; *JCP* G, 2005, act. n° 273. Pour des développements sur ce point, v. L. Delprat, « La Cour de cassation et le Conseil d'État doivent-ils plaider coupable ? » *Droit pénal* 2005, Étude, p. 6 ; F. Fourment, *Procédure pénale*, 6e éd., Paradigme, 2005, n° 349.

(123) L'art. 495-2 al. 2 a été complété par la loi n° 2005-847 du 26 juill. 2005, *précisant le déroulement de l'audience d'homologation de la comparution sur reconnaissance préalable de culpabilité.*

(124) Art. 495-11 C. pr. pén.

(125) Art. 495-11 *in fine* C. pr. pén.

(126) Art. 495-11 *in fine* C. pr. pén.

le juge d'instruction ou le juge de jugement, dans le cas où des poursuites classiques seraient finalement engagées à son encontre pour les mêmes faits. Un aveu reste un aveu, et sa puissance persuasive, par un effet tautologique, demeure psychologiquement formidable, quelle que soit par ailleurs la valeur probante qu'on lui prête dans la loi. Toutefois, il est prévu que le procès-verbal des formalités de la procédure de plaider coupable lorsqu'elle n'aboutit pas, « ne peut être transmis à la juridiction d'instruction ou de jugement »[127]. En outre, « ni le ministère public ni les parties ne peuvent faire état devant cette juridiction des déclarations faites ou des documents remis au cours de la procédure » (même texte). L'aveu du suspect restera donc enfoui, ce qui laisse parfaitement intacte la liberté ultérieure de sa défense.

En cas d'accueil favorable par le président du TGI, l'homologation qu'il ordonne constitue, en vérité, une décision juridictionnelle emportant condamnation pénale, laquelle est immédiatement exécutoire. Mais parce qu'il a toujours droit à un recours, et même s'il a accepté purement et simplement la procédure, ainsi que son issue, le suspect peut interjeter appel dans les dix jours, conformément au droit commun applicable en la matière[128]. L'ensemble du processus pénal sera ainsi soumis pour réexamen à la chambre des appels correctionnels. Il faut souligner à cet égard que si le ministère public à également la faculté de faire appel, il ne le peut qu'à titre incident, de sorte que la peine, dans l'hypothèse où l'accord serait valable ou que le suspect ne déciderait pas de revenir sur son aveu, ne pourrait jamais être aggravée.

Conclusion de la seconde partie

Le droit de se défendre et le droit à la vérité complètent les diverses prérogatives offertes par la loi à toute personne visée par une suspicion de crime, de délit ou de contravention et ayant, de la sorte, acquis la qualité juridique de suspect. La primauté de la défense n'est généralement pas discutée, même si sa mise en œuvre sur le terrain du procès n'est pas toujours facilitée et mérite des progrès vers un supplément de latitude qui permettrait un ajustement plus approuvable avec le principe de l'équilibre procédural. De son côté, la vérité demeure l'objectif du procès et, dans une large mesure, le justifie, même si cette vérité – vérité seulement judiciaire et pas davantage, vérité fragile propre à la reconstruction des événements –, ne se confond pas toujours avec la réalité des faits ni avec la rigueur traditionnellement reconnue à la règle de droit. Mais quelle que soit la décision prise à l'issue du procès, un second jugement interviendra : celui du procès lui-même auxquels s'adonneront les parties et parfois l'opinion publique. Une décision de justice est systématiquement placée sous surveillance. C'est la démonstration de sa faiblesse ou la garantie de sa solidité.

(127) Art. 495-14, al. 2 C. pr. pén.
(128) Art. 495-11, al. 3 C. pr. pén.

CONCLUSION GÉNÉRALE

Il est très fréquent qu'une personne, après qu'elle a été condamnée à une peine d'emprisonnement ferme, devenue définitive, veuille redevenir libre par anticipation. De ce point de vue, nous n'avons pas envisagé le droit applicable à l'exécution de la sanction pénale et aux possibilités qu'offre la loi pour qu'une personne détenue recouvre la liberté. C'était volontaire. La personne, en effet, n'est plus un suspect au sens où nous avons souhaité l'entendre dans ce propos, mais un condamné irrévocable purgeant un châtiment judiciaire. Lorsqu'il demande son élargissement, ce n'est pas en qualité de suspect, comme dans le cas d'une demande en révision de son procès, par exemple[1], mais à titre de condamné qui souhaite voir réduire le temps de sa peine. Il ne se serait donc pas agi d'envisager la liberté face à la détention provisoire, ainsi que nous l'avons fait, mais la liberté provisoire face à la détention. Cette liberté-là, on le sait, est toujours conditionnelle et sous probation, c'est-à-dire sous la menace d'un retour en arrière pour le condamné[2].

Dans la plénitude du procès équitable, parce qu'il n'est ni tout à fait innocent ni tout à fait coupable, le suspect doit pouvoir compter sur quatre piliers qui vont figurer tout à tour la place qui lui est accordée dans la procédure pénale diligentée à son encontre et l'architecture de son action personnelle dans cette même procédure :

– Le droit à l'innocence

– Le droit à la liberté

(1) V. *supra* p. 73 et s., p. 122 et s.

(2) Pour des développements sur cette question, v. notamment, B. Bouloc, *Pénologie – Exécution des sanctions adultes et mineurs*, 3e éd., Précis Dalloz, 2005, spéc., nos 339 et s. ; F. Desportes et F. Le Gunehec, *Droit pénal général*, 11e éd., Economica, 2004, nos 1031 et s. ; Travaux de l'Institut de sciences criminelles de Poitiers, *Prison : sortir avant terme*, Cujas, vol. XV, 1996.

– Le droit à la défense

– Le droit à la vérité.

Les deux premiers, on l'a vu, ont trait à *la personne même du suspect*. Ils résultent de la confrontation qui s'exerce entre les reproches d'avoir participé à un délit ou à un crime et le respect de son intégrité morale et physique.

Les deux derniers droits concernent *la qualité de suspect attachée à la personne*. Ils rythment la marche du procès et son dénouement et ont ainsi une vocation proprement juridictionnelle. Mais par ailleurs, ces deux droits sont si intimement liés à n'importe quelle espèce d'accusation qu'ils n'ont pas seulement une utilité et une justification juridiques. Il en est ainsi du droit de se défendre, véritable extension de la personne humaine et même, est-on tenté de dire, de la substance humaine. Tout reproche mérite qu'on s'y oppose et aux yeux d'une jurisprudence séculaire, les droits de la défense sont « de droit naturel »[3]. Quant à la recherche de la vérité, on sait qu'elle ne s'arrête pas à celle des faits et de leur qualification juridique. Avec notamment l'essor de la défense sociale nouvelle et sa propagation dans les politiques criminelles contemporaines[4], elle s'étend à la connaissance de la personne même du suspect et de son entourage, comme à celle de la victime. Pour que justice soit rendue, il faut parvenir à se placer dans la nuance du savoir et de la responsabilité.

On est bien sûr tenté de voir dans les quatre droits développés à l'intérieur cet ouvrage des droits naturels qui seraient fondés sur une « perception-intuition d'un ordonnancement et d'un équilibre idéal de la nature »[5] et, partant, de l'être humain. Il est vrai que le contenu élémentaire de ces droits frappe l'esprit par leur évidence, par leur clarté, par leur universalité, de sorte que leur mise en œuvre dans les affaires pénales ne relèverait plus que de la rationalisation du procès, donc de la technique juridique et de moyens matériels et humains. Pour autant, on ne peut écarter la scène judiciaire en tant que telle. Le procès pénal demeure un fait social particulier, de fabrication spécifiquement humaine, objet d'attention et d'études. Il constitue la formalisation du blâme social face au crime, lui-même phénomène à part entière, courant et même normal des sociétés[6]. Le procès a son existence propre dans laquelle les droits et les

(3) Civ., 7 mai 1828, *S*. 1828, 1, p. 93.

(4) M. Ancel, *La défense sociale nouvelle*, 3e éd., Cujas, 1981. V. aussi, G. Stéfani, G. Levasseur et B. Bouloc, *Droit pénal général*, 17e éd., Précis Dalloz, 2000, nos 79 et s.

(5) J.-L. Aubert, *Introduction au droit et thèmes fondamentaux du droit civil*, 7e éd., Armand Colin, 1998, n° 25.

(6) V. l'analyse de Durkheim, in *Les règles de la méthode sociologique*, Champs Flammarion, 1988, p. 158 et s.

garanties du suspect s'intercalent avec plus ou moins de bonheur, parmi d'autres normes. Il se renouvelle sans cesse, dans une sorte de mouvement perpétuel auto-alimenté par les comportements qu'il entend précisément saisir, un peu comme une vis d'Archimède, et combattre dans une perspective de maintien ou de rétablissement d'une paix sociale troublée par l'infraction. Il y a donc un positivisme qui s'attache à l'existence, puis à la réalisation même des droits reconnus au suspect. Il faudrait aussi rappeler que ces droits sont le produit d'une lutte. S'il s'impose sans doute à l'esprit, ce n'est pas à l'esprit de tous. Les droits du suspect procèdent sans doute d'un antagonisme qui tente perpétuellement de se résoudre.

Suggérons ainsi, sans chercher à répondre à une interrogation essentiellement théorique, que l'autorité qu'on attribue au droit à l'innocence, à la liberté, à la défense, à la vérité enfin, ne provient pas uniquement d'un idéal humain, d'une règle providentielle qui serait supérieure à toute autre règle. Cette autorité ne puiserait pas non plus seulement sa justification et sa force dans le corps social, dans une rationalité construite et positive, toute terrestre. Les droits les plus subtils ressemblent bien souvent à des alliages patiemment obtenus, dont les origines sont tout à la fois hétéroclites et quand même un peu mystérieuses. Il en est ainsi des dispositions qui tendent à préserver l'innocence et la liberté d'aller et de venir du suspect. La défense procède également de cette physionomie. La vérité, quant à elle, conditionne le principe même de justice, dans sa conception la plus communément partagée, la plus totale et la plus noble.

Une telle vision de la procédure pénale et de ce que l'on veut en faire est sans doute la traduction de cet idéal du procès équitable dont il est tant question, dont la propagation paraît inéluctable dans la plupart des systèmes juridiques. Et si, pour reprendre une formule saisissante du général de Gaulle, « l'homme n'est pas fait pour être coupable » [7], le suspect doit pouvoir compter sur cette aspiration du possible. Elle est peut-être, finalement, le témoignage d'une société qui se civilise.

(7) A. Malraux, *Les chênes qu'on abat...*, Gallimard, 1971, p. 186.

BIBLIOGRAPHIE

I. Ouvrages généraux, traités et manuels

J.-L. AUBERT, *Introduction au droit et thèmes fondamentaux du droit civil*, 7e éd., Armand Colin, 1998.

B. BOULOC, *Pénologie – Exécution des sanctions adultes et mineurs*, 3e éd., Précis Dalloz, 2005.

H. CROZE, Ch. MOREL et O. FRADIN, *Procédure civile*, Litec, 2001.

L. CADIET et E. JEULAND, *Droit judiciaire privé*, 4e édition, Litec, 2004.

J.-M. CARBASSE, *Introduction historique au droit pénal*, PUF, coll. Droit fondamental, 1990.

J.-M. CARBASSE, *Histoire du droit pénal et de la justice criminelle*, PUF, coll. Droit fondamental, 2000.

Ph. CONTE, *Droit pénal spécial*, Litec, 2003.

F. DESPORTES et F. LE GUNEHEC, *Droit pénal général*, 12e éd., Economica, 2005.

R. ENCINAS DE MUNAGORRI et G. LHUILIER, *Introduction au droit*, Champs Université, Flammarion, 2002.

F. FOURMENT, *Procédure pénale*, 6e éd., Paradigme, 2005.

R. GARRAUD, *Précis de droit criminel*, 15e éd., par P. Garraud, Sirey, 1934.

E. GARSONNET et Ch. CÉZAR-BRU, *Traité théorique et pratique de procédure civile et commerciale*, Tome 3, 3e éd., Recueil Sirey, 1913.

R. GASSIN, *Criminologie*, 5e éd., Précis Dalloz, 2003.

J. GHESTIN, G. GOUBEAUX, M. FABRE-MAGNAN, *Traité de droit civil – Introduction générale*, 4e éd. LGDJ, 1994.

S. GUINCHARD et J. BUISSON, *Procédure pénale*, 2e éd., Litec, 2002.

J. HERON, *Droit judiciaire privé*, par Th. LE BARS, 2e éd., Domat Montchrestien, 2002.

E. JEULAND, *Droit processuel*, LGDJ, coll. Systèmes, 2003.

A. A. LEVASSEUR, *Droit des États-Unis*, Précis Dalloz, 1994.

G. LOPEZ, *Victimologie*, Précis Dalloz, 1997.

R. MERLE et R. VITU, *Traité de droit criminel – Procédure pénale*, Tome 2, 3e éd., Cujas, 1979.

H. MOTULSKY, *Cours de droit processuel*, textes réunis par M. Capel, Éd. Montchrestien, 1973.

L. NÉGRIER-DORMONT, *Criminologie*, Litec, 1992.

B. OPPETIT, *Philosophie du droit*, Dalloz, 1999.

J. PRADEL, *Droit pénal comparé*, 2e éd., Précis Dalloz, 2002.

M.-L. RASSAT, *Traité de procédure pénale*, PUF, coll. Droit fondamental, 2001.

J.-F. RENUCCI, *Droit européen des droits de l'homme*, 1re éd., LGDJ, 1999.

J. ROBERT et J. DUFFAR, *Droits de l'homme et libertés fondamentales*, 7e éd., Domat Monchrestien, 1999.

G. STÉFANI, G. LEVASSEUR et B. BOULOC, *Droit pénal général*, 17e éd., Précis Dalloz, 2000.

G. STÉFANI, G. LEVASSEUR et B. BOULOC, *Procédure pénale*, 19e éd., Précis Dalloz, 2004.

G. VIDAL, *Cours de droit criminel et de science pénitentiaire*, 9e éd., par J. Magnol, Paris, Éd. Rousseau & Cie, 1949.

J. VINCENT et S. GUINCHARD, *Procédure civile*, 25e éd., Précis Dalloz, 1999.

II. Ouvrages spéciaux, thèses et monographies

M. ANCEL, *La défense sociale nouvelle*, 3e éd., Cujas, 1981.

A. ASTAING, *Droits et garanties de l'accusé dans le procès criminel (XVIe–XVIIIe siècle) : Audace et pusillanimité de la doctrine pénale française*, PUAM, 1999.

Aveu (l') – Histoire, sociologie, philosophie (sous la dir. de R. DULONG), coll. Droit et justice, PUF, 2001.

S. BISSARDON, *Guide du langage juridique*, Litec, 2002.

Ph. BONFILS, *L'action civile. Essai sur la nature juridique d'une institution*, PUAM, 2000.

M.-E. BOURSIER, *Le principe de loyauté en droit processuel*, Dalloz, coll. Nouv. bibl. thèses, 2003.

J.-D. BREDIN et Th. LÉVY, *Convaincre – Dialogue sur l'éloquence*, Éd. O. Jacob, 1997.

G. DALBIGNAT-DEHARO, *Vérité scientifique et vérité judiciaire en droit privé*, préf. L. CADIET, LGDJ, coll. Bibl. Inst. A. Tunc, 2004.

R. DECOTTIGNIES, *Les présomptions en droit privé,* LGDJ, coll. Bibl. droit privé, 1949.

F. DEFFERRARD, *La suspicion légitime*, LGDJ, coll. Bibl. droit privé, 2000.

B. DE LAMY, *La liberté d'opinion et le droit pénal,* LGDJ, coll. Bibl. sc. crim., 2000.

M. DELMAS-MARTY, *Vers un droit commun de l'humanité*, entretien avec Ph. Petit, Éd. Textuel, 1996.

Dictionnaire de la Justice, sous la dir. de L. CADIET, PUF, 2004.

Dictionnaire du vocabulaire juridique, sous la dir. de R. CABRILLAC, Litec, 2002.

Doute (Le) et le droit, Actes du colloque du 12 avril 1991, Dalloz, 1994.

E. DURKHEIM, *Les règles de la méthode sociologique,* Champs Flammarion, 1988.

A. ESMEIN, *Histoire de la procédure criminelle en France*, Verlag Sauer & Auvermann KG, 1969.

A. GARAPON, *Bien juger – Essai sur le rituel judiciaire*, coll. Opus, Éd. O. Jacob, 1997.

Grands arrêts de la Cour européenne des droits de l'homme, 2e éd., PUF, coll. Thémis, 2004.

Grand Robert de la langue française, 2e éd., 2001.

G.-G. GRANGER, *Le probable, le possible et le virtuel. Essai sur le rôle du non-actuel dans la pensée objective*, Éd. O. Jacob, 1995.

Ch. GUÉRY, *Détention provisoire*, Dalloz Références, 2001.

J. HAMELIN et A. DAMIEN, *Les règles de la profession d'avocat*, 9e éd. Dalloz, 2000.

H. HOUBRON, *Loyauté et vérité – Étude de droit processuel*, Thèse Reims, 2005.

S. JOSSERAND, *L'impartialité du magistrat en procédure pénale*, LGDJ, coll. Bibl. sc. crim., 1998.

F. KAFKA, *Le Procès*, Gallimard, 1933 et Folio, 1987, n° 1840.

H. KANTOROWICZ, *The definition of law*, Éd. Cambridge UP, 1958.

L. KARPIK, *Les avocats. Entre l'État, le public et le marché. XIIIe-XXe siècle*, Gallimard, coll. Bibl. sc. humaines, 1995.

H. LÉVY-BRÜHL, *La preuve judiciaire. Étude de sociologie juridique*, Lib. M. Rivière, 1964.

A. MALRAUX, *Les chênes qu'on abat…*, Gallimard, 1971.

R. MARTIN, *Déontologie de l'avocat*, 5e éd., Litec, 1999.

H. MATSOPOULOU, *Les enquêtes de police*, LGDJ, coll. Bibl. sc. crim., 1996.

M.-C. NAGOUAS-GUÉRIN, *Le doute en matière pénale*, Dalloz, coll. Nouv. bibl. thèses, 2002.

E. PICARD, *La notion de police administrative*, LGDJ, coll. Bibl. dr. public, 1984.

Présomption (la) d'innocence en droit comparé, Actes du colloque du 16 janv. 1998, Soc. législ. comparée, 1998.

M. J. RACHED, *La présomption d'innocence*, Thèse Paris, 1969.

J. RAWLS, *Théorie de la Justice*, Seuil, 1987.

P. RICŒUR, *Le Juste*, Éd. Esprit, 1995.

D. ROETS, *Impartialité et justice pénale*, Cujas, 1997.

D. SOULEZ LARIVIERE, *L'avocature*, Seuil, 1995.

B. SUR, *Histoire des avocats en France. Des origines à nos jours*, Dalloz, 1998.

J. SYGUT, *La présomption d'innocence : du principe au droit*, Thèse Metz, 2004.

Travaux de l'Institut de sciences criminelles de Poitiers – *Prison : sortir avant terme*, vol. XV, Cujas, 1996.

V. VALETTE, *La personne mise en cause en matière pénale*, PU Clermont-Ferrand-LGDJ-Fondation Varenne, 2002.

VERCORS, *Le silence de la mer*, Éd. de Minuit, 1942 et Albin Michel, 1951.

J. VERGÈS, *De la stratégie judiciaire*, Éd. de Minuit, 1968.

J. VERGÈS, *Dictionnaire amoureux de la justice*, Plon, 2002.

Vocabulaire juridique H. Capitant, sous la dir. de G. CORNU, 6e éd., PUF Quadrige, 2004.

III. Articles, chroniques et rapports

A. ASTAING et G. CLÉMENT, *Les « muets volontaires » dans la procédure pénale française de l'époque moderne et contemporaine*, Tijdfchricht voor rechtgefchiedenif, Tome 70, Éd. Kluwer Law Internationale, 2002, p. 291.

P. AUVRET, Le droit au respect de la présomption d'innocence, *JCP* 1994, I, n° 3802.

P. Auvret, Les sanctions du non-respect de la présomption d'innocence, *Gaz. Pal.* 6-7 août 1995, *doctr.*, p. 2.

R. Badinter, La présomtion d'innocence, histoire et modernité, *Études P. Catala*, Litec, 2001, p. 133.

Ch. Bigot, Les modifications du droit de la presse (art. 47 à 56 de la loi n° 93-2 du 4 janvier 1993 portant réforme de la procédure pénale), *Gaz. Pal.* 1993, 2, *doctr.*, p. 1066.

G. Blanc, La médiation pénale, *JCP* 1994, I, n° 3760.

V. Bouchard, Procédures par contumace et par défaut au regard de l'article 6, paragraphe 1 de la Convention européenne des droits de l'homme, *Rev. sc. crim.* 2003, p. 517.

P. Bouzat, La loyauté dans la recherche des preuves, *Mélanges Hugueney*, 1964, p. 155.

J.-D. Bredin, Qu'est la plaidoirie devenue ?, *Mélanges J. Buffet*, Petites Affiches, 2004, p. 59.

J.-P. Brouillaud, Les nullités de procédure : des procédures pénales et civiles comparées, *D.* 1996, *chron.*, 98.

V. Bück, Vers un contrôle plus étendu de la garde à vue. L'exemple du contentieux relatif à la notification immédiate des droits, *Rev. sc. crim.* 2001, p. 325.

J. Buisson, La garde à vue dans la loi du 15 juin 2000, *Rev. sc. crim.* 2001, p. 25.

G. Z. Chen, La réforme du droit de la procédure pénale en Chine, *Rev. sc. crim.* 1998, p. 1.

G. Clément, De la règle Pas de nullité sans grief, en droit judiciaire privé et en procédure pénale, *Rev. sc. crim.* 1984, p. 433.

F. Clerc, La détention préventive en Suisse, *Rev. sc. crim.* 1975, p. 61.

D. Cohen, Le droit à..., in *L'avenir du droit*, *Mélanges F. Terré*, Dalloz-PUF-Éd. Juris-Classeur, 1999, p. 393.

L. Collet-Askri, Testing or not testing ? La Chambre criminelle de la Cour de cassation valide ce mode de preuve, serait-il déloyal (à propos de l'arrêt de la Chambre criminelle du 11 juin 2002), *D.* 2003, *chron.* 1309.

J.-P. Costa, Le juge et les libertés, *Pouvoirs*, n° 84 – *La liberté* –, Seuil, 1998, p. 75.

M. Daury-Fauveau, Déni de justice (au sens de l'article 4 du Code civil) et juge pénal, in *Le titre préliminaire du code civil*, sous la dir. G. Fauré et G. Koubi, Economica, p. 159.

F. Defferrard, Mort, blessures graves et disparition suspectes, *Juris-classeur Procédure pénale*, Art. 74 et 74-1, fasc. 20, 2005.

B. de Lamy, La loi n° 2004-204 du 9 mars 2004 portant adaptation de la justice aux évolutions de la criminalité, *D.* 2004, *chron.* 1910 (1re partie) et 1982 (2nde partie).

L. Delprat, La Cour de cassation et le Conseil d'État doivent-ils plaider coupable ?, *Droit pénal*, 2005, Étude, p. 6.

E. Derieux, Les comptes rendus d'audience, in *Liberté de la presse et Droit pénal*, PUAM, 1994, p. 269.

G. di Marino, La réforme de la détention provisoire (loi n° 2000-516 du 15 juin 2000), *RPDP* 2001, n° 3, p. 321.

A. Giudicelli, L'indemnisation des personnes injustement détenues ou condamnées, *Rev. sc. crim.* 1998, p. 11.

A. Giudicelli, Le témoin assisté et la personne mise en examen : vers un nouvel équilibre ?, *Rev. sc. crim.* 2001, p. 43.

A. Giudicelli, Principes directeurs du procès pénal, *Rev. sc. crim.* 2003, p. 124.

C. Ginestet, Procédure de contumace et procès équitable, *Dr. pén.* 2001, *chron.*, 41.

M. Guerrin, Le témoignage anonyme au regard de la jurisprudence de la Cour européenne des droits de l'homme, *RTDH* 2002, p. 45.

Ch. Guéry, Le juge des libertés et de la détention : un juge qui cherche à mériter son nom…, *D.* 2004, *chron.* 583.

C. Guillemain, Révision et criminalité dépendante. La portée des décisions de justice inconciliables, *JCP* 2001, I, n° 295.

P. Hennion-Jacquet, Les nullités de l'enquête et de l'instruction : un exemple du déclin de la légalité procédurale, *RPDP* 2003, n° 1, p. 7.

E. Janssens, Le Code européen d'éthique policière, *RPDP* 2002, p. 1177.

D. Karsenty, La réparation des détentions, *JCP* 2003, I, n° 108.

J. Léauté, Pour une responsabilité de la puissance publique en cas de détention préventive abusive, *D.* 1966, *chron.*, 61.

J. Le Calvez, L'inculpation et la présomption d'innocence, *Gaz. Pal.* 1987, 2, *doctr.*, p. 681.

J. Le Calvez, L'article 80-1, alinéa 1er, du code de procédure pénale et la nullité de la mise en examen, *D.* 2002, *chron.*, 2277.

J. Le Calvez, Les dangers du « X » en procédure pénale : opinion contre le témoin anonyme, *D.* 2002, *chron.*, 3024.

G. Levasseur, Réflexions sur l'*exceptio veritatis*, *Mélanges A. Chavanne*, Litec, 1990, p. 111.

L. Luparia, Sondages d'opinion et justice pénale dans l'ère télématique. Une analyse comparative, *Rev. sc. crim.* 2002, p. 781.

P. Maistre du Chambon, La régularité des « provocations policières » : l'évolution de la jurisprudence, *JCP* 1989, II, n° 3422.

Fl. Massias, Le réexamen des décisions définitives intervenues en violation de la Convention européenne des droits de l'homme, *Rev. sc. crim.* 2001, p. 123.

J.-P. Marguenaud, Médiatisation du procès pénal et impartialité du juge, *D.* 2001, *chron.* 1646.

J. Martial, À propos de l'article 800-2 du Code de procédure pénale, *Gaz. Pal.* 2002, *doctr.* p. 611.

D. Mayer, Prévention et répression en matière de contrôle d'identité : une distinction trompeuse, *D.* 1993, *chron.* 272.

J. Moreau, Police administrative et police judiciaire : recherche d'un critère de distinction, *AJDA* 1963, I, p. 68.

J. Moreau, La responsabilité des magistrats et de l'État du fait de la justice : l'apport du droit administratif, *Justices* n° 5, p. 39.

F. Munoz, L'indemnisation des détentions provisoires injustifiées : du secours à la garantie sociale, *Rapport in Justice et responsabilité de l'État*, sous la dir. de M. Deguergue, PUF, coll. Droit et justice, 2003, p. 117.

Ph. Nerac, Les garanties d'impartialité du juge répressif, *JCP* 1978, I, n° 2890.

J. Normand, Le droit à un tribunal impartial devant les juridictions de l'ordre judiciaire (art. 6-1 Conv. EDH) et la composition des juridictions, *RTD civ.* 1993, p. 875.

X. Pin, La privatisation du procès pénal, *Rev. sc. crim.* 2002, p. 245.

J. Pradel, La montée des droits du délinquant au cours de son procès – Essai d'un bilan, *Mélanges J. Larguier*, PUG, 1993, p. 223.

J. Pradel, Centenaire de la loi du 8 décembre 1897 sur la défense avant jugement pénal : essai d'un bilan, *D.* 1997, *chron.* 375.

J. Pradel, Les personnes suspectes ou poursuivies après la loi du 15 juin 2000, *D.* 2001, *chron.* 1039.

L. Remplon, La rétention du « suspect », *JCP* 1978, I, n° 2916.

Révision (la) pour erreur judiciaire (collectif), *RPDP* 2001, n° 4, p. 667.

J. Robert, Protection de la présomption d'innocence, *Juris-classeur Procédure pénale*, App., art. 11, 2001.

J.-H. Robert, La protection de la présomption d'innocence selon la loi du 4 janvier 1993, in *Liberté de la presse et Droit pénal*, PUAM, 1994, p. 105.

G. Rouhette, L'article premier des lois, in *Les mots de la loi, sous la dir. de N. Molfessis*, coll. Études juridiques, n° 5, Economica, 1999, p. 37.

M. ROUSSELET, Les ruses et artifices dans l'instruction criminelle, *Rev. sc. crim.* 1946, p. 50.

B. SERRATRICE-COUTENIER, Le temps dans la garde à vue : aspects récents, *Rev. sc. crim.* 1998, p. 465.

J. SPENCER, La preuve en procédure pénale comparée, Le droit anglais, *RID pén.* 1992, p. 85.

H. SURREL, L'égalité des armes, in *La diffusion du modèle européen du procès équitable*, sous la dir. de F. SUDRE et C. PICHEMAL, La Documentation française, 2003.

A. TEISSIER, Quelques réflexions sur l'arrêt Vaudelle, *RPDP* 2002, n° 4, p. 795.

M. VIALA, Le Ministère public peut-il être récusé ?, *Gaz. Pal.* 1980, 1, *doctr.*, p. 163.

A. VITU, La récusation en matière pénale, *Mélanges J. Vincent*, Dalloz, 1981, p. 427.

G. WIEDERKEHR, La responsabilité de l'État et des magistrats du fait de la justice, *Justices* janv.-mars 1997, p. 13.

G. WIEDERKEHR, Sens, signifiance et signification de l'autorité de chose jugée, *Études J. Normand*, Litec, 2003, p. 507.

INDEX

Les chiffres en caractère gras renvoient aux pages où la question est traitée principalement

N

O

P

Q

R

S

Collection SYSTÈMES

La collection « Systèmes » entend répondre au besoin de synthèse et de spécialisation des savoirs qui s'affirme aujourd'hui. Destinée aux étudiants mais également à un public plus large, elle présente des ouvrages clairs et concis, permettant aux lecteurs d'approfondir leurs connaissances sur des sujets tels que droit constitutionnel, droit administratif, droit des affaires, droit civil, droit social, économie, administration, finances publiques, fiscalité, finances locales, sociologie et philosophie juridiques, questions européennes et droit communautaire...

ABATE B. : *La nouvelle gestion publique,* 2000.

ALLIX D. : *Le droit pénal,* 2000.

BARILARI A. : *L'État de droit, réflexion sur les limites du juridisme,* 2000.

BARILARI A. ET PRAT M. : *Les contrôles financiers, comptables, administratifs et juridictionnels des finances publiques, 2003.*

BARILARI A. et BOUVIER M. : *La nouvelle gouvernance financière de l'État,* 2004.

BARILARI A. : *Réussir vos dissertations,* 1995.

BASDEVANT-GAUDEMET B. (sous la direction de) : *Contrat ou institution : un enjeu de société,* 2004.

BASTION J.-CL. et CHABANNIER N. : *Le droit des élections locales,* 2004.

BIGAUT CH. : *La responsabilité pénale des hommes politiques,* 1996.

BIGAUT CH. : *Les cabinets ministériels,* 1997.

BLANC J. : *Les péréquations dans les finances locales,* 1996.

BLANC J. : *Finances locales comparées,* 2002.

BLUMANN CL. : *La fonction législative communautaire,* 1995.

BOISSEAU J.-L. : *Stratégie et tactiques de la presse territoriale,* 1996.

BOUINOT J. : *La ville intelligente,* 2004.

BOURJOL M. : *La coopération intercommunale,* 1996.

BOUVIER M. : *Introduction au droit fiscal général et à la théorie de l'impôt,* 7e éd., 2005.

BOUVIER M. : *Les finances locales,* 10e éd., 2005.

BREHON N.-J. : *Le budget de l'Europe,* 1997.

CALAMARTE-DOGUET M.-G. : *Le droit de la recherche,* 2005.

CAMBY J.-P. (coordonné par) : *La réforme du budget de l'État,* 2e éd., 2004.

CASSIA P. : *Les référés administratifs d'urgence,* 2003.

CHAMBON F. et GASPON O. : *La déontologie administrative,* 1997.

CHEVALLIER J. : *Institutions politiques,* 1996.

CHIAVERINI PH., MARDESSON D. : *Tribunaux administratifs et cours administratives d'appel,* 1996.

COMMUNIER J.-M. : *Le droit communautaire des aides d'État,* 2000.

DEFFERRARD F. : *Le suspect dans le procès pénal,* 2005.

DELION A. : *Droit des entreprises et participations publiques,* 2003.

DELOT D. : *Fiscalité personnelle des dirigeants d'entreprise,* 2003.

DELOT D. : *La responsabilité fiscale des dirigeants d'entreprise,* 2003.

DEMEESTERE R. : *Le contrôle de gestion dans le secteur public,* 2e éd., 2005.

DESTAIS N. : *Le système de santé : organisation et régulation,* 2003.

DOUAY M. : *Le recouvrement de l'impôt,* 2005.
DUPUIS G. : *Le centre et la périphérie en France,* 2000.
DURAND V. et SALLÉ V. : *Introduction à l'analyse financière de l'entreprise,* 1997.
FIALAIRE J. : *Le droit des services publics locaux,* 1998.
GAUVIN A. : *La nouvelle gestion du risque financier,* 2000.
GOURION P.-A. et PEYRARD G. : *Droit du commerce international,* 3e éd., 2001.
GOURION P.-A. et RUANO-PHILIPPEAU M. : *Droit de l'internet dans l'entreprise,* 2003.
DU GRANRUT Cl. : *La citoyenneté européenne,* 1997.
DU GRANRUT Cl. : *Une constitution pour l'Europe,* 2004.
GRÉGOIRE L. : *Le dépôt de bilan,* 1997.
GRYNFOGEL C. : *Droit communautaire de la concurrence,* 2e éd., 2000.
GUETTIER Ch. : *La responsabilité administrative*, 1996.
GUÉVEL D. : *Droit des affaires,* 2e éd., 2001.
GUGLIELMI G.-J. : *Introduction au droit des services publics,* 1994.
HAMON F. : *Le référendum. Étude comparative,* 1995.
HAMON F. : *Droit des fonctions publiques,* vol. 1 : *Organisation et gestion,* 2002, vol. 2 : *Carrières, droit et obligations,* 2002.
HAMONIAUX T. : *L'intérêt général et le juge communautaire,* 2001.
HEYMANN-DOAT A. et CALVES G. : *Libertés publiques et droits de l'homme,* 8e éd., 2005.
ISAIA H. : *L'évaluation des nouveaux contrats de plan État-Région (2000-2006),* 1999.
JAN P. : *Le procès constitutionnel,* 2001.
JEULAND E. : *Droit processuel,* 2003.
JOIN-LAMBERT CH. (sous la direction de) : *L'État moderne et l'administration,* 1994.
KHAYAT D. : *Le droit du surendettement des particuliers,* 1997.
LABIA P. ET BERNARD-GÉLABERT M.-C. : *Zones d'aménagement du territoire, Mode d'emploi,* 1997.
LABIE F. : *La fiscalité du sport,* 2000.
LACHAUME J.-F. : *L'administration communale,* 2e éd., 1997.
LAPOUBLE J.-C. : *Droit du sport,* 1999.
LAURENT Ph. et BOYER B. : *La stratégie financière des collectivités locales,* 2e éd., 1997.
LAVAL N. : *Le juge pénal et l'élu local,* 2002.
LONDON C. : *Environnement et instruments économiques et fiscaux,* 2001.
LONG M. : *La tarification des services publics locaux,* 2001.
MAGNET J. : *Éléments de comptabilité publique,* 5e éd., 2001.
MAGNET J. : *Les comptables publics,* 2e éd., 1998.
MAGNET J. : *Les gestions de fait,* 2e éd., 2001.
MAISL H. : *Le droit des données publiques,* 1996.
MALAURIE-VIGNAL M. : *L'abus de position dominante,* 2003.
MANESSE J. : *L'aménagement du territoire,* 1998.
MARIEL F. ET WEYBERT J. : *Le droit des sociétés par actions et ses indications comptables,* 2004.
MARKUS J.-P. : *Les juridictions ordinales,* 2003.
MARTIN J.-L. et CABANIS A. : *Histoire constitutionnelle et politique de la France de la Révolution à nos jours,* 2000.
MATT J.-L. : *La sécurité sociale : organisation et financement,* 2001.
MATTRET J.-B. : *L'analyse financière des communes,* 1997.
MELIN F. : *La faillite internationale,* 2004.

MESTRALLET G. et TALY M. : *La réforme de la gouvernance fiscale*, 2005.
MIALON M.-F. : *Les pouvoirs de l'employeur,* 1996.
MIALON M.-F. : *Les relations collectives dans l'entreprise,* 1999.
MOLINIER J. : *Droit du contentieux européen,* 1996.
MOLINIER J. : *Droit du marché intérieur européen,* 1995.
MORAUD J.-CH. et PICQUENOT L. : *La nouvelle comptabilité des communes : un guide pour la M14*, 1996.
MULLER-QUOY I. : *Le droit des assemblées locales,* 2001.
NICINSKI S. : *Droit public de la concurrence,* 2005.
ORSONI G. : *L'administration de l'économie,* 1995.
PELLAS J.-R. : *La fiscalité du patrimoine culturel,* 2003.
PELLET R. : *Finances sociales : économie, droit et politique,* 2001.
PELLISSIER G. : *Le principe d'égalité en droit public,* 1996.
PERTEK J. : *Les avocats en Europe,* 2000.
PETIT Y. : *Droit international du maintien de la paix,* 2000.
POUSSIN Ph. : *Histoire des idées économiques de Platon à Adam Smith,* 1994.
RANSAN N. et F. : *Les successions, aspects civils et fiscaux,* 2e éd., 1995.
RASERA M. : *La démocratie locale,* 2002.
RICHER D. : *Les droits du contribuable dans le contentieux fiscal,* 1997.
ROLIN E. : *Le Conseil d'État, juge de l'extradition,* 1999.
ROUSSET M. : *L'action internationale des collectivités locales,* 1998.
SAURON J.-L. : *Droit communautaire et décision nationale,* 1998.
SCHULTZ P. : *Éléments du droit des marchés publics,* 2e éd., 2002.
SOUSSE M. : *Droit public des contrats de construction,* 1998.
STIRN B. : *Les sources constitutionnelles du droit administratif,* 4e éd., 2004.
VALLEMONT S. (sous la direction de) : *Le débat public : une réforme dans l'État,* 2001.
ZILLER J. : *Les « Dom-Tom »*, 3e éd., 2001.

Composition et mise en pages :
Laser Graphie – 42160 Andrézieux-Bouthéon

Dépôt légal : Novembre 2005
LGDJ – EJA
N° Éditeur : 4046

Achevé d'imprimer par
Corlet, Imprimeur, S.A.
14110 Condé-sur-Noireau (France)
N° d'Imprimeur : 88220

Imprimé en France